高校劳动教育
理论与实践

郭立珍　于永娟●主编

经济管理出版社

ECONOMY & MANAGEMENT PUBLISHING HOUSE

图书在版编目（CIP）数据

高校劳动教育理论与实践 / 郭立珍，于永娟主编.
北京：经济管理出版社，2024. -- ISBN 978-7-5096
-9799-3

Ⅰ. G40-015

中国国家版本馆 CIP 数据核字第 2024S70J49 号

责任编辑：王格格　康国华
责任印制：许　艳
责任校对：陈　颖

出版发行：经济管理出版社
　　　　　（北京市海淀区北蜂窝 8 号中雅大厦 A 座 11 层　100038）
网　　　址：www. E-mp. com. cn
电　　　话：(010) 51915602
印　　　刷：唐山昊达印刷有限公司
经　　　销：新华书店
开　　　本：720mm×1000mm/16
印　　　张：15. 75
字　　　数：268 千字
版　　　次：2024 年 7 月第 1 版　　2024 年 7 月第 1 次印刷
书　　　号：ISBN 978-7-5096-9799-3
定　　　价：49. 00 元

编　委　会

前　言

一、编写初衷

劳动教育是中国特色社会主义教育制度的重要内容，直接决定社会主义建设者和接班人的劳动精神面貌、劳动价值取向和劳动技能水平。高等教育阶段是促进青年形成正确的世界观、人生观、价值观的重要阶段，更是青年强化劳动观念、弘扬劳动精神、培育劳动素养的关键阶段。虽然近年来高校劳动教育弱化、虚化的问题得到了一定改善，但仍未得到根本性扭转。编写高质量的教材是推行教学改革、提升教学质量的关键环节。教材是教师"教"和学生"学"的主要凭借，适合高等教育实际情况的教材是推动高校把劳动教育纳入人才培养全过程的重要抓手。基于此，长江师范学院劳动教育研究与教学团队在广泛调研、征集意见的基础上，结合研究与教学实践，以问题为导向，以学生成长为中心，以充分发挥劳动教育的综合育人功能为目标，不遗余力地编写了一部具有鲜明的巴渝文化特色，且能够突出培育劳动价值观、劳动精神、劳动能力的特色劳动教育教材。

二、编写思路

以习近平新时代中国特色社会主义思想为指导，紧紧围绕全面加强劳动教育的两个纲领性文件——《中共中央　国务院关于全面加强新时代大中小学劳动教育的意见》（以下简称《意见》）和《大中小学劳动教育指导纲要（试行）》（以下简称《指导纲要》），参考已出版的高校劳动教育教材、学术论著，针对当前高校劳动教育中存在的劳动教育与专业教育、创新创业教育、实践活动结合不紧密等问题，本书从促进大学生树立正确的劳动价值观、培育积极的劳动精神、培养必备的劳动能力，以及劳动教育的保障、组织实施等维度进行内容设计。本教材强调理论教学与实践教学相结合、学生动手能力培养与动脑能力培养相结合，重视劳动教育教学案例的分享，引导学生"坚定不移听党话、跟党走，怀抱梦想又脚踏实地，敢想敢为又善作善成"。

三、编写过程

首先，确定编写理念。基于对《意见》《指导纲要》的全面解读、深刻领会，确定编写理念。本教材围绕促进学生树立正确的劳动价值观、形成必备的劳动能力、培养积极的劳动精神、养成良好的劳动习惯和劳动品德，确定编写内容。

其次，明确编写框架。全书共十一章，通过介绍马克思主义劳动观的理论基础、中国共产党人的劳动思想及其实践、新时代劳动价值观，使新时代大学生明劳动之理、懂劳动之义；通过阐释劳模精神、劳动精神和工匠精神，引导大学生成为弘扬、践行这些精神的劳动者；分析培养生产劳动、生活劳动和服务性劳动的重要性，加强劳动素养、劳动能力的培育。

最后，分配编写任务。编写组根据成员的教学内容和科研优势分配任务，郭立珍、于永娟两位教授负责整体设计及统编统改，内容由郭立珍、于永娟、何悦、张斌儒、胡加、汪明松共同编写。

四、教材特色

一是以问题为导向谋篇布局。本教材以当前大学生劳动教育中存在的突出问题为导向，针对劳动教育与专业教育、创新创业教育、实践活动结合不紧密等问题进行谋篇布局。教材重视劳动价值观、劳动精神的培育，对生活劳动能力、专业劳动能力、劳动创造能力、服务性劳动能力、职业选择能力培养等方面的内容进行了布局。

二是突出理论与实践教学的结合。本教材的编写注重理论教学与实践活动相结合，解决了高校劳动教育中存在的理论教学与实践教学割裂的问题。本教材不仅包括较深入的劳动思想理论，还重视大学生的未来职业规划能力需求，注重专业劳动、创造性劳动、服务性劳动能力的培养，强调劳动理论、知识拓展与实践活动三者相结合。本教材主要章节前安排了延伸阅读，后面附有长江师范学院的劳动教育实践教学案例。

　　三是注重劳动教育与专业教育的结合。积极加强高校劳动教育与学科、专业的结合，通过专业学习、实习实训实验等教育环节，深化劳动教育与专业教育的融合，破解两者割裂问题。把劳动教育融入专业实践教学，引导学生在专业课程学习中增强劳动意识，树立正确的劳动价值观。

　　四是重视劳动教育与"双创"教育的结合。《中华人民共和国高等教育法》明确规定，高等教育必须培养具有社会责任感、创新精神和实践能力的高级专门人才。培养创新能力是高校劳动教育的重要任务。我国实施科教兴国战略、人才强国战略，旨在培养知识型、技术型、创新型、奉献型的高素质劳动者。大学生是未来高素质劳动者的重要来源，加强劳动教育与创新创业教育，有助于提升大学生的劳动创新能力和劳动创造本领，因此，本教材第六章设计为"大学生创造性劳动"。

　　五是突出劳动教育与职业教育的融合。培养学生树立正确的职业观是高校劳动教育的重点任务，本教材突出劳动教育与职业观、职业素养的有机衔接，因此，第八章设计为"大学生职业选择"。

　　因编写团队的见识和能力有限，错误和不足之处在所难免，恳请使用本教材的老师和同学对本教材的不足及时斧正，我们将秉承闻过即改的态度，持续对内容进行修改和完善。

五、教学建议

　　本教材是为高校开设劳动教育编写的必修教材，也可作为已有课程中劳动教育模块的教学参考用书。建议使用本教材的教师从 32 学时中划分出 16 学时用于课堂教学，其余 16 学时用于实践教学，共计 1 学分。

目　　录

第一章　劳动教育概述

【核心问题】

☑劳动与劳动教育的内涵与特征

☑加强劳动教育的必要性

☑加强劳动教育的着力点

【学习目标】

本章主要对劳动与劳动教育的内涵、劳动教育发展历史及新时代的劳动教育要求等内容进行阐述，帮助学生理解劳动教育的重要意义，自觉践行新时代劳动使命。

【延伸阅读】

劳动教育是中国特色社会主义教育制度的重要内容，直接决定社会主义建设者和接班人的劳动精神面貌、劳动价值取向和劳动技能水平。近年来，社会上出现了不珍惜劳动成果、不想劳动、不会劳动的现象，劳动的独特育人价值在一定程度上被忽视，劳动教育正被淡化、弱化。对此，2018 年，习近平总书记在全国教育大会上强调：要在学生中弘扬劳动精神，教育引导学生崇尚劳动、尊重劳动，懂得劳动最光荣、劳动最崇高、劳动最伟大、劳动最美丽的道理，长大后能够辛勤劳动、诚实劳动、创造性劳动；要努力构建德智体美劳全面培养的教育体系，形成更高水平的人才培养体系。

为贯彻落实习近平总书记关于教育的重要论述，构建德智体美劳全面培养的教育体系，2020 年 3 月 20 日，《中共中央　国务院发布关于全面加强新时代大中小学劳动教育的意见》对新时代全面加强劳动教育作出了顶层设计和全面部署，提出要充分认识新时代培养社会主义建设者和接班人对加强劳动教育的新要求，全面构建体现时代特征的劳动教育体系，广泛开展劳动教育实践活动，着力提升劳动教育支撑保障能力，切实加强劳动教育的组织实施。

2020 年 7 月 7 日，教育部为深入贯彻习近平总书记关于教育的重要论述，落实《中共中央　国务院关于全面加强新时代大中小学劳动教育的意见》，印发《大中小学劳动教育指导纲要（试行）》（以下简称《指导纲要》），明确了劳动教育的性质和基本理念，劳动教育的目标和内容，劳动教育的途径、关键环节和评价，学校劳动教育的规划与实施，劳动教育的条件保障与专业支持。《指导纲要》提出，高校劳动教育建设的要求应为：强化马克思主义劳动观教育，注重围绕创新创业、结合学科专业开展生产劳动和服务性劳动，积累职业经验，培育创造性劳动能力和诚实守信的合法劳动意识。《指导纲要》的要求是使学生做到以下几点：①掌握通用劳动科学知识，深刻理解马克思主义劳动观和社会主义劳动关系，树立正确的择业就业创业观，具有到艰苦地区和行业工作的奋斗精神；②培养良好的日常生活劳动习惯，自觉做好宿舍卫生保洁，独立处理个人生活事务，积极参加勤工助学活动，提高劳动自立自强能力；③强化服务性劳动，自觉参与教室、食堂、校园等场所的卫生保洁、绿化美化和管理服务等，结合"三支一扶"、大学生志愿服务西部计划、"青年红色筑梦之旅"、"三下乡"等社会实践活动开展服务性劳动，强化公共服务意识和面对重大疫情、灾害等危机时主动作为的奉献精神；④重视生产劳动锻炼，积极参加实习实训、专业服务和创新创业活动，重视新知识、新技术、新工艺、新方法的运用，提高在生产实践中发现问题和创造性解决问题的能力，在动手实践的过程中创造有价值的物化劳动成果。

第一节　劳动与劳动教育

一、劳动的内涵与分类

（一）劳动的内涵

关于劳动的内涵有多种观点。"劳动"一词在中国最早出现于《庄子·让王》（"春耕种，形足以劳动"），是指个体在身体方面的锻炼、活动的形式。马克思将"劳动"解读为："劳动首先是人和自然之间的过程，是人的自身的活动来引起、调整和控制人和自然之间的物质变换的过程。"① 《现代汉语词典》对"劳动"的定义为："一是人类创造物质或精神财富的活动，二是特指体力劳动，三是进行体力劳动。"② 《文史哲百科辞典》对"劳动"的定义："劳动是人们使用工具改造自然物，使之适合自己需要的有目的的活动，即劳动力的使用或消费，包括脑力劳动和体力劳动。"③

综上所述，"劳动"可以被定义为：人们有意识、有目的地运用体力和智力创造物质财富和精神财富的过程，是人类特有的基本社会实践活动。

（二）劳动的类型

1. 按照劳动复杂性分类

按劳动的复杂性，劳动可分为简单劳动与复杂劳动。简单劳动是指在一定的社会条件下，不需要经过专门训练，每个普通劳动者都能从事的劳动，如打扫卫生。复杂劳动是指需要经过专门的学习和训练，在技术上比简单劳动更复杂的劳动，如编辑程序劳动。

2. 按照器官运动的特性分类

按照器官运动的特性，劳动可分为体力劳动和脑力劳动。体力劳动是指在人类器官运动中产生的体力输出，体现为人类在劳动过程中的体力消耗。脑力劳动是指通过人的思维活动进行的智力输出，体现为人类在劳动过程中的脑力消耗。任何劳动都要同时消耗体力和脑力，只不过在简单劳动中，劳动力支出以体力为主、脑力为辅，如清洁工扫地，不仅要支出体力，也要支出一部分脑力，要考虑如何扫地，从什么地方开始扫才能扫得更干净、更快。在复杂劳动中，劳动力支出以脑力为主、体力为辅，如教师教学，不仅要用脑力吸收知识、传播知识，还要消耗一部分体力。体力劳动与脑力劳动在不同类型劳动中的占比不同，如在前人的劳动基础上进行的重复再现型劳动中，体力劳动支出占比较高；在前人劳动基础上进行的改良性劳动和创造性劳动中，体力劳动支出占比较低。

3. 按照劳动的性质分类

按照劳动的性质，劳动可分为生产劳动与非生产劳动。一般认为，生产劳动

① 中共中央马克思恩格斯列宁斯大林著作编译局. 马克思恩格斯选集（第二卷）[M]. 北京：人民出版社，2012：169.
② 字词语辞书编研组. 新现代汉语词典 [M]. 长沙：湖南教育出版社，2016：733.
③ 高清海. 文史哲百科辞典 [M]. 长春：吉林大学出版社，1988：340.

是指为满足人们物质生活需要而创造物质产品和国民收入的劳动，生产精神财富的劳动及教育者和受教育者的劳动不列入生产劳动之中。非生产劳动是指提供特殊使用价值，以满足人类的精神生活及文化需要，不参与国民收入创造的劳动。在物质资源普遍匮乏的年代，劳动的主要任务是解决温饱问题，劳动多指体力劳动；在物质资源丰裕和科学技术高速发展的环境下，劳动的任务对劳动者的综合素养和能力提出了更高要求，劳动多指脑力劳动和体力劳动的结合。

4. 按照劳动报酬分类

按劳动报酬，劳动可分为有偿劳动与无偿劳动。有偿劳动是指需要支付给劳动者报酬的劳动。无偿劳动主要是指不需要支付给劳动者报酬的劳动，如公益性劳动。

（三）劳动的形式

生产力的变革决定劳动的形式。在不同历史时期，生产力发展水平不同，人类创造财富的方式也不同，劳动的表现形式和呈现出的特征也就不同。

1. 农耕文明时代：农业与耕织劳动

原始社会时期，人类劳动的基本形式是采摘、狩猎、打鱼等。进入农耕文明后，男耕女织成为基本劳动形态。在漫长的封建社会，中国绝大多数劳动者从事着耕织活动。

2. 工业文明时代：机器工业与工厂劳动

18世纪末，一场以蒸汽机、火车、煤炭、钢铁为代表的工业革命爆发，改变了人类劳动的主要形式，人类社会开启了以工商业为主导的新时代，工厂劳动的地位日益重要。尽管直到今天，仍有很多地方存在着传统的农耕劳动，这在一定程度上是经济"不发达"的象征。

3. 后工业化时代：后工业化与服务性劳动

当前，在西方发达资本主义国家，尤其是美国，金融法律、科学技术、文体健康等产业是其国民经济支柱产业，优秀的大学生毕业后大多从事金融法律、科学技术、文体健康等脑力劳动与服务性劳动。外来移民、偷渡者、受教育程度低的人主要从事农业和汽车、钢铁、煤炭等传统工业劳动。

（四）劳动的特征

1. 传统劳动的特征

（1）社会性。劳动社会性是指劳动者之间具有一种互助、合作的关系。在未来社会，生产手段由联合起来的自由劳动者共同支配，劳动具有社会性。

（2）创造性。在人类的活动中，只有那些能创造出物质财富和精神财富的创造性活动才能被称为劳动，而有些消费活动，如吃饭、睡觉等不能被称为劳动。舞蹈演员的舞蹈之所以能被称为劳动，是因为他们的劳动创造出了精神财富。在未来社会，劳动本身已成为一种轻松、愉快的活动，劳动者不再被当作活的劳动工具，而是被作为改造自然的创造性主体。

（3）主体性。马克思认为参加劳动的人"不是以纯粹自然的、自然形成的形式出现在生产过程中，而是作为支配一切自然力的那种活动出现在生产过程中。在这种劳动中，人们不再把劳动当作外在的生存需要，而是作为主体的内在冲动予以积极的体现。人在劳动中感受到的将不再是辛劳之味，而是创造的乐趣，是对自己全面性、普遍性和创造性的卓越证实"[①]。个性的劳动表现为活动本身的充分发展，劳动的主体性体现在选择职业、积极劳动等方面。

2. 新时代劳动的特征

进入新时代，劳动的内涵和外延都发生了巨大变化，以体力为主的劳动占比不断降低，服务性劳动、数字劳动等新型劳动形态的占比不断提高。

（1）科技劳动占比越来越大。科技劳动是指劳动者具有科技知识的一种复杂的高级脑力劳动。随着现代大规模生产水平和科技水平的不断提高，产品技术含量不断攀升，科技人员的比例不断提升，普通生产劳动中的科技含量也在增加，农业劳动中也在不断增加高科技生产技术。

（2）精神劳动占比越来越大。精神劳动是相对于物质劳动而言的。物质劳动是指通过体力劳动，借助一定的生产手段对劳动对象产生作用，生产出能直接满足消费者生活需要的各种生产资料和物质产品。精神劳动是指通过脑力劳动进行的理性思维，明确客观事物的内在关系，提供满足消费者精神需要的产品。随着生产力水平的不断提高，精神劳动在经济、社会发展中发挥着越来越重要的作用。

（3）服务性劳动占比越来越大。服务性劳动是指劳动者运用特定的设备和工具，提供满足消费者对服务产品需要的劳动。最初，服务性劳动主要是指一种家庭内部的劳动，一种自我服务的家务劳动。随着生产力的发展，人们对家务服务的需求不断扩大，对服务质量的要求不断提高，于是家务劳动从家庭劳动中逐

---

① 中共中央马克思恩格斯列宁斯大林著作编译局. 马克思恩格斯全集（第四十六卷）（上）[M]. 北京：人民出版社，1979：281.

渐分离出来，成为专门的社会劳动。进入新时代，服务性劳动需求的数量越来越多、种类越来越丰富。

（4）劳动对象的范围日益拓展。一般来说，劳动对象主要包括未经加工的自然物质和经过加工的材料这两种。随着智能时代的来临，生产力水平得到极大提升，劳动的领域不断扩大，知识、信息、大数据等"摸不着"的材料成为重要的劳动对象。

二、劳动教育的内涵与性质

（一）劳动教育的内涵

1. 劳动教育内涵的界定

我国学术界对劳动教育概念的界定可归纳为四类[①]：

（1）将劳动教育视为德育的内容。此观点以《辞海》《中国大百科全书》为代表。《辞海》将"劳动教育"定义为："劳动教育是德育的内容之一，对学生进行热爱劳动和劳动人民、珍惜劳动成果、树立正确的劳动观点和劳动态度、通过日常生活培养劳动习惯和技能的教育活动。"[②]《中国大百科全书》对"劳动教育"的定义为："使学生树立正确的劳动观点和劳动态度，热爱劳动和劳动人民，养成劳动习惯的教育，是德育的内容之一。"[③] 上述定义都强调了劳动教育的德育属性。

（2）将劳动教育视为智育的内容。此观点以《教师百科辞典》及成有信等学者为代表。《教师百科辞典》将劳动教育定义为："劳动教育十分重视劳动过程中的智力因素，把平凡的劳动同创造性劳动结合起来，把简单的劳动与富有知识的劳动结合起来。"[④] 成有信将劳动教育定义为："培养学生具有现代工农业生产的基本知识和基本技能的教育。"[⑤] 上述关于劳动教育的定义都强调其智育属性。

（3）将劳动教育视为德育和智育的综合体。此观点以《中国百科大辞典》及徐长发等学者为代表。《中国百科大辞典》在劳动技术教育词条下分别对劳动教育和技术教育作了解释："劳动教育是以劳动实践为主，进行思想教育。技术

---

① 曲霞，刘向兵. 新时代高校劳动教育的内涵辨析与体系建构 [J]. 中国高教研究，2019（2）：73-74.

② 辞海 [M]. 上海：上海辞书出版社，1999：383-384.

③ 中国大百科全书 [M]. 北京：中国大百科全书出版社，2009：425.

④ 教师百科辞典 [M]. 北京：社会科学文献出版社，1987：317.

⑤ 成有信. 教育学原理 [M]. 郑州：河南教育出版社，1993：390.

教育是使学生掌握一定的生产知识及技术和劳动技能。其实施有利于培养学生的劳动观点、劳动技能和劳动习惯，为普通教育和职业教育打下基础。"徐长发也视劳动教育为德育与智育的综合体，提出劳动教育是使青少年学生获得正确劳动观念、劳动习惯、劳动情感、劳动精神，了解和懂得生产技术知识，掌握生活和劳动技能，在劳动创造中追求幸福感的育人活动。

（4）将劳动教育视为促进学生全面发展的实践教育形式。此观点以陶行知等学者为代表。陶行知把劳动教育定义为"在劳力上劳心"的实践活动。他认为，中国教育之通病是教用脑的人不用手，不教用手的人用脑，所以一无所能，劳动教育的目的应是"谋手脑相长，以增进自立之能力，获得事物之真知及了解劳动者之甘苦"。

从中国学术界对劳动教育的定义可以发现，劳动教育既是一种教育内容，又是一种教育形式。作为内容，劳动教育可理解为"关于劳动"的教育。作为形式，劳动教育可理解为"通过劳动"的教育。

2. 新时代劳动教育的内涵

劳动教育在学校中被弱化等现象的出现，与劳动教育本身的性质和其在国民教育体系中的地位不够明确有很大关系。为全面加强劳动教育，《中共中央 国务院关于全面加强新时代大中小学劳动教育的意见》（以下简称《意见》）、《大中小学劳动教育指导纲要（试行）》（以下简称《指导纲要》）明确了劳动教育的意义和性质。《意见》对劳动教育的地位进行明确："劳动教育是中国特色社会主义教育制度的重要内容，直接决定社会主义建设者和接班人的劳动精神面貌、劳动价值取向和劳动技能水平"。《指导纲要》对劳动教育的性质进行明确界定："劳动教育是发挥劳动的育人功能，对学生进行热爱劳动、热爱劳动人民的教育活动"。

（二）新时代劳动教育的特性

新时代劳动教育强调将马克思主义劳动观贯彻始终，与其他教育相比具有如下特性：

1. 鲜明的思想性

新时代劳动教育必须将马克思主义劳动观贯彻始终，强调劳动是一切财富、价值的源泉，一切劳动和劳动者都应得到鼓励和尊重；倡导诚实劳动、创造劳动，反对一切不劳而获、崇尚暴富、贪图享乐的错误思想。新时代劳动教育要以社会主义核心价值观为引领，从思想深处上让大学生理解和认同劳动的重要性。

2. 突出的社会性

新时代劳动教育必须加强学校教育与社会生活、生产实践的直接联系，发挥劳动在个人与社会间的纽带作用，引导学生认识社会，增强社会责任感；同时注重引导学生学会分工合作，体会平等、和谐的新型劳动关系。随着科学技术的日新月异，劳动教育被视为提高大学生综合能力、增强个人与社会联系的重要手段。

3. 显著的实践性

劳动教育的实践性是指劳动教育必须面向真实的生活世界和职业世界，引导学生以动手实践为主要方式，在认识世界的基础上，获得有积极意义的价值体验，感受劳动的艰辛和收获的快乐，增强获得感、成就感，同时学会建设世界、塑造自己，实现树德、增智、强体、育美的目的。劳动教育在发挥传统劳动、传统工艺项目育人功能的同时，要适应科技发展和产业变革，针对劳动新形态，把握劳动工具、劳动技术、劳动形态的新变化，深化产教融合。

第二节　中华人民共和国成立以来劳动教育的发展历史

1949年，中华人民共和国的成立揭开了中国教育事业发展的新篇章，教育与生产劳动相结合成为我国教育方针的重要内容。

一、1949~1977年劳动教育的曲折发展

（一）1949~1956年的劳动教育

中华人民共和国成立前，中国共产党就开始了"劳动与教育"相结合的探索与实践。1934年，毛泽东同志在第二次全国苏维埃代表大会的工作报告中提出，苏维埃文化教育在于以共产主义的精神来教育广大的劳苦民众，在于使文化教育为革命战争和阶级斗争服务，在于使教育与劳动联系起来，在于使广大中国民众都成为享受文明幸福的人[①]。1945年，毛泽东同志在陕甘宁边区劳动英雄和

[①]　中国人民大学哲学系. 毛泽东哲学著作学习文件汇编（下册）［M］. 北京：中国人民大学出版社，1958：560.

模范工作者会议上讲话中强调：要发挥劳动英雄和模范工作者的带头作用、骨干作用和桥梁作用。

中华人民共和国成立后，为适应政治、经济和社会发展的新形势，以及满足农业劳动、工业生产的需要，把劳动教育视为马克思主义教育与生产劳动相结合的重要途径。1949 年通过的《中国人民政治协商会议共同纲领》第四十二条规定："提倡爱祖国、爱人民、爱劳动、爱科学、爱护公共财物为中华人民共和国全体国民的公德。"[1] 1951 年颁发的《关于改革学制的决定》提出，各级各类学校提倡实施教育与生产劳动相结合[2]。随后几年，在各教育层面颁布的教育方针和规定中都有劳动教育相关内容。

这一时期劳动教育建设的特征主要有以下四个方面。一是小学增设手工劳动课，旨在提高小学生的动手能力和创造力。劳动课程主要包括科学实验、教具制造、体育用具制作及手工雕刻等，还辅以图画、泥工、制作模型等课程。二是生产劳动课，主要以学生学习细木工、打铁、制革为主，注重学生动手能力的培养。三是增设教学工厂实习、农业生产基本知识及实习等课程，加强理论教学与实践教学的结合，特别是与生产技术的结合。四是中学开设劳作课。教授方法主要是实践教学法，教师除了定期带领学生到学校附近的农场或农田进行农业劳动外，还组织学生到市区的工厂进行生产劳动。此外，校园打扫，教室内的卫生、桌椅的摆放等都是当时劳动教育的内容。

（二）1957~1977 年的劳动教育

1956 年底，我国基本上完成了对农业、手工业和资本主义工商业的社会主义改造，三大改造促进了我国教育事业的发展。为缓解大规模在校学生造成的财政压力，1958 年 9 月，《关于教育工作的指示》明确指出党的教育工作方针是教育为无产阶级政治服务，教育与生产劳动相结合[3]。同年，时任教育部部长陆定一在全国教育工作会议上强调：教育工作中全面发展的根本问题，还是政治与教育的结合，教育与劳动的结合[4]。之后，《全日制中学暂行工作条例》提出，全日制中学要贯彻执行教育与生产劳动相结合，"学生参加生产劳动，主要目的是

---

① 中共中央文献研究室.建国以来重要文献选编：第一册［M］.北京：中央文献出版社，1992：33.

② 郑程月，王帅.建国 70 年我国劳动教育的演进脉络、时代内涵与实践路径［J］.当代教育科学，2019（5）：14.

③ 王卫国.建国以来教育同生产劳动相结合法规文献汇编［M］.北京：教育科学出版社，1995：7.

④ 何东昌.中华人民共和国重要教育文献（1949-1975）［M］.海口：海南出版社，1998：835.

养成劳动习惯，培养劳动观点，向工农群众学习，克服轻视体力劳动和体力劳动者的观点；同时在劳动过程中学习一定的生产知识和技能，扩大知识领域"①。

这一时期，我国劳动教育最显著的特征是强调教育与生产劳动相结合，注重生产常识的学习与劳动技能的培养。但是在"文化大革命"时期，劳动的作用被夸大，劳动教育被误解，教育与生产劳动相结合的劳动教育探索出现了一定偏差。

二、1978~1999 年劳动教育的新发展

1978 年 4 月 22 日，邓小平在全国教育工作会议上指出：为了培养社会主义建设需要的合格的人才，我们必须认真研究在新的条件下，如何更好地贯彻教育与生产劳动相结合的方针②。1981 年，教育部颁布的《全日制五年制小学教学计划（修订草案）》中规定：小学一、二、三年级学生可在课外时间适当安排一些力所能及的自我服务性劳动；四、五年级学生每周安排劳动 1 课时，组织学生参加公益劳动或简单生产劳动③。1982 年，教育部颁发的《关于普通中学开设劳动技术教育课的试行意见》提出开设劳动技术教育课程，培养德、智、体全面发展的一代新人④。

1986 年颁布的《关于中华人民共和国义务教育法（草案）的说明》在贯彻党的教育方针方面提出：应当贯彻德、智、体、美全面发展的方针，适当进行劳动教育，使青少年儿童受到比较全面的基础教育⑤，劳动教育作为比较全面的基础教育的一部分被提出来。同年 10 月，时任国家教委副主任彭珮云在中学德育大纲研讨会上提出把德育作为德、智、体、美、劳"五育"全面发展的一个有机组成部分，使"五育"互相配合、互相渗透⑥，这是我国首次提出"五育"全面发展观。

1993 年颁布的《中国教育改革和发展纲要》提出，要在新的形势下培养德

① 瞿葆奎，雷尧珠，余光，等．中国教育改革（第 17 卷）[M]．北京：人民教育出版社，1991：412.
② 邓小平．邓小平文选：第 2 卷（2 版）[M]．北京：人民出版社，1994：107-108.
③ 课程教材研究所．20 世纪中国中小学课程标准·教学大纲汇编：课程（教学）计划卷 [M]．北京：人民教育出版社，1999：334.
④ 郑程月，王帅．建国 70 年我国劳动教育的演进脉络、时代内涵与实践路径 [J]．当代教育科学，2019（5）：15.
⑤ 何东昌．中华人民共和国重要教育文献（1976-1990）[M]．海口：海南出版社，1998：2409.
⑥ 何东昌．中华人民共和国重要教育文献（1976-1990）[M]．海口：海南出版社，1998：2519.

智体全面发展的建设者和接班人，必须坚持教育为社会主义现代化建设服务，与生产劳动相结合①。1994 年，时任中共中央总书记江泽民指出，忽视劳动教育会让学生疏离劳动人民感情，不利于他们健康成长和全面发展。1999 年颁布的《中共中央　国务院关于深化教育改革全面推进素质教育的决定》提出，学校教育不仅要抓好智育，更要重视德育，还要加强体育、美育、劳动技术教育和社会实践，使诸方面教育相互渗透、协调发展，促进学生的全面发展和健康成长②。

这一时期国家尽管出台了多项政策文件以推进劳动教育，但实施效果并不理想。据研究，大多是有"劳"无"课"，甚至是有活则干、无活则散，放任自流，"名存实亡"③。

三、2000～2012 年劳动教育内容的丰富与拓展

21 世纪，随着经济全球化和科技水平的日益发展，教育与生产劳动相结合的方式呈现出更加鲜明的时代特征。党的十六大报告指出："必须尊重劳动、尊重知识、尊重人才、尊重创造，这要作为党和国家的一项重大方针在全社会认真贯彻。要尊重和保护一切有益于人民和社会的劳动。不论是体力劳动还是脑力劳动，不论是简单劳动还是复杂劳动，一切为我国社会主义现代化建设作出贡献的劳动，都是光荣的，都应该得到承认和尊重。"④ 2000 年，教育部印发的《全日制普通高级中学课程计划（试验修订稿）》把社会实践和劳动技术教育列为学生综合素质发展所需的必修课程之一，还规定其培养意在使学生具有与社会生活相适应的职业意识、创业精神和一定的择业能力，形成一定的劳动技能和现代生活技能⑤。2001 年，国务院发布的《关于基础教育改革与发展的决定》强调，"坚持教育必须为社会主义现代化建设服务，为人民服务，必须与生产劳动和社会实践相结合"⑥。此后几年，学校引导和组织学生参与生产劳动、社会实践或公益活动，培养学生尊重劳动的观念，这成为加强劳动教育的基本方针。

---

① 中共中央文献研究室. 十四大以来重要文献选编［M］. 北京：人民出版社，1996：60-61.
② 中共中央文献研究室. 十五大以来重要文献选编［M］. 北京：人民出版社，2001：859-860.
③ 徐海娇，柳海民. 历史之轨与时代之鉴：我国劳动教育研究的回顾与省思［J］. 教育科学研究，2018（3）：37.
④ 中国共产党第十六次全国代表大会文件汇编［M］. 北京：人民出版社，2002：25.
⑤ 何东昌. 中华人民共和国重要教育文献（1998-2002）［M］. 海口：海南出版社，2003：509.
⑥ 顾明远，刘复兴. 改革开放 30 年中国教育纪实［M］. 北京：人民出版社，2003：12.

四、新时代劳动教育的全面发展

党的十八大以来，劳动教育进入全面发展阶段。2015 年印发的《关于加强中小学劳动教育的意见》，旨在改变劳动教育在学校中被弱化，在家庭中被软化，在社会中被淡化，中小学生劳动机会减少、劳动意识缺乏，轻视劳动、不会劳动、不珍惜劳动成果的现象。2018 年，习近平总书记在全国教育大会上提出，"要在学生中弘扬劳动精神，教育引导学生崇尚劳动、尊重劳动，懂得劳动最光荣、劳动最崇高、劳动最伟大、劳动最美丽的道理，长大后能够辛勤劳动、诚实劳动、创造性劳动"①，从国家层面对劳动教育的铸魂育人作用给予肯定。为全面加强劳动教育，2020 年，《中共中央 国务院印发关于全面加强新时代大中小学劳动教育的意见》，科学概括了劳动教育的地位、功能，提出"劳动教育是国民教育体系的重要内容，是学生成长的必要途径，具有树德、增智、强体、育美的综合育人价值。实施劳动教育重点是在系统的文化知识学习之外，有目的、有计划地组织学生参加日常生活劳动、生产劳动和服务性劳动，让学生动手实践、出力流汗，接受锻炼、磨炼意志，培养学生正确劳动价值观和良好劳动品质"。《意见》在中国劳动教育发展史上具有里程碑意义。为明确劳动教育是什么、教什么、怎么教等问题，2020 年 7 月教育部印发《大中小学劳动教育指导纲要（试行）》，对新时代全面加强劳动教育进行专业指导。

从《意见》《指导纲要》可以看出，新时代劳动教育内涵表现为三个层面。一是强调劳动教育是让学生参加劳动实践进行锻炼的教育，重视通过劳动进行的教育。二是强调劳动教育是引导学生全面、正确地认识劳动教育。新时代劳动教育不仅是促进学生全面发展的途径，还是国民教育体系的重要内容。三是强调劳动教育是让学生真正做好参加劳动的准备的教育，强调"劳动教育是中国特色社会主义教育制度的重要内容，直接决定社会主义建设者和接班人的劳动精神面貌、劳动价值取向和劳动技能水平"。这既明确了劳动教育的地位，又从劳动精神面貌、劳动价值取向和劳动技能水平三个方面，让学生做好劳动准备。

五、中华人民共和国成立以来劳动教育发展的总体特征

中华人民共和国成立以来，劳动教育在发展变迁中不断深化，逐渐形成具有

---

① 坚持中国特色社会主义教育发展道路 培养德智体美劳全面发展的社会主义建设者和接班人[N]. 人民日报，2018-09-11（1）.

中国特色的、完整的教育体系。

（一）劳动教育体系化发展

20世纪50年代，劳动教育被列入课程计划，之后随着劳动教育地位的不断提升，各地的劳动教育实践活动纷纷涌现，并逐渐形成体系化特点，主要表现为各类学校的劳动教育相互衔接、劳动课程与校内外活动相配合、以校办劳动基地为依托、社会舆论广泛支持的劳动教育体系。

第一，"教劳结合"思想贯穿于劳动教育发展的始终。"教劳结合"思想就是坚持教育与生产劳动相结合的教育思想。我国教育在不同时期都在强调教育与生产劳动相结合，坚持"教劳结合"思想。中华人民共和国成立后，学校开始有计划地组织学生参加生产劳动，接受劳动教育，逐步将生产劳动和社会实践作为一项重要课程。坚持教育与生产劳动和社会实践相结合，既是坚持党的领导和教育方针的要求，也是发挥劳动功能、提升劳动能力的重要途径。

第二，劳动教育逐步与社会实践相结合。学校劳动教育是一个不断发展变化的过程，由"教育与生产劳动相结合"逐步发展为"教育与生产劳动和社会实践相结合"，并逐步纳入人才培养计划和大中小学教育过程。从20世纪80年代起，我国倡导学校劳动教育与思想政治教育相结合。此后的一系列思想政治教育文件都将生产劳动等社会实践活动作为加强学生思想政治教育的重要途径，强调通过思想政治教育来引导学生参与社会实践活动。

第三，劳动教育目标的立体化。中华人民共和国成立后，劳动教育的目标具有阶段性特征：第一阶段，20世纪60年代前后的学校劳动教育以养成劳动习惯和获得劳动知识技能为主；第二阶段，80年代的学校劳动教育以培养劳动情感和提高实践能力为主；第三阶段，90年代以来的学校劳动教育以培养学生综合素质和促进学生全面发展为主。进入新时代以来，劳动教育强调对学生劳动科学知识与技能、劳动情感态度、劳动精神及劳动价值观等劳动素养的全面系统培育，进而促进学生全面发展。

（二）劳动教育的价值追求

中华人民共和国成立以来，中国的马克思主义理论家和实践者创造性地借鉴马克思"教劳结合"及全面发展的思想，为劳动教育的发展指明了方向。我国劳动教育的价值追求和落脚点始终为培养全面发展的人。各个阶段的劳动教育虽呈现不同的名称和形态，但其内容始终围绕"促进人的全面发展"这一核心问题展开。尤其是进入21世纪以来，劳动教育成为探索教育全面发展的重要载体，更加强调在劳动中提升志愿精神、劳动素养，在劳动中提升人际交往能力、综合素质。劳动教育的本质是教育和引导学生实干、奋斗、创造和奉献，加强劳动教育可以使学生练就过硬的本领，进而更好地服务党、国家、社会和人民，这是时代新人的使命担当，也是中华人民共和国成立以来我国劳动教育的价值追求。

第三节 新时代高校劳动教育概述

一、新时代高校劳动教育的内涵与特征

（一）高校劳动教育的内涵

高校劳动教育是劳动教育在高校的实践。高校劳动教育是教育者以立德树人的根本任务为出发点，根据大学生身心成长规律，以劳动为载体，对受教育者实施有目的、有计划、系统的劳动教育活动。高校劳动教育通过对大学生的劳动思想、劳动技能和劳动实践进行系统训练，使其树立正确的劳动价值观和劳动精神，丰富和提高专业劳动知识和技能，养成热爱劳动的态度和习惯，全面提高大学生劳动素养。其最终目的是引导大学生在劳动中获得幸福感、追求创新灵感，成为具有实践能力、创新精神和高度社会责任感的高级专业人才。

高校劳动教育是高等教育人才培养的有机组成部分，从国家层面来说，直接决定着社会主义建设者和接班人的劳动精神面貌、劳动价值取向和劳动技能水平，直接关系着我国社会经济的持续、稳定、协调发展；从高校层面来说，关乎高校办学目标和办学方针，影响人才培养的质量、规格；从学生层面来说，直接影响大学生的劳动素养、劳动价值观、职业态度、劳动情感，影响其未来职业生涯的发展态势。

（二）高校劳动教育的特征

高校劳动教育的有效实施，需要关注高校劳动教育的特征。

1. 职业性

高等教育是学生从学校向社会过渡的最后一环，专业知识、能力、态度的培养，以及入职前的各项准备工作，无不饱含着劳动教育的元素。高校劳动教育需要围绕学科展开，培养学生的专业实践能力，使之能够融入日益精深的专业分

工,引领未来的劳动形态创新。

2. 系统性

在大学阶段,学生身心发展相对成熟,人格品行等各方面趋于稳定,这一阶段的学生需要接受的劳动教育应更加系统,不断拓展学生在劳动价值观、劳动情感态度和劳动习惯等方面的认知:使学生明白"劳动创造财富、劳动创造幸福"的真理;大力培植学生热爱劳动与创造的情感,树立"敢于做先锋,不做看客、不当过客"的态度;让真抓实干成为高校学生日常的行为方式。

3. 创造性

建设知识型、技能型、创新型劳动者大军是新时代对青年一代的新要求,创造性劳动是人类社会发展进步的根本力量。新时代的劳动者除了具备必需的劳动知识与技能外,更应是具备创新能力,有创新意识、创新思维和创造力的人。

4. 灵活性

劳动教育要适应科技发展和产业变革,不断改进劳动教育方式。一是通过现代信息技术构建共享型劳动教育资源数据库。二是满足学生个性化学习的要求。灵活利用慕课、翻转课堂、人工智能等新型教育方式,让劳动教育摆脱枯燥劳累的标签,变得生动起来。三是借助现代科技手段,构建新型互动机制。引导大学生在劳动创造中感受并领悟劳动精神,争做新时代的奋斗者。

二、新时代高校劳动教育的目标

高校青年学生是祖国的未来、民族的希望,也是建设社会主义现代化强国、实现民族复兴伟业的主力军。我们需要结合新时代高等教育的特点,以劳树德,以劳增智,以劳强体,以劳育美,全面提高学生劳动素养,帮助学生树立正确的劳动观念,培养必备的劳动能力,培育积极的劳动精神,养成良好的劳动习惯和品质。

(一)树立正确的劳动价值观念

劳动观是人们对劳动实践活动及其创造本质的基本看法,正确的劳动观是形成"三观"的重要基础。高等教育阶段是一个人世界观、人生观和价值观形成的关键阶段,通过劳动价值观教育,引导学生从思想上认识、批判和摒弃以极度功利化、个人化为表现形式的极端个人主义,以及"眼高手低""知行不一"问题,牢固树立马克思主义劳动观和"劳动是幸福源泉"的劳动幸福观。

通过劳动教育,使大学生理解和形成马克思主义劳动观,深刻理解马克思主义劳动观和社会主义劳动关系,树立正确的择业观、就业观、创业观,具有到艰苦地区和行业工作的奋斗精神，深刻理解劳动创造人、创造价值、创造财富、创造美好生活的道理，尊重劳动，尊重劳动者，牢固树立劳动光荣、劳动崇高、劳动伟大、劳动美丽的思想观念。

（二）培养必备的劳动能力

高校要强化劳动教育与专业教育、创新创业教育的融合，体现专业特色，培养学生胜任专业工作的劳动实践能力，以及在劳动实践中发现新问题和创造性解决问题的能力，在动手实践的过程中创造有价值的物化劳动成果。通过劳动教育掌握必备的劳动知识和技能，增强体力、智力和创造力，具备完成一定劳动任务所需要的设计、操作及团队合作的能力。

（三）培育积极的劳动精神

培育积极的劳动精神，引导大学生将自己的劳动岗位视作创造人生价值的重要平台，把劳动精神融入自身的成长成才过程。通过劳动教育，培养学生勤俭、奋斗、创新、奉献的劳动精神，培养学生崇尚劳动、热爱劳动、尊重普通劳动者、珍惜劳动成果的情感；领会"幸福是奋斗出来的"内涵与意义，继承中华民族勤俭节约、敬业奉献的优良传统，弘扬开拓创新、砥砺奋进的品质。

（四）养成良好的劳动习惯和品质

劳动习惯是通过培养劳动技能而达到的更深层次的追求，是提升劳动素养的重要依托。诚实劳动是中华民族几千年来的道德遵循，体现着劳动价值和获得社会认可的文化底蕴。《论语·子路》中有言："言必信，行必果。"通过劳动教育，使大学生养成良好的劳动习惯和品质，能够自觉自愿、认真负责、安全规范、坚持不懈地参与劳动，形成诚实守信、吃苦耐劳的劳动品质，养成勤俭节约、绿色低碳的消费习惯。高校应坚持开展新时代校园卫生活动，巩固学生良好的日常生活习惯，自觉做好宿舍卫生保洁，独立处理个人生活事务，积极参加勤工助学活动，提高劳动自立自强能力，深化对劳动价值的理解，进而促进学生养成良好的劳动习惯和劳动品质。

三、劳动教育的内容与任务

（一）高校劳动教育的主要内容

劳动教育主要包括日常生活劳动、生产劳动和服务性劳动中的知识、技能与价值观教育。

（1）日常生活劳动教育。日常生活劳动教育立足于个人生活事务，结合新时代校园卫生活动，注重生活能力和良好卫生习惯的培养，树立自立自强意识。高校劳动教育应契合学生日常生活，不应刻意制造。

（2）生产劳动教育。生产劳动教育要让大学生在工农业生产过程中直接体验物质财富的创造过程，体验从简单劳动、原始劳动向复杂劳动、创造性劳动发展的过程；学会使用劳动工具，掌握相关技术，感受劳动创造价值的过程，增强产品质量意识，体会平凡劳动的伟大。

（3）服务性劳动教育。服务性劳动教育，即让学生利用知识、技能等为他人和社会提供服务，在服务性岗位上见习实习，树立服务意识，实践服务技能；在公益劳动、志愿服务中强化社会责任感。学校要组织大学生参加志愿活动，促使学生提升劳动技能、强化公共意识、发扬奉献精神。

（二）新时代高校劳动教育的要求

强化马克思主义劳动观教育，围绕创新创业，结合学科专业，开展生产劳动和服务性劳动，积累职业经验，培育创造性劳动能力和诚实守信的合法劳动意识。其要求是使学生做到以下几点：①掌握通用劳动科学知识，深刻理解马克思主义劳动观和社会主义劳动关系，树立正确的择业就业创业观，具有到艰苦地区和行业工作的奋斗精神；②培养良好日常生活习惯，自觉做好宿舍卫生保洁，独立处理个人生活事务，积极参加勤工助学活动，提高劳动自立自强能力；③强化服务性劳动，自觉参与教室、食堂、校园等场所的卫生保洁、绿化美化和管理服务等，结合"三支一扶"、大学生志愿服务西部计划、"青年红色筑梦之旅"、"三下乡"等社会实践活动开展服务性劳动，强化公共服务意识和培育面对重大疫情、灾害等危机主动作为的奉献精神；④重视生产劳动锻炼，积极参加实习实训、专业服务和创新创业活动，重视新知识、新技术、新工艺、新方法的运用，提高在生产实践中发现问题和创造性解决问题的能力，在动手实践的过程中创造有价值的物化劳动成果。

第四节　新时代高校劳动教育的途径与评价

在党的坚强领导下，全面贯彻党的教育方针，坚持马克思主义指导地位，坚持中国特色社会主义教育发展道路，坚持社会主义办学方向，立足基本国情，遵循教育规律，坚持改革创新，以凝聚人心、完善人格、开发人力、培育人才、造福人民为工作目标，培养德智体美劳全面发展的社会主义建设者和接班人，加快推进教育现代化、建设教育强国、办好人民满意的教育。

——习近平

一、新时代高校劳动教育的途径

（一）独立开设劳动教育必修课

普通高等学校要将劳动教育纳入专业人才培养方案，明确主要依托的课程，可在已有课程中专设劳动教育模块，也可专门开设劳动专题教育必修课；本科阶段不少于32学时。课程内容应包括加强马克思主义劳动观教育，普及与学生职业发展密切相关的通用劳动科学知识，经历必要的劳动实践。

（二）在学科专业中有机渗透劳动教育

普通高等学校要将劳动教育有机地纳入专业教育、创新创业教育，不断深化产教融合，强化劳动锻炼，加强高等学校与行业骨干企业、高新企业、中小微企业的紧密协同，推动人才培养模式改革。将专业类课程与服务学习、实习实训、科学实验、社会实践、毕业设计等相结合，开展各类劳动实践，注重分析相关劳动形态的发展趋势，加强劳动品质培养。在公共必修课中，要进一步强化马克思主义劳动观、与劳动相关的法律法规及政策教育。

（三）在课外校外活动中安排劳动实践

将劳动教育与学生的个人生活、校园生活和社会生活有机结合起来，丰富劳动体验，提高劳动能力，深化学生对劳动价值的理解。普通高等学校要明确生活中的劳动事项和时间，并将其纳入学生日常管理工作。每学年设置劳动周，可采用专题讲座、主题演讲、劳动技能竞赛、劳动成果展示、劳动项目实践等形式进行。兼顾校内外活动，可在学年内或寒暑假安排，以集体劳动为主；由学校组织实施的劳动实践，也可设置劳动月，集中落实各学年劳动周要求。

（四）在校园文化建设中强化劳动文化

学校要将学生劳动习惯、劳动品质的养成教育融入校园文化建设。通过制定劳动公约、每日劳动常规、学期劳动任务单，采取与劳动教育有关的兴趣小组、社团等组织形式，结合植树节、学雷锋纪念日、"五一"国际劳动节、农民丰收节、志愿者日等，开展丰富的劳动主题教育，营造劳动光荣、创造伟大的校园文化氛围。

举办"劳模大讲堂"、"大国工匠进校园"、优秀毕业生报告会等劳动榜样进校园活动，组织劳动技能和劳动成果展示，综合运用讲座、宣传栏、新媒体等，广泛宣传劳动榜样事迹，特别是身边普通劳动者的事迹，让师生在校园里近距离接触劳动模范，聆听劳模故事，观摩精湛劳动技艺，感受并领悟勤勉敬业的劳动精神，争做新时代的奋斗者。

二、完善学生劳动素养评价

将劳动素养纳入大学生综合素质评价体系。以劳动教育为目标、以劳动教育内容要求为依据，将过程性评价和结果性评价结合起来，健全和完善大学生劳动素养评价标准、程序和方法，鼓励、支持各地利用大数据、云平台、物联网等现代信息技术手段，开展劳动教育过程监测与即时评价，发挥评价的育人导向和反馈改进功能。

（1）理论学习评价。本书理论部分可设置为1学分，按照其他公共必修课程类似的评价方式进行评价，包括完成12学时的课堂教学、4学时的课堂实践教学之后的反思交流、16个学时的课外劳动实践活动。课堂教学部分应采取考试的方式，主要考查学生是否准确掌握马克思主义劳动观。

（2）实践能力评价。学校要对平时的劳动教育实践活动及时进行评价，以评价促进学生发展。覆盖各类型劳动教育活动，明确每学年劳动实践的类型、次数、时间等考核要求。关注学生在劳动教育活动中的实际表现，注重从行为表现中分析、把握劳动观念的形成情况。以自我评价为主，辅以教师、同学、家长、服务对象、用人单位等他人评价，指导学生进行反思和改进。指导学生如实记录劳动教育活动情况，收集整理相关作品，选择具有代表性的写实记录，将其纳入综合素质档案，作为学生学年评优评先的重要参考。

（3）毕业综合评价。在大学生毕业之前，要依据大学生劳动教育的目标和内容，结合综合素质档案，兼顾必修课学习和课外劳动实践，对劳动观念、劳动能力、劳动精神、劳动习惯和劳动品质等劳动素养状况进行综合评定。建立诚信机制，实行真实记录，对弄虚作假者在评优评先方面一票否决，性质严重的应照规章制度严肃处理。

【本章小结】

劳动是人类生存和发展的基本活动。自古以来，中华民族就是一个勤劳勇敢、自力更生的民族。中华人民共和国成立以来，党中央高度重视劳动教育，在不同的时期对劳动教育提出了不同的要求，不断结合社会发展需要和青年学生的成长成才规律，完善劳动教育的内容和体系。党的十八大以来，习近平总书记在多个重要场合强调劳动对推进社会发展的重要作用，指引我们拼搏向前。劳动教育的价值追求和落脚点在于培养全面发展的人，新时代大学生要深刻认识和理解劳动的本质，理解劳动创造财富的内涵，培养正确的劳动观念，践行新时代劳动使命，在持续的劳动创造实践中，为实现中华民族伟大复兴的中国梦贡献青春力量。

【本章习题】

1. 简答题
（1）劳动的含义是什么？具有哪些特征？
（2）劳动教育的含义是什么？具有哪些特征？

2. 论述题
（1）简述 20 世纪 50 年代以来中国劳动教育的发展。
（2）简述劳动教育的主要内容。
（3）简述高校劳动教育的要求。

【本章实训活动】

与学校后勤部门合作组织一次校内体力劳动实训活动，从一般意义上理解劳动。

【参考文献】

[1] 刘向兵，等．新时代高校劳动教育论纲［M］．北京：社会科学文献出版社，2019.

［2］赵鑫全，张勇．新时代劳动教育［M］．北京：机械工业出版社，2020.

［3］韩剑颖．大学生劳动教育教程［M］．北京：清华大学出版社，2021.

［4］徐趁丽，石林，佘林芳．新时代大学生劳动教育教程［M］．北京：中国书籍出版社，2020.

第二章　新时代劳动价值观

【核心问题】

☑新时代劳动价值观的思想渊源

☑新时代劳动价值观的内涵

☑当代中国马克思主义劳动观的创新和发展

☑如何理解并践行习近平总书记关于劳动的主要论述

☑大学生应当树立什么样的劳动价值观

【学习目标】

本章主要介绍新时代劳动观的思想渊源，当代中国马克思主义劳动观的发展，新时代劳动价值观的内涵，培养大学生树立并自觉运用历史唯物主义的方法理解新时代劳动观，树立正确的劳动价值观。

【延伸阅读】

完善教育治理体系　塑造劳动价值观

《中共中央　国务院关于全面加强新时代大中小学劳动教育的意见》（以下简称《意见》）对加强新时代劳动教育作出了新部署，提出了新要求，同时也对完善教育治理体系、提升教育治理能力提出了挑战，并成为制度完善的契机。教育治理体系的完善和治理能力的提升至少包括四个层次：整个教育体系，不同层级、类别的教育场所形成的组织场域，具体的学校，以及师生个体。

在教育体系层面，劳动教育是我国教育发展和教育实践的组成部分，是新时代教育治理的重要构成。《意见》指出，"劳动教育是中国特色社会主义教育制度的重要内容"。党的十九届四中全会强调，制度体系是治理体系和治理能力现代化的集中体现。在此意义上，不断加强劳动教育，既是教育制度体系的内在要求，也是教育治理体系和治理能力现代化的应有之义。

在组织场域，不同层级的教育对劳动的强调虽各不相同，但体现了内在统一的劳动价值观。《意见》针对不同学段、不同类型的学生开展不同层面的劳动教育作出总体部署。不同的进路指向相同的目标：反对一切不劳而获、贪图享乐、崇尚暴富的错误观念。其目标是使学生充分认识到劳动对于社会发展和人生进步的重要意义，崇尚劳动，尊重劳动，愿意以自己的体力和脑力劳动建设祖国、奉献社会、服务人民。一言以蔽之，就是强调了实现中华民族伟大复兴的重要劳动价值观：实干、奉献、奋斗、创新等。通过加强劳动教育，重申劳动价值观的重要意义，是应对重大挑战的精神底色，更是教育治理体系和治理能力现代化重要的精神内核。

在学校治理层面，推进劳动教育和学校治理深度结合，将加强劳动教育作为学校治理改革的契机。学校治理的一个重要问题是组织的制度体系与组织的适配度问题，体现在制度制定、制度执行、制度评价等方面。在劳动教育背景下，需要重新对现有的制度体系进行改革和设计，依托组织特点，调动组织的内外部资源，把劳动教育纳入人才培养方案，将劳动价值观作为教育的重要目标。制定教育制度后，要着重保障制度的执行，将劳动价值观的培育落到实处。在制度执行过程中，还要开展制度评价，特别注意区分"把劳动本身作为目的""把劳动价值观培育作为目的"的劳动教育，要切实保障劳动教育在价值观层面的成效，而不是起到学生将劳动视为负担、任务的反效果。这需要学校对现有制度安排和治理理念进行整体性重构，从而为学校治理改革提供了重要的制度契机。

在个体层面，通过加强劳动教育，增强个体参与社会治理的能力。如果我们的成年公民好逸恶劳、追求不劳而获，如果社会分配制度过分畸形、诚实劳作得不到应有的报酬，学校劳动教育就很难取得真正的效果。公民参与社会治理的能力是教育治理能力的外在表现，是国家治理能力的重要组成部分。培育公民参与社会治理的能力，是劳动教育在个体层面的治理意义的重要表现。《意见》指出，劳动教育需要家庭、学校和社会的三方协同。这种协同效应不仅仅是作用于学生个体，培育学生的劳动价值观；还是作用于社会，通过对个体劳动价值观的塑造，重构社会的劳动价值观，提高个体参与社会治理的能力。

加强劳动教育，对进一步推进教育治理体系和治理能力现代化具有重要意义。其核心在于劳动价值观的塑造，而非"劳动形式主义"。作为劳动教育内核的劳动价值观，不仅是各级各类学校教育的必要组成部分，而且是整个国家和民族的精神内核。加强劳动教育，在形成配套的制度体系的同时，还要充分考虑其与具体的学段、学校、学生的契合性，以及劳动背后的治理意义。（资料来源于2020年1月5日《中国教育报》）

劳动观是人们对自身及他人劳动的基本态度和观点，是人们对劳动的本质、目的、价值、态度，以及如何处理劳动过程中个人利益和社会利益甚至国家利益之间关系等问题的认识。从广义来看，劳动观既包括使劳动合乎规律性的劳动科学观，也包括使劳动合乎目的性的劳动价值观。从狭义来看，劳动观是指劳动价值观。劳动价值观是关于劳动满足人们需要的状态和程度的总看法和根本观点，是人们世界观、人生观、价值观的重要组成部分。在劳动实践过程中，人类对劳动的认识不断深化，人们对待劳动的态度、情感、观念也在不断变化。

新时代劳动价值观是对中国传统劳动观的发展，是以马克思主义劳动观为指导，与新时代中国经济社会发展相适应的劳动价值观念。

第一节　新时代劳动价值观的思想渊源

一、中国传统的劳动价值观

中华民族是一个尊重劳动、热爱劳动的伟大民族，传统文化中蕴含着丰富的劳动思想，其对当代大学生形成正确的劳动观具有双重影响。一方面，其积极内容为新时代劳动观的形成提供了丰厚滋养；另一方面，"轻视体力劳动"等对劳动的狭隘认知抑制了部分人正确劳动观的形成。

（一）传统文化中积极的劳动观念

（1）重视劳动。中华大地幅员辽阔，但生存环境并不优越，人们需要付出辛勤劳动、创造劳动才能维持生存和发展，因此中国传统文化中有颇多重视劳动的思想观念。先秦时期就设立了农稷官以指导农业生产。此后，历代封建王朝都规定每年的二月初二皇帝要"御驾亲耕"，以示对农耕和劳动的重视。北齐颜之推告诫子孙，"生民之本，要当稼穑而食，桑麻以衣"①。

（2）尊崇劳动。尊崇劳动是中华民族的传统美德。商周时期，人们对劳动的赞美、尊崇主要体现在劳动相关的诗词中。诗词等文学作品对劳动和劳动人民的赞美，是中华民族热爱劳动的体现，例如，《诗经》中有大量赞美劳动的诗篇。儒家从道德角度审视劳动主体，并给劳动贴上了道德的标签。"锄禾日当午，汗滴禾下土"表达了劳动人民的辛苦与勤劳；"童孙未解供耕织，也傍桑阴学种瓜"描绘出了言传身教、开展家庭劳动教育的情形；《山海经·海外北经》中夸父追日的故事反映的是中华先民在民族迁移过程中勇往直前的精神品质。愚公移山、女娲补天等神话故事，无不表达着通过劳动改造自然的创新精神，诠释着先民对劳动的尊崇和热爱。

（3）崇俭戒奢。倡导勤俭、反对浪费是中华传统美德的重要内容。诸子百家关于弘扬崇俭戒奢精神的论述数不胜数。例如，《尚书》中的"克勤于邦，克俭于家"；《左传》中的"民生在勤，勤则不匮"也表达了这一思想；此外老子把"俭"作为他的"三宝"之一，墨子提出"俭节则昌，淫佚则亡"的观点，管子认为，"俭约恭敬，其唯无福，祸亦不来矣；骄傲侈泰，离度绝理，其唯无祸，福亦不至矣"②。

（4）耕读结合。耕读结合观是指倡导一边劳动一边读书的劳动观念，"耕"是指从事农业生产劳动，"读"是指读书。中国耕读结合观念的形成可追溯到春秋战国时期。墨家非常重视劳动，墨子提出"士虽有学，而行为本焉"的观点③。后来，我国出现了众多厉行耕读结合的学者，如陶渊明、韩愈、黄宗羲、顾炎武等。明末清初，理学家张履祥甚至提出"读而废耕，饥寒交至；耕而废读，礼仪遂亡"④。中国传统的耕读结合思想是新时代劳动观形成的思想源泉。

（二）传统劳动思想的局限

中华传统文化中不仅有尊重和热爱劳动的思想，也存在重脑力劳动、轻体力劳动等对劳动价值认识的局限。例如，孔子区分了"耕""学"两种不同的劳动

---

① 颜之推. 颜氏家训 [M]. 北京：首都师范大学出版社，2012：4.
② 管仲. 管子 [M]. 哈尔滨：北方文艺出版社，2013：397—399.
③ 王学典. 墨子 [M]. 江苏：凤凰科学技术出版社，2018：26.
④ 张履祥. 杨园先生全集 [M]. 北京：中华书局 2001：996.

方式，认为君子从事的仅是脑力劳动。孟子提出"劳心者治人，劳力者治于人"① 的观点。荀子甚至提出"君子以德，小人以力"② 的观点。"万般皆下品，唯有读书高"是中国传统文化中重脑力劳动、轻视体力劳动思想的典型代表观点。管仲的"士农工商"四民分类法，体现了轻视体力劳动、轻视工业和商业劳动的态度。

二、西方社会的劳动观

古希腊时期虽未形成系统的劳动观，但西方文化中蕴含了对劳动的赞美。西方社会认为，劳动是幸福的源泉，勤劳是一种美德。

（一）劳动是幸福的源泉

18 世纪，英国哲学家、历史学家、经济学家大卫·休谟认为，正是劳动本身构成了所追求的幸福的主要因素，任何不是靠辛勤努力而获得的享受，很快就会变得枯燥无聊、索然无味。美国著名科学家本杰明·富兰克林也提出"劳动是幸福之父"。法国著名思想家伊夫·R. 西蒙提出，劳动是人生不可分割的组成部分，是人享有社会权利付出的社会义务。19 世纪，空想社会主义者罗伯特·欧文提出，教育要与生产劳动相结合观点。

（二）勤劳是一种美德

西方人把勤劳当作一种美德。托马索·康帕内拉在《太阳城》中倡导形成"人人劳动、寄生可耻"的社会风尚，认为劳动无贵贱之分，无伦从事什么工作都是值得尊敬的。哲学家黑格尔将劳动分为三个环节，即需求、劳动、享受，认为劳动是需要和满足需要之间的中介，还提出了"劳动尊严"思想。哲学家罗素认为，"真正的幸福绝不会光顾那些精神麻木、四体不勤的人，幸福只在辛勤的劳动和晶莹的汗水中"。马克斯·韦伯在《新教伦理与资本主义精神》一书中指出，西方资本主义生产之所以取得成功，主要在于资本家有百折不挠的创新精神和冒险精神，有勤劳、刻苦、守信、敢于负责任的资本主义精神。

综上所述，无论是中国的先哲还是西方的先哲，都认为劳动、劳动者是应被尊重、认可的，劳动被视为创造财富和幸福的重要方式。

---

① 方勇. 孟子 [M]. 北京：商务印书馆，2017：423.
② 荀况. 荀子 [M]. 哈尔滨：北方文艺出版社，2013：265.

第二节　当代中国马克思主义劳动观的发展

中华人民共和国成立后，中国共产党人以马克思主义劳动观为指导，从中国革命建设的实际出发，对劳动的本质、内容、特征等进行了更深层次的理解和探索，完成了对马克思主义劳动观的中国化，并将马克思主义劳动观的内容进行了时代化与中国化。

一、党的十八大以前中国马克思主义劳动观的发展

毛泽东的劳动思想不仅建立在马克思、恩格斯、列宁关于劳动思想的深刻认识和理解的基础上，还根植于中国传统劳动文化中，体现了劳动人民真正成为国家主人、劳动真正成为无上荣光事业的观念。毛泽东劳动思想的突出特点是强调尊重劳动者，崇尚脑力劳动和体力劳动的结合。在毛泽东看来，无论是知识分子还是领导干部，都应当参与劳动。1949 年 9 月，毛泽东为《新华月报》创刊号的题词中写道："爱祖国、爱人民、爱劳动、爱护公共财产为全体国民的公德。"1957 年 2 月，毛泽东在《关于正确处理人民内部矛盾的问题》一文中指出，"社会主义制度的建立给我们开辟了一条到达理想境界的道路，而理想境界的实现还要靠我们的辛勤劳动"，还强调"我们的教育方针，应该使受教育者在德育、智育、体育几方面都得到发展，成为有社会主义觉悟的有文化的劳动者"。1958 年 12 月，毛泽东在中共八届六中全会上的讲话提纲中强调，改革了的教育制度实现了教育与劳动相结合，这是一件大事。

邓小平在继承和发扬毛泽东劳动思想的基础上，提出脑力劳动也是劳动，与体力劳动同等重要。邓小平也很重视劳动与教育的结合，强调要开展同国民经济发展要求相适应的劳动教育。

随着改革开放的深入推进，人民生活的质量和水平日渐提升，西方价值观的入侵，使我们党内和社会中产生了对劳动的不正确认识，如认为劳动就是体力劳动或简单劳动，不把脑力劳动或复杂劳动看作劳动，鄙视体力劳动和简单劳动等。面对这样的情况，江泽民强调必须尊重劳动、尊重知识、尊重人才、尊重创造，尊重和保护一切有益于人民和社会的劳动；一切合法的劳动收入和合法的非

劳动收入，都应该得到保护；强调艰苦奋斗的重要性，要在全党全社会大力提倡高尚的社会主义道德和发扬中华民族的优良传统，以艰苦奋斗、勤俭朴素为荣，以铺张浪费、奢侈挥霍为耻。胡锦涛进一步丰富了劳动观的内涵，提出要进一步弘扬劳模精神，倡导形成"以辛勤劳动为荣，以好逸恶劳为耻"的劳动观，构建和谐劳动关系。

二、党的十八大以后中国马克思主义劳动观的创新发展

新时代劳动观是对马克思主义劳动观的继承和发展，是新时代中国特色社会主义理论体系的重要组成部分。

（一）劳动实践观

习近平总书记指出："人类是劳动创造的，社会是劳动创造的。"① 这一重大论断立足于唯物史观，强调了劳动对人类的重要性。他还指出："我们所处的时代是催人奋进的伟大时代，我们进行的事业是前无古人的伟大事业，我们正在从事的中国特色社会主义事业是全体人民的共同事业。全面建成小康社会，进而建成富强民主文明和谐的社会主义现代化国家，根本上靠劳动、靠劳动者创造。"② 上述内容表达了一个基本观点——"新时代的伟大成就是党和人民一道拼出来、干出来、奋斗出来的"，充分体现了马克思主义实践观。

（二）劳动发展观

习近平总书记强调，人民创造历史、劳动开创未来，揭示了劳动与社会发展的本质联系。全面建成小康社会、建成富强民主文明和谐美丽的社会主义现代化强国、实现中华民族伟大复兴，从根本上需要依靠劳动，依靠劳动者创造。劳动是通向未来的必经之路，只有通过全国各族人民的辛勤劳动、诚实劳动、创造性劳动，才能让美好愿景变成现实，最终实现中华民族的伟大复兴。

习近平总书记重视劳动对劳动者自身的价值与作用，他在党的二十大报告中强调：坚持按劳分配为主体、多种分配方式并存，坚持多劳多得，鼓励勤劳致富，促进机会公平，增加低收入者收入，扩大中等收入群体，规范收入分配秩序，规范财富积累机制。习近平总书记特别注重"共建""共享"的关系，在共同建设的基础上，让改革发展成果更多更公平地惠及人民，要实现好、维护好、发展好最广大

---

① 习近平. 在知识分子、劳动模范、青年代表座谈会上的讲话［N］. 人民日报，2016-04-30（2）.
② 习近平回信勉励中国劳动关系学院劳模本科班学员［N］. 人民日报，2018-04-30（1）.

人民的根本利益，特别是要实现好、维护好、发展好广大普通劳动者的根本利益，这彰显了新时代中国特色社会主义劳动思想以人民为中心的本质特征。

（三）劳动幸福观

习近平总书记的讲话继承了马克思关于劳动幸福理论的精髓，并对劳动创造幸福这一重要议题进行了时代性考量。劳动是幸福的重要来源，幸福是延续劳动的内在支撑，劳动所获与幸福追求应当一致。一方面，习近平总书记认为，劳动的过程就是创造幸福的过程，但这个过程不是一蹴而就的，而是靠一点一滴的劳动创造而来的；另一方面，习近平总书记提出，实现劳动者的体面劳动、鼓励劳动者进行创造性劳动和构建和谐劳动关系是实现幸福的有效途径。

第三节　新时代劳动价值观的内涵

一、新时代劳动价值观的内涵

新时代大学生要牢固树立"劳动最光荣、劳动最崇高、劳动最伟大、劳动最美丽"的价值观念。"四最"劳动价值观是马克思主义劳动观的要求，是新时代劳动价值观的核心内容。

（一）劳动最光荣

"劳动最光荣"是指个人因劳动获得社会、他人的尊敬。唯有"劳动最光荣"观念深入人心，新时代劳动精神才能激发出凝聚功能、引领功能、激励功能。当人们的劳动价值得到认同、行为得到效仿、需求得到满足时，由此产生的自豪、荣耀等积极心理体验能激发劳动者以更大的热情投入劳动，从而创造更高的社会价值。

（二）劳动最崇高

"劳动最崇高"是指劳动的主体是劳动人民，劳动要始终以人民为中心，一切为了人民，一切依靠人民，发展成果为人民共享。劳动行为必须是健康的、积极向上的，必须是正义的，劳动果实必须是圣洁的。

（三）劳动最伟大

"劳动最伟大"是指劳动令人景仰钦佩。纵观历史，在人类发展的进程中，任何一种进步、任何一项发明都是艰辛劳动、创造性劳动的产物。正是因为无数平凡的劳动者日复一日、年复一年，无论酷暑严寒都在默默地工作着、劳动着、创造着、奉献着，我们的生活才有了可靠保障；正是因为千百万人坚持不懈地辛勤劳动、诚实劳动和创造性劳动，才有了中华民族的巨大飞跃。

（四）劳动最美丽

"劳动最美丽"是指劳动最能体现人的实践力量和审美精神。劳动成果中既有直接描绘劳动美的艺术作品，又有映照劳动美的伟大创造。新时代劳动精神凝聚着劳动之美，在崇高的道德境界和高尚的道德情操之中，无数新时代奋斗者在平凡的岗位上创造出了不平凡的人生，在劳动奉献中实现了人生价值。

二、树立正确的劳动价值观，承担时代赋予的大任

（一）劳动最光荣，做新时代的创造者

中华民族自古就是勤于劳动、善于创造的民族。从农业种植的精耕细作到工业生产的匠心制作，从古代的四大发明到如今的"嫦娥"登月，中国人在辛勤的劳动中创造了一个又一个了不起的神话，用汗水浇灌出了一个又一个不可思议的奇迹。各行各业的劳动者在自己的岗位上默默付出、敬业奉献，用智慧和汗水，甚至鲜血和生命，为国家富强、民族振兴、人民幸福书写了一段段可歌可泣的壮丽篇章。新时代属于每一个人，每一个人都是新时代的创造者。中华民族的未来更需要由当代的大学生来创造、去实现。大学生要践行和弘扬劳动最光荣的价值观念，以勤奋劳动为荣、以好吃懒做为耻，艰苦劳动在前、享受成果在后，珍惜自己和他人的劳动成果，躬身实践，勇挑重担，锐意进取，知行合一，在劳动实践中锤炼本领、彰显担当，做新时代的创造者。

（二）劳动最崇高，做新时代的奋进者

劳动最崇高蕴含着劳动是中华民族的传统美德，是中国共产党人的本色。中华民族自古就是勤劳、勇敢、智慧的民族，在劳动中锻造出了自强不息、疾恶如仇的优秀品格。中国共产党来自劳动人民，服务劳动人民，自成立那天起，就确立了解放劳苦大众、让劳动人民当家作主的奋斗目标。在中国革命的历史上，中国共产党领导人民通过开展劳动竞赛、评选劳动模范、弘扬劳动精神等方式，掀起了一个又一个劳动热潮，激励了一辈又一辈劳动群众，带领中国从一穷二白逐渐走向繁荣富强，这是对劳动最崇高的有力诠释。

大学生正处在风华正茂、朝气蓬勃的年龄，要树立劳动最崇高的劳动观，遵

守职业规范，练就过硬本领，矢志不渝地艰苦奋斗，接过先辈手中的接力棒，通过苦干实现中华民族伟大复兴的中国梦，通过实干为中国特色社会主义事业增色，做新时代的奋进者。

（三）劳动最伟大，做新时代的建设者

劳动最光荣，劳动者最伟大。中华人民共和国成立以来，我国广大劳动群众始终站在时代发展的前沿，面对生产和经济发展的迫切需要，各行各业的劳动者直面挑战、不畏艰难、百折不挠，在艰苦的环境和条件下，以顽强拼搏的精神铸就中国建设发展的伟大辉煌。劳动人民用勤劳的双手描绘了中国成长进步的光辉历史画卷，书写了改革开放和现代化建设的壮丽篇章。

当前，我国正处于全面建设社会主义现代化国家的关键时期，前途光明，任重而道远。我们必须增强忧患意识，坚持底线原则，做到居安思危、未雨绸缪，准备好经受风高浪急甚至惊涛骇浪的重大考验。现今，劳动之间的差别不仅没有消失，反而有逐渐扩大的趋势。这种差别既包括脑力劳动和体力劳动之间的差别，又包括工业劳动和农业劳动之间的差别等。但是，因分工不同导致的劳动差别并不意味着劳动是不平等、有高低贵贱之分的。在中国特色社会主义新时代，劳动虽然有差异，但是劳动与劳动之间是平等的，劳动者与劳动者之间也是平等的，每一个劳动者的劳动和付出都应得到尊重。大学生在树立正确的劳动观时，一定要坚持劳动平等的观点，劳动者是伟大的，唯有培养尊重劳动的品格，才能沿着梦想的航道远行，成为新时代的建设者。

（四）劳动最美丽，做新时代的追梦人

随着生产的进一步发展变化，脑力劳动骤增，不仅体力劳动是艰苦的、快乐的、美丽的，脑力劳动也同样是艰苦的、快乐的、美丽的。劳动者在劳动中产生的满足感，是通过劳动成功改造一项或多项事物后产生的获得感，是看到劳动结果后所产生的愉悦心理，是被他人、集体、社会所认同、肯定的幸福感，因为这种改造活动具有让整个社会和环境更加美好的价值。劳动者通过劳动实践活动，使劳动同美实现了有机统一。大学生在树立正确的劳动观时，要努力从劳动中体会快乐、创造快乐、感受快乐，正确地探寻人生的价值。大学生要向劳动模范、英雄模范等学习，自觉通过劳动改善生活、实现自我，努力通过劳动让工作、生活变得更美丽，做新时代的追梦人。

【本章小结】

新时代劳动价值观来源于传统文化的思想精髓和人类文明的优秀成果，是在坚持马克思主义劳动观的基础上的创新发展。正确的劳动价值观是大学生成长成才的基础，只有树立正确的劳动价值观，自觉地开展劳动活动，才能培养出高尚的情操，掌握一定的劳动技能，在劳动实践中完善自我、升华生命。

【本章习题】

（1）你还知道哪些反映科学劳动观的神话或历史故事？

（2）你认为当前社会中存在哪些不正确的劳动观？作为大学生应该如何看待？

（3）结合实践谈一谈大学生可以通过哪些方式和途径树立正确的劳动观。

第三章　劳模精神、劳动精神、工匠精神

【核心问题】

☑中国传统的劳动精神

☑新时代劳模精神的内涵与要义

☑新时代劳动精神的内涵与要义

☑新时代工匠精神的内涵与要义

☑理解劳模精神、劳动精神、工匠精神间的内在关系

☑大学生如何弘扬劳模精神、劳动精神、工匠精神

【学习目标】

本章主要通过介绍中国传统劳动精神的内涵，解读新时代劳模精神、劳动精神、工匠精神，引导大学生弘扬劳模精神、劳动精神、工匠精神，培育积极的劳动精神。

【延伸阅读】

弘扬劳模精神、劳动精神、工匠精神的基本路径

乔东　萧新桥　杨鑫刚

要大力弘扬劳模精神、劳动精神、工匠精神，适应当今世界科技革命和产业变革的需要，勤学苦练、深入钻研，勇于创新、敢为人先，不断提高技术技能水

平，为推动高质量发展、实施制造强国战略、全面建设社会主义现代化国家贡献智慧和力量。笔者认为，为实现第二个百年奋斗目标、实现中华民族伟大复兴的中国梦，面对新一轮科技革命和产业变革，我们必须大力弘扬劳模精神、劳动精神、工匠精神。

在长期实践中，我们培育形成了爱岗敬业、争创一流、艰苦奋斗、勇于创新、淡泊名利、甘于奉献的劳模精神，崇尚劳动、热爱劳动、辛勤劳动、诚实劳动的劳动精神，执着专注、精益求精、一丝不苟、追求卓越的工匠精神。劳模精神、劳动精神、工匠精神是以爱国主义为核心的民族精神和以改革创新为核心的时代精神的生动体现，是鼓舞全国各族人民风雨无阻、勇敢前进的强大精神动力。劳模精神、劳动精神、工匠精神成为中国共产党人精神谱系的重要组成部分，不仅是历史的产物，还是重要的理论依据。

之所以高度重视劳模精神、劳动精神、工匠精神的弘扬，是因为劳动模范的历史地位、劳动者的实践价值和大国工匠的时代意义。在我们党领导人民创造一个又一个伟大成就的奋斗历程中，劳动模范是民族的精英、人民的楷模，是共和国的功臣。劳模精神作为劳动模范的优秀品质，孕育于革命战争年代，形成于社会主义革命和建设时期，发展于改革开放和社会主义现代化建设时期，发扬光大于中国特色社会主义新时代。劳动创造了中华民族，造就了中华民族的辉煌历史，也必将创造出中华民族的光明未来。劳动精神展示了劳动者的精神风貌，体现了劳动最光荣、劳动最崇高、劳动最伟大、劳动最美丽的观念。我们党作为马克思主义政党，具有劳动实践的政治本色和劳动者的政治情怀。我们必须坚持崇尚劳动、造福劳动者。在我们党带领人民迎来从站起来、富起来到强起来历史性跨越的新时代，大国工匠作为高技能人才的杰出代表，是推动高质量发展、实施制造强国战略、全面建设社会主义现代化国家的中坚力量，工匠精神是大国工匠的精神标签。

劳模精神、劳动精神、工匠精神既有历史逻辑的演变，又有理论逻辑的关系。笔者认为，从历史逻辑看，劳模精神是铸就民族精英、人民楷模、共和国功臣的精神丰碑，劳动精神是创造中华民族历史的精神动力，工匠精神是全面建设社会主义现代化国家的精神源泉。从理论逻辑看，劳模精神展现的是劳动模范的风采。劳动模范首先是劳动者，其次是模范。要成为劳动者中的模范，就必须不断超越自己，最终超越别人。劳动精神体现的是劳动者的精神风貌，工匠精神为劳动者不断超越自己，最终超越别人，提供精神源泉。从这个意义上讲，劳动精神是成为合格劳动者的精神，工匠精神是成为杰出劳动者的精神，劳模精神是成为榜样劳动者的精神。

我们大力弘扬劳模精神、劳动精神、工匠精神，成为合格的劳动者、杰出的劳动者、榜样劳动者，就必须做到勤学苦练、深入钻研，勇于创新、敢为人先。这体现了两个方面的要求和四个层面的目标：两个方面的要求分别是"干"的要求和"新"的要求。社会主义是干出来的，新时代也是干出来的，我们要增强创新意识、培养创新思维，展示锐意创新的勇气、敢为人先的锐气、蓬勃向上的朝气；四个层面的目标是勤学苦练、深入钻研，勇于创新、敢为人先。这四个目标体现了个人成长、成才、成功的发展阶段。一个人要成长，就必须在学习和工作中勤学苦练。深入钻研是成才的必经之路。勇于创新，并有了创新成果，乃至有了绝活、绝招、绝技，是一个人成功的标志之一。一个人做到了敢为人先，并成为所在领域、行业的翘楚，就会成为大家学习的榜样和标杆。劳模精神、劳动精神、工匠精神为每一位劳动者的成长、成才、成功提供了精神指引。（选自2022年4月29日人民网—理论频道）

要在学生中弘扬劳动精神，教育引导学生崇尚劳动、尊重劳动，懂得劳动最光荣、劳动最崇高、劳动最伟大、劳动最美丽的道理，长大后能够辛勤劳动、诚实劳动、创造性劳动。

——习近平

劳动精神是劳动者在劳动实践过程中形成的劳动认知、价值理念和实践智慧的总和，是劳动者在劳动过程中秉持的劳动态度、坚持的劳动价值观、展现的劳动风貌。青年学生要继承中华优秀劳动精神，弘扬劳模精神、劳动精神、工匠精神。

第一节　劳动精神

中华民族五千多年的文明与辉煌，离不开劳动人民的勤劳与智慧，在文明发展过程中形成的以勤俭、奋斗、创新、奉献为内核的劳动精神，是新时代劳动精神的精神源泉。

一、传统劳动精神的内涵特征

（一）勤俭节约是中华民族劳动精神的底色

中华民族以勤俭持家、崇俭戒奢著称于世。在中国传统文化中，"勤"与"劳"的意思是相通的，"勤劳"和"节俭"具有天然的联系。《说文解字》释："勤，劳也。"《尚书·大禹谟》指出："克勤于邦，克俭于家。"崇俭戒奢品质以其强大力量激励着中华儿女为国家大事不辞辛劳，为家庭长久幸福节约俭朴。唐太宗李世民的《诫皇属》告诫后人"每著一衣，则悯蚕妇；每餐一食，则念耕夫"。习近平总书记在多种场合都强调："节俭朴素，力戒奢靡，是我们党的传家宝。现在，我们生活条件好了，但艰苦奋斗的精神一点都不能少，必须坚持以俭修身、以俭兴业，坚持厉行节约、勤俭办一切事情。"

（二）艰苦奋斗是中华民族劳动精神的标识

艰苦奋斗精神是中华民族劳动精神的标识，植根于中华传统文化的沃土。中华民族发展史本身就是一部可歌可泣的艰苦奋斗史。在中华民族历史发展的长河中，人民治理江河、建设城乡，尤其是革命战争、民族独立、人民解放，依靠的正是艰苦奋斗的民族精神。新时代中国取得的伟大成就，也是依靠广大人民的艰苦奋斗获得的。

（三）创新精神是中华民族劳动精神的名片

在历史长河中展现出的"革故鼎新、发明创造"的创新精神是推动中华文明繁荣发展的第一动力。从钻木取火、刀耕火种的农业文明，到科学技术"唱主角"的工业文明，再到人与社会、人与自然和谐发展的生态文明，时光荏苒，虽然劳动的形式不断变化，但其中蕴含的劳动创新精神始终未变，青年学生要敢于创新、善于创造，培养自己的问题意识。

（四）奉献精神是中华民族劳动精神的特质

奉献精神是中华民族劳动精神的重要特质。《忠经·天地神明》曰："忠者，中也，至公无私。"范仲淹的"先天下之忧而忧，后天下之乐而乐"，林则徐的"苟利国家生死以，岂因祸福避趋之"等都蕴含着先公后私、不畏艰险、敢于牺牲的奉献精神。《中国共产党章程》明确规定：共产党员必须"坚持党和人民的利益高于一切，个人利益服从党和人民的利益，吃苦在前，享受在后，克己奉公，多做贡献"。100多年来，一代又一代中国共产党人为赢得民族独立与人民解放，实现国家富强与人民幸福，不畏艰难险阻、无私奉献，书写了气壮山河的奉献之歌。

二、新时代劳动精神的内涵

（一）新时代劳动精神的内涵

关于劳动精神的内涵，有多种观点，有人认为是崇尚劳动、尊重劳动精神，也有学者认为它包括劳动者伟大精神、劳动伟大精神两方面，还有学者认为劳动精神包括辛勤劳动、诚实劳动、创造性劳动，是人类为了自身的幸福而不懈努力奋斗的精神。

2020 年 11 月 24 日，习近平总书记在全国劳动模范和先进工作者表彰大会上将劳动精神的内涵科学概括为"崇尚劳动、热爱劳动、辛勤劳动、诚实劳动"16 个字。该论述在内容上继承了马克思主义劳动观、中华民族传统的劳动精神，在理念上彰显了"劳动最光荣、劳动最崇高，劳动最伟大，劳动最美丽"劳动价值观。

（二）新时代劳动精神的核心要义

1. "崇尚劳动"的价值取向

"崇尚劳动"是指劳动主体在生产生活中形成的尊重劳动成果、劳动人民和劳动行为的意识，是对劳动和劳动者价值及地位的推崇和认同，彰显了尊崇劳动、提倡劳动的态度。

"崇尚劳动"观念赋予了劳动至上的地位，"光荣""崇高""伟大""美丽"都是对劳动、劳动者的认可。1954 年，我国颁布的第一部《中华人民共和国宪法》规定，"中华人民共和国公民有劳动的权利"，"劳动是中华人民共和国一切有劳动能力的公民的光荣的事情"。2002 年党的十六大报告强调："要尊重和保护一切有益于人民和社会的劳动。不论是体力劳动还是脑力劳动，不论是简单劳动还是复杂劳动，一切为我国社会主义现代化建设作出贡献的劳动，都是光荣的，都应该得到承认和尊重。"进入新时代以来，劳动最光荣、劳动最崇高，劳动最伟大，劳动最美丽社会氛围逐渐形成。党的二十大报告强调："在全社会弘扬劳动精神、奋斗精神、奉献精神、创造精神、勤俭节约精神。"只有全社会都崇尚劳动，劳动的价值才能获得真正认可，各行各业的劳动者才能真正得到应有的尊重。

2. "热爱劳动"的情感态度

"热爱劳动"是指劳动者对劳动的积极心理态度，促使劳动者形成自觉劳动、积极劳动、主动劳动的品质。中华民族是热爱劳动的民族，热爱劳动就是中华民族的美德。具体来说，"热爱劳动"包含两个层面的内容：一是热爱劳动本身，表现为能够感受到劳动过程中的幸福和快乐，在劳动中获得愉悦的感受和自我价值，积极地参与劳动实践。二是爱惜劳动成果，表现为对劳动产品的珍惜和赞美，能够认识到劳动成果的来之不易。"热爱劳动"是一种积极的劳动态度，强调劳动者对劳动的积极性、主动性和创造性。人民群众只有热爱劳动，才会心甘情愿地辛苦劳动、创造劳动。当然，"热爱劳动"不是与生俱来的，而是后天培养和训练出来的。习近平总书记强调"要教育孩子们从小热爱劳动、热爱创造，通过劳动和创造播种希望、收获果实"①。

3. 辛勤劳动的精神面貌

"辛勤劳动"反映勤奋敬业、埋头苦干的精神面貌，是新时代劳动精神的内核。辉煌灿烂的中华文明是依靠劳动人民的辛勤劳动创造出来的。只有辛勤劳动，才能三百六十行，行行出状元。习近平总书记强调："在田间地头，就要精心耕作，努力赢得丰收。在商场店铺，就要笑迎天下客，童叟无欺，提供优质的服务。只要踏实劳动、勤勉劳动，在平凡岗位上也能干出不平凡的业绩。"② 身处舞台更大、机遇更多、科技更强的新时代，广大劳动者只有勤于奋斗，撸起袖子加油干，才能开创出精彩事业。

4. "诚实劳动"的德行操守

"诚实劳动"是指在劳动过程中应当恪守的德行操守，要求劳动者的劳动符合法律及相关道德要求，既不偷懒耍滑也不投机钻营，既要实干、巧干，又要诚实守信。"诚实劳动"具有合法性和义务性的特征，一方面劳动主体要坚持实事求是的原则，防止出现弄虚作假的行为；另一方面劳动应当是合法的，用正确手段获取劳动成果，实现个人与社会的共同发展。"诚实劳动"是人类社会健康、持续发展的根基。

崇尚劳动、热爱劳动、辛勤劳动、诚实劳动四者是相互联系的，其中崇尚劳动、热爱劳动是应有的品德和行为，是辛勤劳动、诚实劳动的前提；辛勤劳动是

---

① 习近平. 在庆祝"五一"国际劳动节暨表彰全国劳动模范和先进工作者大会上的讲话 [N]. 人民日报，2015-04-29.
② 习近平. 在知识分子、劳动模范、青年代表座谈会上的讲话 [N]. 人民日报，2016-04-30.

诚实劳动的基础，是诚实劳动应自觉践行的职业道德规范和工作标准，是崇尚劳动、热爱劳动、辛勤劳动的表现和深化。

三、加强劳动精神培养的意义

（1）有利于大学生形成正确的职业观。弘扬劳动精神可使大学生认识到，只有通过辛勤劳动、诚实劳动、创造性劳动，才能实现理想、贡献社会、获得财富，形成正确的职业观，树立全心全意为人民服务的信念，切实把个人的事业追求与国家、人民的需要结合起来，在劳动中实现个人理想，为实现中华民族伟大复兴的中国梦贡献力量。

（2）有利于大学生养成奉献精神。历史的延续需要一代人担负一代人的责任，对国家、民族的发展而言，每一个时代都有历史赋予它的责任和使命。弘扬劳动精神可使大学生养成勇担使命的品质，推动大学生将创造力、想象力转化为干事创业的实际行动，有利于培养大学生应对重大挑战、抵御重大风险、克服重大阻力、解决重大矛盾和迎难而上、挺身而出的担当，激励他们艰苦奋斗、勇于创新、无私奉献。

（3）有利于引导大学生全心全意为人民服务。当代大学生既是我国社会主义事业的接班人和建设者，又是践行党全心全意为人民服务根本宗旨的接力军。全心全意为人民服务是党和国家对当代大学生的根本要求，同时也是当代大学生自身发展的需要。用劳动精神引领大学生成长成才，激励大学生全心全意为人民服务，是社会主义事业建设和发展的不竭动力。加强大学生劳动精神教育，可以让青年学生认识到只有通过劳动，才能实现个人价值与伟大中国梦的有机结合。

【延伸阅读】

丰富劳动教育实施途径　弘扬劳动精神

东北大学马克思主义学院

劳动教育是学生德智体美劳全面发展的主要内容，是培养德智体美劳全面发展人才的关键一环，是全面育人的重要内容。东北大学高度重视"劳动育人"，始终坚持在大学生群体中弘扬劳动精神，通过思政课教学改革，在日常思想政治教育中组织开展"爱劳美校"系列活动，引导广大青年学生崇尚劳动、尊重劳动，不断凸显劳动教育的实效。

一、统筹推进劳模文化研究成果进课堂建设

围绕国家社会科学基金重大课题《东北（辽宁）老工业基地"劳模文化"史料编纂及当代价值研究》，全面整理课题的理论成果，深入挖掘课题的思政元素，有效开展劳动文化、劳动精神、工匠精神进课堂的教学改革，切实推进科学研究与教学改革双轮驱动、相互促进、共同发展。在本硕博的思政课中循序渐进地展开劳模文化研究成果进课堂行动，加强以劳模文化为重要内容的思政课课程群建设。根据各门思政课程教学内容，积极探索劳模文化研究成果进课堂的内容和形式。遵循学生认知规律设计课程内容，体现不同学段的特点，本科阶段重在开展理论性和实践性学习，研究生阶段重在开展探究性学习。坚持用习近平新时代中国特色社会主义思想铸魂育人，以政治认同、家国情怀、道德修养、法治意识、文化素养为重点，系统进行马克思主义劳动教育。

二、打造一支专兼职结合、"讲劳模""劳模讲"的教师队伍

形成一支由领军人物领航，年龄结构、学历结构、职称结构、学缘结构合理，学术创新能力较强的劳模文化、劳模精神、工匠精神的专职教学、科研、宣讲团。

形成一支由全国、省、市劳模组成的特聘教授队伍，特聘教授走进思政课堂，根据教学目标和课程需求制定劳模课程各种模块，实现菜单式、个性化授课，实现劳模进课堂、重大项目的研究成果进课堂、劳模视频进课堂，形成"人人学劳模、人人争做劳模"的校园文化氛围，增强思政课劳模文化研究成果进课堂的思想性、理论性、针对性。

三、组织策划"一五一十"思政文化育人一体化平台建设项目

组织开展"名家讲坛""领导干部上讲台——国企公开课"等讲座报告，邀请校内外专家学者，与广大青年学生分享通过劳动实现人生理想的经历，将劳动精神深植学生心中；组织开展浑南校区劳动实践活动，活动分为"启动仪式——播种希望""中期养护——浇灌苗壮""总结收获——采撷硕果"三个篇章，两校区的百余名学生在专业人员的指导下，亲身体验大豆栽种过程，亲身经历田地整理、灌溉捡苗、采收总结等环节，引导学生体会劳动的喜悦；将劳动精神融入班集体建设和日常学习生活中，以劳动精神涵养班级文化，引导广大学生树立以美化校区环境为己任的校园风尚，培育"劳动最光荣、劳动最崇高、劳动最伟大、劳动最美丽"的精神文化。

四、树立正确的劳动观念，养成良好的劳动习惯，掌握劳动技能，培养五育并举、全面发展的新时代合格公民

坚持"五育"并举，构建德智体美劳全面培养的教育体系。东北大学成立"春风"学生党员志愿服务队，由志愿从事社会公益、党务宣传、学生服务和其他公益事业的本硕博学生党员组成。服务队由组织、宣传、文案、服务、办公五个部门组成，本着"敢为人先、自强不息"的原则，以"服务同学、求真务实"为宗旨，积极独立地开展各项工作。"春风"学生党员志愿服务队秉持学生党员自我奉献的初心，勇担全心全意为人民服务的使命，有效地将学生党员的力量凝聚起来，使学生党员积极投入到志愿服务活动中，用一言一行、一举一动树立文明进取的党员形象，培养党员的服务意识和奉献精神。通过学生党员志愿服务站、党员示范寝室、党员示范岗等载体，将学生志愿活动合理地整合为一体，为基层党建工作带来了全新的活力，做法有创意、可评估、可持续，且管理和运行情况良好，吸引力和凝聚力较强。各项志愿服务活动有序开展，成效显著，具有一定的社会价值。服务队工作机制健全、制度规范，学生覆盖面广、参与度高，组织开展的志愿服务活动成效突出，在学校和社会上具有良好的声誉。

促进校内外教育融合发展，组织开展社会实践活动。坚持把加强劳动实践育人工作作为切入点，充分调动整合社会资源，构建合理的长效机制，助力高校实践育人工作走向新高度。学校组建了辽宁省图书馆、辽宁省光明学校"春风"学生党员志愿服务基地、沈阳市和平区欣一佳敬老院志愿服务实践基地和尚盈丽景小区建立志愿服务基地等多个长期开展活动的志愿服务基地，把学习和劳动有机结合起来，为学校的学生提供了参与劳动的机会，特别是在服务师生、服务学校、服务社会的各项工作中，创造性地开展服务，使学生能够充分得到实践锻炼。

第二节　工匠精神

在工厂车间，就要弘扬"工匠精神"，精心打磨每一个零部件，生产优质的产品。在田间地头，就要精心耕作，努力赢得丰收。在商场店铺，就要笑迎天下客，童叟无欺，提供优质的服务。

——习近平

我国自古就有尊崇工匠精神的优良传统，工匠在实践过程中对技术和产品进行不断创新，如中国的瓷器、丝绸、玉器、青铜器、漆器等产品享誉世界。新时代，职业种类越来越多，岗位分工越来越细，匠人身上的执着专注、精益求精等品质值得大学生学习和弘扬。

一、工匠精神的内涵

《现代汉语词典》对工匠的解释为"手艺人"，即具有专门技艺特长的手工业劳动者。早期的工匠精神是用来形容手艺人刻苦钻研、精益求精的工作态度。著名的典故"庖丁解牛""卖油翁"就是古代工匠精神的最好诠释。但是，随着科学技术的日新月异，劳动分工越来越细，"工匠"已不再单纯指代手工劳动者，工匠精神的内涵也不断丰富。习近平总书记将工匠精神精准概括为"执着专注、精益求精、一丝不苟、追求卓越"16 个字。

"执着专注"是指工匠内心笃定且着眼于细节的一种精神状态。一个人的能力有限，将有限的精力专注到一个领域，每天做好一件事，干一行、爱一行、钻一行，日积月累才能成就伟业。

"精益求精"是指工匠在质量上追求完美、在技术上追求极致的品质。工匠坚持精益求精，打造有生命、有灵魂的产品。任何时候只有具备甘于寂寞、静心钻研的品质，才能制造出打动人心的一流产品。精益求精也体现在工匠以近乎严苛的标准严格要求自己，注重产品的细节上，在关键技术和产品上不断实现创新引领。

"一丝不苟"是指工匠们在细节上的坚守，在态度上的严格自我要求，以及敬业担当、钻研技能的职业精神。工匠们对质量持有精准态度，对自己所从事的工作及岗位认真负责、注重细节、追求完美。

"追求卓越"是指工匠们身上具备的积极进取、超越自我、千锤百炼、追求极致及不断提高技艺的职业素养。追求卓越要求工匠对自己的岗位、职业与行业具有极度的热爱，全身心地投入，勇于打破藩篱，追求创新。

二、加强培养工匠精神的意义

与工匠精神相对的，则是"差不多"思维。当前，我国制造业存在大而不强、产品档次整体不高、自主创新能力较弱等现象，多少与工匠精神欠缺有关。当代大学生肩负着实现中国梦的历史重任，因此弘扬工匠精神意义重大。

（1）弘扬工匠精神有利于提高大学生的职业道德水平。大学生在校期间接受忠于职守、爱岗敬业的工匠精神教育，内化于心、外化于行，可使其在快速变化的现代化社会中主动担起身上的责任，胸怀国家社会，投身到中国特色社会主义现代化强国的建设中。

（2）弘扬工匠精神有利于提升大学生工作的专注力。三百六十行，行行出状元。无论从事哪个行业，都需要专注力，都需要精益求精。在市场竞争日趋激烈的今天，在校大学生学习践行"工匠精神"，通过劳动实践活动等培养自己不急不躁、精益求精的专注品质，有利于未来开创事业和做好本职工作。

（3）弘扬工匠精神有利于大学生增强岗位胜任力。某高校曾对 10 家紧密型合作企业进行问卷调查，当用人单位被问及"如果一个大学生本身的专业能力很强，但在自我形象、角色定位、感染力、影响力或持续学习能力方面相对较弱，而另一个大学生在专业知识方面能力较弱，但在价值观、社会角色、自我意识、个性特质、动机等方面表现较为突出"如何选择时，100% 的用人单位都选择了后者。由此可见，社会对人才的要求逐渐从注重专业技术转变为注重综合素质。

第三节　劳模精神

一、劳模精神的内涵

（一）劳模的内涵

所谓劳模，就是劳动模范和先进工作者的简称，是各行各业劳动群众中的杰出代表。"劳动模范是民族的精英、人民的楷模。"[①] 按照区域划分，劳动模范分为全国劳动模范与省部级劳动模范，有些市、县和大企业也评选劳动模范。尽管不同历史时期的劳模具有不同的特征，但仍然具有共同特征，就是在平凡的工作岗位上追求技术上的精益求精，引领普通劳动者在平凡的岗位上创造出不平凡的业绩。新时代劳模是在党领导的革命、建设和改革的伟大实践中涌现出来的时代先锋和民族楷模。

---

① 习近平. 在同全国劳动模范代表座谈时的讲话［J］. 中国工运，2013（5）：4-6.

（二）劳模精神的内涵

劳动是劳模精神的基石，劳动者是劳模精神的主体。劳模精神是指劳动模范身上体现出的一般品质，是引领中华民族发展的先进的、科学的、文明的思想道德和价值取向，是中华民族勤劳勇敢、顽强拼搏、自强不息、开拓创新精神风貌的生动体现。

习近平总书记将劳模精神科学概括为"爱岗敬业、争创一流，艰苦奋斗、勇于创新，淡泊名利、甘于奉献"24 个字。

二、新时代劳模精神的核心要义

（一）"爱岗敬业、争创一流"是本质特征

"爱岗敬业"是中华优秀传统文化的重要内容，其中"爱岗"是指热爱自己的工作岗位，热爱自己的本职工作；"敬业"是指以极其负责的态度对待自己的工作；"爱岗"与"敬业"合起来是指劳动者无论身处什么岗位，从事何种职业，都要干一行爱一行，热爱自己的工作岗位和本职工作，以正确、严肃、恭敬的态度对待自己的专业工作。

"争创一流"是指当代劳模以最高的标准要求自我，在工作中不断强化自身的竞争意识，善于比、敢于拼的状态，是对劳动者的先进性要求。劳模树立"对标一流、争创一流"的意识，不断提升工作要求，创造一流业绩。"爱岗敬业、争创一流"体现了新时代劳模对国家、社会、职业的高度责任感、使命感。

（二）"艰苦奋斗、勇于创新"是核心特征

"艰苦奋斗"是指劳模不畏艰难困苦、奋发进取的工作作风。"勇于创新"是指劳模敢于创新、善于创新、担当使命，敢于运用新知识、新信息、新技能和新方法进行发明创造。"艰苦奋斗、勇于创新"是指劳模作为辛勤劳动、诚实劳动、创造性劳动的积极实践者，奋发图强、敢为人先，在实现中华民族伟大复兴的新征程上埋头苦干、求真务实、创新创造的共同特质。

（三）"淡泊名利、甘于奉献"是基本品格

"淡泊名利"是指不重视外在名声与利益的品质，在国家、集体和他人需要时能放弃一些个人利益，心甘情愿地做一些力所能及的事。劳模普遍具有"淡泊名利"的品质。"甘于奉献"是对自己的事业无私奉献、不求回报的主动作为，胸怀大志、不畏重担，脚踏实地地朝着既定目标不懈努力；甘于付出，坚定、执着地在平凡的工作中取得非凡的成就。

"淡泊名利、甘于奉献"是劳模的价值追求,全国劳模模范袁隆平是该品质的典型代表。袁隆平把全部精力放在杂交水稻上,为8亿人解决了温饱问题,穿着35元的衣服,却将杂交水稻专利权捐给国家。

三、加强培养劳模精神的意义

新时代劳动模范是改革开放和社会主义现代化建设的优秀劳动者典范,弘扬新时代中国特色社会主义劳模精神具有重要价值。

(一)有助于大学生树立正确的职业观

新时代中国特色社会主义劳模精神是新时代劳模群体先进性的高度浓缩。社会越发展,就越需要有想在先、干在先的带头人。我国开展的劳模评选活动本身就是一种激励形式,让所有人向榜样看齐。劳模是一面旗帜、一根标杆、一个楷模。劳模在工作中表现出来的职业精神、工作创新精神和高尚的职业品德,其价值超过了劳模在本职岗位上所做出的成绩本身。弘扬新时代劳模品质,有助于大学生理解和认同"劳动最光荣""劳动最伟大"的观念;有助于让工匠精神深入人心,树立正确的职业观。

(二)有助于培育当代大学生的家国情怀

劳模在平凡的岗位上做出不平凡的业绩,处处体现着爱国情怀。从抗日战争时期革命根据地兵工事业的开拓者吴运锋,到社会主义建设探索时期淘粪工人时传祥、刀具工人马学礼、石油工人王进喜,再到改革开放时期技术工人孔祥瑞、光学科学家蒋筑英等,历代劳模和先进工作者都彰显着深厚的爱国情怀。弘扬新时代劳模品质有助于大学生正确理解甘于奉献的含义,正确认识个人与集体和国家的关系、理想与现实的关系,从而激励当代大学生立爱国志,在国家发展和民族复兴中规划青春、奋力拼搏、奉献自我,将个人梦想融入伟大的中国梦中。

(三)有助于培养当代大学生的奋斗精神

劳动模范是民族的精英、国家的栋梁、社会的中坚,他们身上涌动着创造、创新、创业的激情,以炽热的报国情怀、精湛的专业技能在各自岗位上做出成绩。当代大学生学习和弘扬新时代劳模品质,有利于正确看待体力劳动和脑力劳动的分工,正确看待不同职业之间的收入差异,正确理解付出与回报的辩证关系,自觉地把人生理想、家庭幸福融入国家富强、民族复兴的伟业之中。同时,一些新时代劳模的事迹和品质还能帮助大学生理性面对求职就业、职业发展、创新创业中遇到的困难挫折，激发大学生攻坚克难的斗志，为未来成长为知识型、技能型、创新型劳动模范奠定基础。

第四节　劳动精神、工匠精神、劳模精神的内在关系

劳动精神、工匠精神、劳模精神是广大劳动群众在从事社会生产的劳动实践中形成的，是中国精神的重要组成部分，三者间既相互联系，又相互促进。

一、劳动精神、工匠精神、劳模精神对劳动的推动作用

劳动精神、工匠精神、劳模精神都是劳动创造的产物，劳动是这三种精神的前提和基础，三者都对劳动具有推动作用。

（一）劳模精神突出对劳动的示范和引领作用

新时代的劳模精神代表的是新时代的价值取向，体现的是新时代的精神面貌。劳动模范作为亿万劳动者的杰出代表，是当之无愧的时代领跑者。弘扬新时代劳模精神，在全社会树立通过辛勤劳动、诚实劳动创造美好生活的风尚，对实现我国经济社会高质量、高水平发展，实现国家富强和中华民族伟大复兴具有至关重要的意义。

（二）劳动精神突出对劳动的强化和延伸

劳动精神来自人类的劳动，既是劳动本身，又是对劳动的超越，是劳动和劳动认知（体验、意识）的总和。新时代劳动精神是以劳动为基础的精神信仰，是全社会尊重劳动、崇尚劳动、热爱劳动、辛勤劳动和诚实劳动的集中体现，是正确的价值取向。在全社会形成尊重劳动、崇尚劳动、热爱劳动、辛勤劳动和诚实劳动的良好氛围，既有利于确保当前社会劳动的顺利开展，也有利于推动劳动的持续延伸和强化。当今，我国广大的劳动者正是在这种劳动精神的感召和激励下，不畏艰难险阻，勇于攻坚克难，在平凡的岗位上续写着不平凡的故事，为实现中华民族伟大复兴贡献力量。

（三）工匠精神突出对劳动的创新

工匠精神作为人类劳动实践过程中特有的价值现象，随着时代的变迁而变

化。中国工匠精神源远流长，一直以来都是中国工匠至信笃行的精神理念，鼓舞着各行各业以技术技艺见长的劳动者奋发进取、开拓创新。随着社会需求和生产方式的变化，在对中国传统工匠精神继承和发扬，以及对外国工匠精神学习借鉴的基础上形成的新时代工匠精神，已成为社会主义现代化强国建设的强力推手。工匠精神与劳模精神、劳动精神构成一个完整的体系，成为激励广大劳动者积极投身中国特色社会主义伟大实践的强大精神力量。

二、劳动精神、工匠精神、劳模精神间的关系

劳动精神、工匠精神、劳模精神是广大劳动群众在从事社会生产的劳动实践中形成的，是中国精神的重要组成部分，三者既相互联系，又相互促进。

（一）三者间的内在联系

（1）劳动精神是劳模精神、工匠精神的基础。从三种精神产生的主体来看，劳动精神的主体是广大的普通劳动者群体；工匠精神的主体是拥有专业特长和一技之能的产业工人；劳模精神的主体是为社会作出突出贡献的劳动模范群体。三者具有共性，无论是劳模还是工匠，都是劳动者。无论劳模精神还是工匠精神，其精神皆源于劳动精神，劳动精神是劳模精神、工匠精神的基础，劳模精神和工匠精神是劳动精神向更高层次的跃升。

（2）三者发展间的层次性。从三种精神的逻辑关系来看，它们涵盖了劳动精神的不同发展层次。劳动精神可分为三个层次：第一层次是作为一个合格的劳动者应该具备的精神特征，即崇尚劳动、热爱劳动、辛勤劳动、诚实劳动；第二层次是作为一个专业的劳动者，也就是工匠应具备的精神，即执着专注、精益求精、一丝不苟、追求卓越素养；第三层次是作为一个模范的劳动者，也就是劳模应该具备的精神特征，即爱岗敬业、争创一流、艰苦奋斗、勇于创新、淡泊名利、甘于奉献的品质。

劳动精神致力于激发广大劳动者辛勤劳动、诚实劳动、创造性劳动，并让劳动者成为最受尊敬的人。只有先具备普遍的劳动精神，才有可能进一步上升到劳模精神、工匠精神。以产业界为例，产业工人即便精通某一个方面的手艺，拥有高超的技艺，但如果他不具备基本的劳动精神，也不可能拥有工匠精神。

（二）三者之间的内在逻辑关系

（1）劳模精神和劳动精神表现为部分与整体关系。从主体上看，劳模精神的主体是劳模群体，劳动精神的主体是所有劳动者，劳模群体是广大劳动者中的杰出代表，仅是劳动者群体中的一部分。从这个意义上讲，劳模精神是劳动精神的一部分。

劳模精神是以劳动模范为主体的群体对劳动精神的集中展现，工匠精神则揭示了锐意进取、精益求精的劳动者个性，这种个性是劳动者的核心竞争力，是成就杰出劳动者的根源。劳模精神具有示范引领作用，从外部影响、引领每一位劳动者比先进、超先进，从平凡走向不平凡。工匠精神则从内部唤醒和激励每一位劳动者不断挑战自我、超越自我，是超越自己的精神。

从引领劳动文化建设看，工匠精神有一种把事情做好的强烈愿望，并将这种愿望体现在对产品的精雕细琢、精益求精上，是一种对职业敬畏、对工作执着、对产品负责的态度；劳模精神重在思想引领，彰显了劳动文化的先进性。

（2）劳动精神和工匠精神表现为共性与个性关系。劳动精神是所有劳动者的共性，是每一位劳动者都应具有的精神。工匠精神揭示了不甘于平庸的劳动者个性，是成就优秀劳动者的必要条件。个性不仅是产品和企业的核心竞争力，也是劳动者的核心竞争力。这里所说的劳动者个性主要是指劳动者在自我超越过程中彰显出的个人优势及精神状态，也就是工匠精神。

（3）劳模精神和工匠精神的关系是外力与内力关系。劳模精神是所有劳动者都应该学习的精神，是影响和引领每一位劳动者从平凡走向不平凡的外力。劳模精神从外部影响每一位劳动者学先进、做先进。工匠精神是每一位劳动者都应具有的精神，是激发每一位劳动者不断挑战自我、超越自我的内力。工匠精神从内部唤醒每一位劳动者成为最好的自己。劳模精神是超越别人的精神，工匠精神是超越自己的精神。工匠精神是让劳动者成为自己的"劳模"，劳模精神是让劳动者成为别人的"模范"。工匠精神点亮了自己的生命，劳模精神则照亮了别人的生命。

第五节　大学生要弘扬劳动精神、劳模精神、工匠精神

当代大学生既要积极弘扬新时代劳模精神、劳动精神、工匠精神，更要在三种精神的引领下践行使命担当。

一、爱岗敬业

（一）让爱岗敬业成为基本的职业本质

"爱岗敬业"是"爱岗"与"敬业"的总称，两者互为前提、相辅相成。"爱岗"是"敬业"的基石，"敬业"是"爱岗"的升华。爱岗敬业是一个人在工作中最基本、最重要的职业精神，是职工最基本的素质，是一切素质的载体，是对人们工作态度的普遍要求，也是对每个社会成员最基本的道德要求。

（二）甘于平凡但不安于平庸

1. 干一行爱一行

《论语·雍也》说："知之者不如好之者，好之者不如乐之者。"只有热爱一件事物，才会对它充满热忱。初入社会的劳动者，大部分都是从"自己不喜欢的工作"开始的，但若干年后，人与人之间就会产生较大的差别。之所以如此，很大程度上取决于做事的态度。有的人得过且过、不求上进、牢骚满腹，在日复一日的"躺平"中湮灭了自己的雄心和才华。有的人干一行爱一行，在工作中树立正确的职业观，爱上了自己的工作，实现了自己的人生价值。

如何实现干一行爱一行？

第一，努力培养职业兴趣。不论将来从事什么行业、什么岗位，一旦选定，就要做到干一行爱一行，怀着强烈的工作热情投入工作，并在实践中培养自己对工作的热爱。一个人的兴趣爱好并不是天生的，也不是一成不变的，青年人具有很强的可塑性，完全可以根据新的需要来培养新的兴趣爱好。

第二，全身心投入工作岗位。三百六十行，行行都要有人干，行行都能出状元。不论我们对未来从事的岗位是否有兴趣，都要本着对工作负责的态度，心怀对职业的敬畏，全身心投入职业活动，切实做好本职工作。

第三，高度重视基础工作。每个人都想成就一番大事业，体验成功的感觉，然而在社会这个大机器中，大多数人从事的都是平凡、简单、琐碎的基础性工作。每个人都要明白：大事是由若干件小事构成的，一个拒绝做小事，不愿意做具体工作的人，不可能获得持续提升的能力，也不可能成就大的事业。莎士比亚说："卑微的工作是用艰苦卓绝的精神忍受着的，最低陋的事情往往指向最崇高的目标。"每一个新入职场的员工，都要重视基础工作，一步一个脚印，积累经验，才能在平凡的岗位上取得卓越的成就。

第四，干一行钻一行。痴于艺者技必精，对技艺专心钻研，技术就能精通。

任何一个渴望有所成就的人，都必须做到专心。现代职场员工最需要学习的，就是专注。专注是一种境界，是一个人必须把自己的时间、精力和智慧凝聚到所要干的事情上，最大限度地发挥主动性、创造性，去实现集体或个人的既定目标，即使遭遇困难受到挫折也不退缩。王进喜之于石油事业，成龙之于演艺事业，屠呦呦之于医学事业，袁隆平之于水稻事业等，他们都是干一行爱一行的典范。任何一名劳动者只有在一个行业领域或岗位不断地钻研、进取，才能在这个行业或岗位做得更具特色、更具专业水准。乔布斯曾说："你的工作将会占据生活中很大的一部分，你只有相信自己所做的是伟大的工作，你才能怡然自得。把今天的工作做好了，明天自然属于你。"

2. 干一行精一行

在员工跳槽比较普遍的今天，很多职场人转战于各行各业，表面上看似什么都懂、什么都会，可要是把一个重要的职位交给他们，未必能做好。其实，这样的"全才"在工作中并不受青睐，因为他们所谓的"全"，涉及的往往是一些工作内容简单、技术要求不高的岗位，而企业真正需要和欢迎的人，是同时具备基本技能和专业技能的人。实现梦想是一个精益求精的过程，但"精"不是简单的"熟"，正如宋代文学家欧阳修创作的《卖油翁》中的老人，不是每一个卖油的人都能达到将油穿铜钱方孔而过，而铜钱不湿的水平。一个人要想成为所在领域的工匠，要在选定的方向上持之以恒地走下去，要在日复一日的重复性工作中追求完美，力求做成这一领域的专家。业务技能精湛永远是做好本职工作的要件。

许振超、管延安、高凤林、周东红、胡双钱、孟剑锋、张冬伟、宁允展、顾秋亮等这群劳动者在平凡的岗位上追求职业技能的完美和极致，跻身"国宝级"技工行列。

✈ **经典故事**

宁允展，南车青岛四方机车车辆股份有限公司（以下简称南车四方）车辆钳工高级技师，南车四方技能专家。1991年，19岁的宁允展从铁路技校毕业，进入当时的四方机车车辆厂（南车四方的前身），从事车辆钳工工作。多年来，他研磨工艺，反复探索，创造了风动砂轮纯手工研磨操作法，成功打破了高速动车组转向架生产瓶颈难题，成为国内唯一能够在0.05mm的研磨空间里进行打磨作业的人，为高速动车组转向架的高质量、高产量制造做出了突出贡献。

许振超，青岛港前湾集装箱码头员工，参加工作三十多年来，他以"干就干一流，争就争第一"的原则，立足本职，干一行，爱一行，精一行，练就了"一钩准""一钩净""无声响操作"等本领。他带领团队按照"泊位、船时、单机"三大效率的标准要求，深入开展比安全质量、比效率、比管理、比作风的"四比"活动，先后六次打破集装箱装卸世界纪录，使"振超效率"名扬四海。

（三）虚心学习、勤于实践，立足岗位履职尽责

1. 新时代呼唤学习型人才

当前，我国社会的主要矛盾发生了历史性变化，对满足人民日益增长的美好生活需要以及推动人的全面发展、经济社会高质量发展而言，需要更高水平的劳动者。从经济社会发展的实际情况看，传统产业"让位"于新兴产业，发展的竞争力从过去的拼产业、拼政策、拼招商，过渡到"拼人才"。对一个人的考察，不是仅仅看其掌握了多少知识，更要关注其利用所掌握的知识，为企业、社会创造了多少财富，关注其在前人的基础上，做出多少对社会发展产生影响的创新，关注其是不是会求知、做事、合作、奉献、创新、发展、做人。为此，当前每一个从业人员都需要根据时代的要求，加强学习、虚心求教，不断完善和提升综合素质。

2. 在学习中提升创造价值的能力

爱岗敬业不只表现在精神层面，还要有明确的目标、实施计划、实现目标的能力和行动。能力从何而来，无非是靠日积月累的学习和实践。只有持续学习，才能不断提升自己创造价值的能力。

第一，"学"与"干"结合。学习是人类掌握已有知识、探求未知领域，以提高认识世界、改造世界能力的实践活动。毛泽东对学习"是什么"进行了长期深入的思考，他认为学习是一个知行统一、学用结合的过程。有人说工作太忙，没有时间读书学习，知识太专，看不懂，学不会。时间对每个人都是公平的，只有"挤"才能有。知识对每个人都没有偏心，只有"钻"才会拥有。哈佛大学的研究表明，人与人之间的差别在于如何使用业余时间。如果一个人每天抽出2~3个小时阅读、思考，参加训练，在自己的专业领域持续积累经验，就一定能成长为行家里手。

第二，用所"学"创造价值。一个人学再多的知识、技术，如果不用，也会随着时间的流逝变得无用。在校大学生虽然还没有踏入社会，但是为了未来能

够使自己成为受职场欢迎的人，从现在开始就要努力做到三点：一要提高吸纳知识的能力。用心学习，领悟精要，努力使自己的思想水平、知识结构和认知能力达到广领域、宽口径。二要提高转化知识的能力。学习的目的在于运用，能否把学到的知识转化为工作能力，是检验学习成效的一个重要标准。只有把理论知识与具体工作相结合，才能不断提高解决问题的能力。三要提高创新知识的能力。在工作中，要经过自己的领悟、提炼、升华，做到举一反三，归纳出新的经验和做法。

3. 敬畏责任加苦干、实干与巧干

第一，养成敬畏责任的良好习惯。任何时代，责任感都是不可或缺的品质。在我们党团结带领人民进行革命、建设、改革的各个历史时期，诸多优秀的劳动者以主人翁的高度责任感和艰苦创业的奋斗精神，谱写出一曲曲可歌可泣的动人赞歌，为青年大学生树立了光辉的学习榜样。

✈ **经典故事**

全国铁路劳动模范宋心军，是中国铁路太原局集团有限公司侯马车务段赵城站值班员。自2004年入行到2015年，他一直从事调车工作，从入行的第一天起，他就苦学理论知识及业务技能，并始终坚持"安全第一"的思想，作业中本着"一点都不能出差，差一点都不行"的要求，认真落实规章制度，严格执行作业标准，主动卡控安全关键，作业后认真进行复检。他十几年如一日顶严寒冒酷暑，夏天时工作服经常是湿了晒干，干了又浸湿，来来回回七八次，一直到下班，工作服都变硬了；冬天寒风刺骨，遇上刮风下雨，滋味更是不好受。但是，他始终认真履行工作职责，严格落实作业标准。以2014年为例，一年内他防止调车作业严重安全问题9起，制止并纠正现场违章违纪15次。多年来，他把工作当成一项使命，全身心投入，以扎实的专业功底、强大的事业心、勤勉的工作态度、积极的进取意识、无私的奉献精神，在平凡的工作岗位上脚踏实地、默默奉献，实现了人生价值。

在校大学生要以宋心军等劳动模范为榜样，无论将来从事什么工作，在什么岗位上工作，都要做好本职工作，用强烈的责任心做好、做细每一件事，并使之成为一种自觉、主动、持久、稳定的良好习惯。

第二，做到苦干、实干和巧干。敬业不是一句空话，真正的敬业是说得到位，做得更要到位。俗话说："说一千，道一万，不如两横一竖一个'干'。""干"是本分、是境界，也是最好的工作方法。当然，也要讲究"怎么干"，敬业不是一味苦干、蛮干，既要有"肯干"的态度，又要有"实干"的品质，还要有"干好"的本领。

苦干需要坚持"苦"字当头，比别人吃更多的苦、流更多的汗、付出十倍百倍的艰辛与努力。在遇到工作难题时，敢于硬碰硬，敢于啃硬骨头，敢于攻坚。

空谈误国，实干兴邦。何为实干？实干是指实实在在、踏踏实实地做事情，既要专心谋事，时时刻刻把心思和精力用在落实工作上，又要敢于担事，遇到困难不回避，关键时刻敢出面，踏实干事。

巧干是指干工作要有巧的方法和行动，干事情既要摸清形势、巧用策略，又要抓住重点、突破难点。

苦干是一种品质，实干是一种态度，巧干是一种能力。如果在工作中只晓得苦干、实干，遇到复杂多变的任务就会缺乏科学合理的思考、分析，很容易一条道走到黑，耗费精力，浪费时间，收效甚微。知识经济时代是"巧干"升值的时代。对待任何一项工作都应巧干，善于发现和利用规律。当然，巧干不是投机取巧，而是一种分析判断、发明创造和解决问题的能力。

经典故事

付永伟是中国邮政北京西城区分公司中南海支局投递员。西城区赵登禹路附近有大幅、中帽、北帽、前帽、后帽等几个胡同。这几个"帽"展示给人们的几乎是相同的面貌，就像迷魂阵，每天送件都要2个多小时。为了摸清它们的"脉络"，付永伟画出图样，登记上门牌号，并向居住地的阿姨请教。最后，终于弄清楚这几个含"帽"字的胡同为"井"字格局，他在前期绘制图样的基础上，把复杂的线路串联成了一条投递捷径，一般只用20多分钟就能送完当天所有"帽"字胡同的邮件。对于其他胡同，他也经常在投递的过程中找院里的住户聊几句，了解周边情况，做到有备无患。在熟悉道路以后，他几乎总是第一个出去，第一个回班。

如果说苦干、实干做的是加法，那巧干做的就是乘法，是干的升华，更是苦干、实干的必然归宿。每一个职场员工在工作中要经常问问自己：能不能找到更简单的方法。

二、争创一流

争创一流是在高起点上继续追求高，在新起点上继续求新，表现为一种积极奋发的精神风貌。争创一流是职场人员提高工作水平的前提条件，也是推动社会生产力整体提升的坚强保障。

（一）让争创一流成为永恒的追求目标

劳动模范包起帆曾经对大学生说过这样一句话："无论是走上工作岗位还是继续深造，希望你们严格要求自己，爱岗敬业，争创一流。"几乎每一位大学毕业生在入职之初都抱着满腔热血，都想成为单位不可或缺的一分子，这是非常值得肯定的。但是，要想把成为不可或缺人才的想法变成现实，建议做到以下五点。

1. 拓宽视野

视野的物理意义是指人眼固定地注视某一点或某一片区域时（通过仪器）所能看见的空间范围，即通过眼睛所能看到的事物。其引申意义为人思想或知识的领域。一个人要想创造一流的业绩，就需具备宽广的视野。拓宽视野的方法：一是跳出本行业、本单位、本岗位去追求一流水平，正所谓"不识庐山真面目，只缘身在此山中"，只有跳出狭小的范围，才能摆脱主观成见的束缚。二是不局限于自己的原有状态，不用现在的自己和过去的自己作比较，不局限于小小的个人进步。三是具有长久的眼光和开放的思维。

视野决定人的格局，在不同的位置看世界、看未来、看事态，造就不同的格局观。视野大、格局大，做人做事就容易成功。一个人拓宽视野的路径很多，如多读书，多走出去看看，多和优秀的人接触，多与别人进行交流分享，多学习一些自己专业之外的知识等。

2. 追求最优

每个人的人生定位不同，工作和生活态度自然就不同。"取法乎上，仅得其中；取法乎中，仅得其下。"其大意：一个人制定了高目标，最后有可能仅仅达到中等水平；但如果制定了一个中等的目标，最后有可能只达到低等水平。因此，一个志存高远的人，必定将追求最优作为自己的人生目标，从而不断地增强争创一流的意识，并将其落实到实际工作中。

哈佛大学吸引了全美甚至全世界优秀的学生，他们有一个共同特点，即追求卓越。追求最优的内涵：一是追求最优是创造性思考。保持自己积极思考的习惯，保持自身思维的独立性与前瞻性。二是追求最优是一种态度。态度决定一切，如果一个人充满热情、积极主动工作、学习和生活，人生必定会与众不同。三是追求最优是一种坚持。很多成功都需要积淀，需要经过量变到质变的过程，只要不断追求，每一个阶段性的成果就会成为一个新的起点。

3. 积极心态

"心态"是决定人们思维模式和行为方式的一种心理状态或态度。积极心态是面对工作、问题、困难、挫折、挑战和责任时，能从正面去想，积极采取行动，努力去做，它是成功的基本要素。

日本小松油田的创始人小松昭夫说："一个人的事业成功，50%来源于人生哲学、正确观念、积极心态。"执着、挑战、热情、风险、激情、愉快、爱心、自豪、渴望、信赖，这些积极心态有助于我们达成目标。人的一生难免会遇到各种各样的困难和挫折，困难和挫折并不可怕，可怕的是当困难和挫折来临时，我们没有以积极的心态对待它。

4. 进取之心

进取心是指不满足于现状，坚持不懈地追求新目标的心理状态，是成功的要素。人类如果没有进取心，社会就会永远停留在一个水平上。一个有进取心的人会渴望有所建树，会积极争取更大和更好的发展，会为自己设定较高的工作目标，并勇于迎接挑战。

5. 自信之心

自信心是一种反映个体对自己是否有能力成功地完成某项活动的信任程度的心理特性，是一种积极、有效地表达自我价值、自我尊重、自我理解的意识特征和心理状态，也称为信心。自信心可以帮助一个人充分认识自己的长处，挖掘自己的潜能。爱默生曾说："自信是成功的第一要领。"在竞争日益激烈的今天，想要脱颖而出，信心就显得尤为重要。

当我们缺乏自信时应该怎么办呢？建议从以下三个方面增强自信：一是行动塑造，如学会进入别人的视线，学会正视别人，学会当众发言，学会运用肯定的语气，学会昂头挺胸走快一点，学会坦白。二是语言塑造，如反复练习演讲，养成记日记的习惯。三是装扮塑造，如每月为自己的装扮进行一些改变，经常保持自己衣着整洁等。

（二）制定争创一流的奋斗目标

"没有伟大的愿望，就没有伟大的天才"，巴尔扎克的这句名言指明了目标的重要性。哈佛大学有个著名的关于目标对人生影响的跟踪调查，对象是一群智力、学历、环境等都差不多的年轻人。其中，3%有清晰长期目标的年轻人，在25年中都不曾更改过人生目标，最终几乎都成了各个领域的顶尖人士。这告诉我们，成功要从设定并坚持目标开始。

当然，目标有大有小，目标的大小是一个人有无作为和成就大小的重要前提。只有怀着伟大的目标，才能有伟大的行动。任正非说过："我们牺牲了个人、家庭，是我们为了一个理想，为了站在世界高点上。"华为成立30多年来，曾面临房地产、互联网、电动车等诸多的诱惑，但它始终心无旁骛、上下同欲，近20万人朝着"站在世界高点上"这个目标前进。任正非和他的团队用事实向我们证明，只有确立争创一流的目标，才能让自己的工作精益求精，才能激发自己无限的工作潜能。

需要注意的是，一个人在制定目标的时候要关注四个方面：①目标适中，力所能及。②目标积极，符合时势。③目标具体，易见成效。④目标多层，有机统一。一个人的目标定得高、定得远，就意味着必须付出更多的辛劳和汗水。要想实现争创一流的目标，必须艰苦奋斗、脚踏实地，一步一个脚印，走好每一步路。当然，有成功也会有失败，从哪里跌倒就要从哪里爬起来，风雨过后总会有彩虹，即使经过全力打拼仍不能实现既定目标，但至少会比他人走得更远。

（三）努力实现争创一流的目标

创一流效率、创一流技能、创一流服务、创一流水平，这些都可以成为我们的目标，但争创一流最终还是要落到实现一流的业绩上。我们选定目标后，就要"咬定青山不放松"，唯有笃定目标，才能披荆斩棘、一往无前、跨越赶超。

1. 目标既定，认真落实

现实生活中，很多人都非常重视制定目标，但能够100%落实目标的人却不多。为此，我们要在落实目标上下真功夫：①做好记录，把目标和实现目标所需的条件和理由写下来，时刻提醒自己。②认真分析，对目标的完成期限、完成标准和自己所处的水平与阶段、资源情况进行客观分析。③量化目标，设定时间表，分步实施。④设定时限，尽力做到日事日毕。⑤定下承诺，不轻言放弃。⑥马上行动，即可以开始执行目标。⑦调整目标，修正不切合实际的计划。

2. 攻坚克难，不言放弃

成功的路上，鲜花和掌声是达到终点时的礼物，但每个人踏向成功的路必定会充满荆棘和坎坷。工作也是如此。丘吉尔最大的成功秘诀就是"不放弃"。当工作遇到瓶颈时，我们都会进行修整，这是情理之中的事，也是必须做的事。但是，修整不是放弃，修整是调整心态、改变策略，逐步去发现解决问题的切入点。伟大的艺术品都少不了打磨的过程，几乎都是靠时间累积出来的，争创一流与打磨艺术品同出一辙。攀登高峰的路上谁能一如既往地坚持下去，并精益求精地追求极致，谁就能脱颖而出。

3. 耐住寂寞，守得花开

无论是争创一流的效率，还是争创一流的技能；无论是争创一流的服务，还是争创一流的水平。争创一流不是在拼口号，而是要拼实力和机遇。当实力还有欠缺，或机遇还没有降临时，忍耐和坚持就显得尤为重要。尤其是初入职场的年轻人，更要耐得住寂寞，浮躁只会让自己的努力白费，忍耐中的坚守却常常能峰回路转，春暖花开。齐白石、钱钟书、邓稼先、袁隆平、南仁东、屠呦呦、陈景润，哪一个不是在默默无闻地持续钻研之后获得成功的。

三、勇于创新

创新是一个民族进步的灵魂，是事业发展的不竭动力。一个全民创新的国家会更有力量，一个全员创新的企业会更有生机，一个自我创新的员工会更有作为。

（一）让勇于创新成为常态的行为习惯

创新意味着改变、付出和风险，所以创新非常不容易，这就是为什么人们总会在创新前面加上积极、勇于、大胆之类的词汇。创新涵盖众多领域，包括政治、军事、经济、社会、文化、科技等各个领域。因此，创新可以分为科技创新、文化创新、艺术创新、商业创新等。每个岗位都是创新的阵地，都存在着创新空间，都能产生创新，关键要看从业者是否具有良好的思想态度和创新意识。

有人用"塔"比喻创新："塔尖"是获奖科学家，"塔身"是科研工作者，而全体国民特别是青少年，则是"塔座"。只有国民的创新能力不断提高，"塔座"才会更扎实，"塔身"才能更优秀，"塔尖"才能光芒四射。因此，创新关口必须前移，要让创新成为全民族的一种习惯，让创新思维渗透于工作、学习、生活和一切社会事务中。

勇于创新的意义在于营造一种人人谈创新、时时想创新、无处不创新的氛围，鼓励从业者勇于创新，使每个人都不满足于简单的重复性工作，努力探索新的方法，找出新的程序。在中华民族共同为全面建设社会主义现代化国家努力奋斗的今天，需要每个人都有清醒的头脑和学习的目标，看到不足，找准差距，理清思路，明确方向，着力追求理想的工作效果；要从思想转变入手，树立创新的意识和观念，善于发现和解决问题，带着创新的思想去工作和学习，开发创新潜能，积极投身创新实践。

（二）在求新求变中求发展

求新求变就是求发展。只有不断改革创新，才能为永续发展注入源源不竭的动力。一个人有了梦想和追求，才能不断地去努力；整个民族有了梦想和追求，才能上下同欲、攻坚克难，屹立于世界民族之林。近代以来，正因为每一代中国人都怀揣梦想，不断进行积极探索，才有社会的高速发展，才有由弱国到强国的蜕变。当今正处于知识经济时代，经济的增长和社会的进步更加依赖技术的创新和高新技术产业的发展。在日趋激烈的国际、国内竞争中，竞争的核心是综合实力的竞争，创新力是竞争的制高点。谁占据了创新力这一竞争的制高点，谁就会在竞争中立于不败之地。

1. 学着做个思考者

达夫·弗罗曼是半导体行业的先驱，他倡导领导者要把自己 50% 的时间从日常工作中解放出来，认为大部分经理人沉迷于救当前之火以致根本无法应对机构面临的长期威胁和风险。弗罗曼的观点不仅适用于领导，也适用于所有从业人员。保留思考的时间是成功的需要，孔子曰："学而不思则罔。"当今，生活节奏越来越快，很多人每天忙碌于工作，忙碌于生活，加之微信、朋友圈、游戏等各种网络信息充斥，大脑每天都在高速运转，留给自己思考的时间很少，甚至是不思考，这可能会成为我们成功的障碍。

在事业的开创过程中，只有养成爱思考的习惯，才能不断地弥补不足之处，改正错误之处，只有这样才会不断地进步，最终走向成功。牛顿因为思考"苹果为什么会落到地上"而发现了万有引力定律。爱因斯坦因思考"为什么星星在天空中移动不会互相碰撞""什么将那些微小的原子组合在一起形成各种各样的物体"提出了《狭义相对论》。伽利略因思考"吊灯在风中摆动有无规律"发明了摆钟。每一名从业人员都要善于总结反思，对于工作中存在的不足，要分析原因，吸取教训，避免下次再犯；对于做得好的地方，也要进行总结，积累经验，争取精益求精，这样才能一步一步走向成功。

2. 学着做个创造者

在职场中一般会有三种人，即创造者、参与者和围观者。创造者一般指在产品、内容、价值、思想、模式等方面进行创造的人；参与者一般指参与创造的人所创造事情中的人；围观者一般指不创造、不参与，只是围观的人。我们暂且把创造者和参与者都归入创造者的行列，围观者归入非创造者行列。

只有真正的价值创造才有出路，任何行业、任何领域都需要创造者。创造需要知识、智力、能力及优良的个性品质等复杂要素，不是人人都能进行创造，但人人都可以参与创造。在现实生活当中，围观者永远都是最多的一群人，这里需要注意的是，一个人即使长久围观，也不可能获得良好的发展机会。

创造者与非创造者的区别就在于，创造者是为了创造自己用不上的财富，而生命的意义反倒是在这用不上的财富上。非创造者只是用生命去交换维持生命的东西，仅仅生产自己直接或间接用得上的财富。大学生作为未来的职场生力军，一定要尝试着去做创造者，至少也得做个参与者，千万不要成为围观者。

创新没有捷径，创新不是一瞬间的顿悟，而是一辈子的坚持。一个创造者要做的最重要的事是行动，最不能做的事是放弃。

（三）争做岗位创新的"主人"

创新型国家建设，企业是主体，企业职工理所当然也会成为创新的主人，而企业员工创新的重点是岗位创新。

1. 人人均可岗位创新

在很多职工看来，技术创新是专家、技术人员的专利，与普通职工无缘。其实，这是一种比较片面的看法，普通职工经过不断总结、反复研究，同样可以创造出令人瞩目的新技术。

✎ 经典故事

2007年2月27日，国家科学技术奖励大会在人民大会堂隆重举行。中国第一汽车集团公司普通技术工人王洪军获得了2006年"国家科学技术进步二等奖"，王洪军成为中华人民共和国成立以来工人获得国家科学技术进步奖的第一人。王洪军1990年进入一汽集团，一直在一汽—大众焊装车间一线工作。多年来，他立足岗位，苦练技能，钻研技术，大胆创新，发明制作了钣金整修工具40余种、2000余件，提炼出123种钣金修复方法。他创建的"王洪军轿车钣金快速修复法"维修速度快、效果好、花钱少，专家一致认为，这种快速修复法居于国际先进水平。

再如王钦峰，原本是山东豪迈机械科技股份有限公司的一名农民工，他从一个只有初中文凭的农村孩子，成长为一个掌握了高端技术、拿下多项专利的工程师，先后进行了 60 多项工艺革新，设计了 20 多种专用设备，拥有 10 多项国家专利，作为电火花科研组组长，他带领团队研制的第 10 代电火花机床填补了国内空白。

同时，一线员工将科学家的实验成果、工程师设计的图样变成现实的产品，也是一个再创造的过程。只要职工肯钻研、肯付出，经得起失败和挫折，人人皆可在自己的工作岗位上进行创新。

2. 创新的空间为岗位

岗位创新是指在企业生产经营活动中，广大职工立足于本岗位，通过模仿、引进、独创、改进等方式，在生产、管理、服务等方面形成的，具有新颖性、独创性和效益性的制度、措施、方法、工艺和技术等。工作岗位是创新的土壤，职工在工作岗位上的实践活动是创新的源泉。身处生产一线的员工对生产的过程环节、操作细节都了如指掌，往往最清楚生产效率的哪个环节最薄弱，哪个环节存在改进的空间，凭借丰富的实践经验，往往能够找出更好的解决办法，而这恰恰是专业技术人员难以做到的。

✈ **经典故事**

苏彩云，青岛公交集团员工，她 18 岁便进入公交维修行业，曾经带领十几位徒弟进行技术攻关，研制出一套维修方法，他们的创新成果每年为青岛公交集团节省数十万元的维修经费。几十年来，她凭借自身过硬的技术成为维修工中的技术骨干。

科技研发和生产实践都是创新的源头活水，创新既需要产学研的深度融合，也离不开一线生产中的发明创造。一线工人和科技工作者一样，同样能够为创新贡献自己的力量。大量的实践表明，生产一线往往是创新项目的温床，也正因如此，近年来岗位创新已经成为一种企业文化和企业的核心竞争力。

✈ **经典故事**

百度和海尔都是具有极强竞争力的企业，它们的共同特点之一就是都大力推动员工的创新工作。2010年为了提高员工创新的积极性，百度CEO李彦宏提出了"百度最高奖"，对公司总监级别以下、对公司产生卓越贡献的基层员工进行高达百万美元的股票奖励。不仅如此，奖励对象还都是10人以下的小团队，这应该是国内互联网企业中给予普通员工较高的奖励。

海尔更是打出借助"外脑创新"的奇招。海尔除了鼓励员工个人积极思考、大胆创新外，还可以动用自己的家人、亲朋等关系，借用"外脑创新"。为了发动员工家属创新，海尔专门制定了《员工家属建议表》发给每个员工家属，并对建议进行评选，"合理化建议优秀家属"还被聘为海尔编外员工，这样海尔的员工就可以和他的家人或朋友比一比，看谁干得更好，员工家属同样是海尔的客户群体，在"客户""编外员工"两种身份下为企业提供创新的点子。

3. 抓住岗位创新的重点

在国内，像百度、海尔这样大力支持员工创新的企业还有很多。因为它们都明白：只有不断地创新，才能持续地提高企业的核心竞争力；只有提高企业的核心竞争力，才能在日趋激烈的社会竞争中生存下去。创新是每个岗位的职责，是每个员工义不容辞的责任。只要认真观察，努力寻找，企业中可以创新的地方有很多。科学发明和新理论的提出是创新，生产工艺和流程的改进是创新，组织、管理的改革和优化是创新，用新思维开发出新的业务模式是创新，业务流程的优化也是创新，等等。企业的创新有别于科研机构的创新，它是与直接的经济效益分不开的，对企业而言，创新即优化。企业员工进行岗位创新主要集中在以下四个方面：

（1）基于工作效率的提高而创新。工作效率是评定工作能力的重要指标，提高工作效率就是要求效率值不断提高。一线职工要实现创新，最方便的途径就是立足本职岗位不断尝试，改进工作方法，提高工作效率，创新工作成果。

（2）基于产品精度的提高而创新。产品精度是机械质量的关键，机械质量又决定了产品的工作性能和使用寿命。在机械制造中，怎样提高产品的精度和质量，是每个制造业员工努力的方向。一线员工在实际工作中为提高产品精度而进行创新时，应注重从机械的装配精度和零件的加工精度等方面入手。

（3）基于故障排除、问题解决而创新。有些一线员工之所以能够取得创新成果，是因为他们用心观察现场设备的"常见病""多发病"，并想办法排除故障、解决问题。

（4）基于减轻劳动强度而创新。劳动强度是劳动的内含量或劳动的密度，表现为在一定的时间内劳动者在创造物质产品和劳务中所消耗的劳动的量。劳动工具因素是劳动强度的一个重要方面，减轻劳动强度就要对劳动工具进行创新。劳动工具因素包括机器的操作力度、速度、技术难度、容错性能和宜人特性等。

经典故事

范江峰，全国劳动模范，济南冶金化工设备有限公司机加工车间主任。多年来，每当企业技术发展遇到瓶颈时，江峰就主动请缨，带领车间员工攻坚克难，解决了许多工艺技术等方面的难题。他们通过技术革新和发明创造，先后发明制造了大型卷管机、多功能螺旋板卷床、坡口机、扁钢弯卷机、半自动法兰焊接旋转机、钢管缩口机等设备，为公司大大节省了设备投资，节约了原材料，提高了工作效率，提升了经济效益，降低了工人的劳动强度，减少了环境污染。迄今，他已连续26年被公司评为"先进工作者""革新能手"，并于2020年荣获"山东省五一劳动奖章"，在平凡的工作岗位上，努力实现自己的人生价值。

四、艰苦奋斗

艰苦奋斗，在传统意义上是指不怕艰难困苦，坚持英勇斗争。随着经济社会的发展，艰苦奋斗的精神内涵也在不断丰富。新时代的艰苦奋斗是一种不怕艰难困苦，奋发图强，艰苦创业，为国家和人民的利益乐于奉献的斗争精神。艰苦奋斗的核心是不怕苦难、自强不息，不屈服于艰难困苦，不满足于已有的成绩，不避讳自己的差距，始终奋发向上、谦虚谨慎，保持一种不断进取的精神状态。

（一）让艰苦奋斗成为坚实的精神底色

艰苦奋斗是中华民族的传统美德，是中华民族的优良传统。新时代艰苦奋斗不仅是我们需要持续坚持的优良作风，也是中国共产党人的本色和优良传统，更是实现中国梦和个人理想的重要保证。

经典故事

徐虎，全国劳动模范，上海房管行业的一名普通水电工。他十几年如一日，坚持夜间开箱为人民服务，饿着肚子，放弃休息，不怕苦不怕累，为广大居民排忧解难。徐虎的这种精神，就是一种艰苦奋斗的精神。

童第周，出生在浙江鄞县一个偏僻的山村里。因为家里穷，他一面帮家里做农活，一面跟父亲念点儿书。在艰苦的环境中依然坚持学习，最终成为我国著名的生物学家，这也是一种艰苦奋斗的品质。

在实现中华民族伟大复兴的新征程上，必然会有艰巨繁重的任务，必然会有艰难险阻甚至惊涛骇浪，需要我们发扬艰苦奋斗的精神。习近平总书记指出：奋斗是青春最亮丽的底色。新长征路上，大学生就是要在思想意识上、精神意志上、工作（学习）行为上、生活态度上始终以艰苦奋斗的前进姿态，同亿万人民一道，在实现中华民族伟大复兴中国梦的新长征路上奋勇搏击。

（二）在艰苦奋斗中追求美好生活

随着时代的改革和发展，人们的生活观和价值观发生了变化，艰苦奋斗精神逐渐被人们淡化。恩格斯说："不同的时代自然有其独有的特征和元素，也就必然被赋予不同的理念和精神。"当代大学生要秉持艰苦是成功的必经过程、奋斗是人生永恒主题的理念，以雷锋、焦裕禄等人物为榜样，激励自己为发展社会主义事业、为实现个人远大理想而艰苦创业、奋斗不息。

1. 艰苦是成功的必经过程

古往今来，每一位成大事者，都是先有日积月累，后有水到渠成。司马迁虽受腐刑，但仍坚持十多年终成《史记》。当然，这样的例子还有很多。试想，如果他们没有艰苦奋斗的努力，没有坚强的意志，又怎能取得成功？由此可见，苦难才是成功的良伴，逆境才是人杰的摇篮。

吃苦，既是一种经历，更是一种财富。吃得苦中苦，方为人上人。孟子曰："天将降大任于是人也，必先苦其心志，劳其筋骨，饿其体肤，空乏其身，行拂乱其所为，所以动心忍性，曾益其所不能。"大学生在校期间，就要有意识地锻炼自己吃苦的能力。一要做好吃苦的思想准备，主动理解苦难，不存幻想。二要培养吃苦的素质和能力，力戒浮躁，遇到任何的困难，都应该保持平和的心态，而不是浮躁面对。踏实做事，大学生的作风一定要踏实，这样才能够更好地面对每一次挫折或者失败。顺境时不骄傲自满，失败时不气馁沮丧。居安思危，大学生应该立足长远、未雨绸缪，多考虑未来职场中可能会面对的问题，提前做好应对准备。勇于进取，大学生要学会发挥艰苦奋斗的传统，困难面前不退缩，失败面前不逃避，为达到理想的彼岸而不懈努力。励精图治，大学生要增强驾驭形势和战胜困难的意志和勇气，养成势如破竹、不达目的不罢休的恒心和毅力。勤俭节约，大学生应该向先辈学习，摒弃奢侈浪费的行为，发扬勤俭节约、清正廉洁的品质，不贪图享受，不铺张浪费。正如有人说过，今天很残酷，明天更残酷，后天很美好，但是大多数人倒在明天的晚上，未见到后天的太阳。这句话充分说明了坚持的重要性，只有在逆境中坚持不懈的人，才可能看到后天的太阳。

2. 奋斗是成功的必要手段

奋斗是为一个伟大的目标去战胜各种困难的过程，这个过程会充满压力、痛苦、挫折，是主观能动性的具体体现。只有不怕吃苦、不断奋斗，才能抵达成功的彼岸。

经典故事

李菊兰，全国劳动模范，阿拉善右旗祥瑞生态养殖园负责人。"只要敢打敢拼，就没有办不成的事"，这是一直激励她咬牙坚持的人生信条。2008 年在北京经营服装的她回乡养猪创业。当时，她面临着如何修建厂房、引进什么样的种猪、如何科学养殖、产品销往哪里等一系列的问题。面对这些压力，虽然有过放弃的念头，但最终还是下定决心要用激情和韧性来实现自己的价值。生态养殖园建成初期，她一边经营养殖场，一边上网查阅资料，还要经常外出学习实践，在忙碌的工作中，她的体重由 60kg 降到了 48kg。不但如此，创业过程中，她还经历了沙尘暴、饲料价格上涨、生猪滞销等多次致命打击，仅一次沙尘暴就损失了300 万元，但挫折没有把她逼退，反而愈挫愈勇。十多年，她一次次跌倒，再一次次爬起来，凭借着能吃苦、敢打拼的精神，一步一个脚印，把生态园发展成阿拉善右旗规模最大的一家集饲养、屠宰、加工和销售于一体的企业。同时，她还成为带领群众致富的创业"明星"。

新时代，是奋斗者的时代。大学生正值青春年华，要敢于开拓进取、创新发展，在奋斗中进步、在奋斗中成长、在奋斗中实现青春梦想。一要自我加压，爱迪生曾经说："奇迹往往是在压力中产生的。"要奋斗，就要有压力，就如前面讲到的李菊兰，没有养猪创业的压力，就不会有跌宕起伏的奋斗历程。当然，压力也要适度，尤其是自我加压一定要保持一个适当的尺度，压力大了容易击垮斗志，压力小了不易激发斗志。只有适度，才能最大限度地发挥人的主观能动性，才能更好地解决问题。二要适时调整奋斗目标。人生是一个过程，成功也是一个过程，要由小成功逐步积累到大成功。世间成大事者懂得从小到大的艰辛过程，所以在实现了一个个小成功之后，能继续拆开下一个人生的"密封袋"。

大学生培养自己的奋斗品质，可以从以下几个方面作好准备：①果断决策，克服犹豫习惯。很多人之所以一事无成，最大的问题就是左顾右盼、思前想后，因此错失成功的最佳时机。②挑战弱点，改变缺陷。人人都有弱点，但不能固守自己的弱点，改变弱点才能使自己成为强者。③突破困境，从失败中积累经验。人生总要面临各种困境，面对困难不能退缩，要把困难变为成功的助推器。④发挥强项，做最擅长的事情。有自己的擅长，才能最大限度地施展才智，一步一步地拓宽成功之路。⑤调整心态，不让消极情绪占据心灵。即使在毫无希望之时，也要积极寻求成功的亮光。⑥立即行动，不能只说不做。一次行动胜过百遍心想，大学生要靠行动落实自己的人生目标。

五、勤俭节约

勤俭节约是指勤劳而节俭，形容工作勤劳、生活节俭。我们党继承和弘扬勤俭节约这一传统美德，铸就了艰苦奋斗、勤俭立业的优良传统。

（一）让勤俭节约成为基础的价值准则

中华人民共和国成立初期，王金波在北京师范学院学习期间（1958 年）创作了歌词《勤俭是咱们的传家宝》。"勤俭是咱们的传家宝，社会主义离不了。不管是一寸钢、一粒米、一尺布、一分钱，咱们都要用得巧。好钢用在刀刃上，千日打柴不能一日烧。"歌词谱曲后，向全国推广传唱，还收入了音乐教材。当时，国人都把勤俭节约作为做人和干事业的行为准则，国力日渐兴盛。然而，随着我国经济实力的增强和人民生活的改善，有的人把勤俭节约的优良传统丢了。

要做到勤俭节约，就必须加强自身修养。为此，一要经常改变自己的思想，要以优秀的工匠和劳动模范为榜样，树立勤劳致富的理念，谨防贪欲滋长，埋下身败名裂的祸根，从思想上筑牢勤俭节约的坚固长城。二要注重身边的小节小事。"聚沙可成塔，积水可成渊"，节约不仅仅是停留在口号上，更需要每个人都积极行动起来，从自身做起，从身边一点一滴的小事做起。养成节约用水、随手关灯、关闭电源等好习惯。持之以恒，坚持不懈，用行动将节约落到实处。

（二）坚持勤俭节约，反对铺张浪费

民生在勤，勤则不匮。勤俭节约是中华民族的传统美德，大学生肩负建设社

会的光荣任务，更应该树立勤俭节约的意识，做勤俭节约的模范。

1. 树立勤俭节约的意识

勤为勤奋，要求我们形成积极的做人做事态度。俭为节俭，要求我们养成不浪费的习惯。勤俭是成事之基、立业之宝。大学生只有正确认识勤俭节约于国家、企业、个人的重大意义，树立勤俭节约的意识，才能为将来建功立业奠定良好的思想基础。

2. 立足本岗，厉行勤俭节约

勤俭节约建立在勤与俭的结合上，只有勤奋才能创造劳动成果，只有节约才能珍惜劳动成果，两者相互结合，劳动者创造的成果才会越积越多，社会才能发展进步。对于在校大学生来说，勤俭节约就是要在学习、工作、生活中大力发扬勤俭节约的优良传统。一是自觉抵制奢靡之风和铺张浪费行为，不贪图安逸，不铺张浪费，从身边的小事做起，能节约的尽量节约，能不花的尽量不花。二是重学习，多自勉，坚持"吾日三省吾身"，及时阻断好逸恶劳的苗头，把更多的精力投入到学习和实践活动中，不断增强自身的综合能力。

六、甘于奉献

奉献精神体现在工作中就是对事业不求回报的爱和全身心的付出。对每个从业人员而言，就是要在这份爱的召唤之下，把本职工作当成一份事业来热爱和完成，从点点滴滴中寻找乐趣，努力做好每一件事、认真善待每一个人。

1. 思想上树立集体主义观念

当前，或许有人会质疑，市场经济条件下弘扬奉献精神是不是过时了？有的人认为，市场经济奉行的是"等价交换"原则，强调自主意识和个人价值的实现，认为"克己奉公""无私奉献"与市场经济不相符。之所以人们会产生这样的困惑，是因为对社会主义市场经济的片面理解。社会主义市场经济以公有制为主体，多种所有制经济共同发展，是同社会主义基本制度紧密结合在一起的。马克思主义和社会主义市场经济并不否定合理的个人利益，而且强调按劳分配、多劳多得，且更注重抑制、调节、克服市场经济可能带来的消极因素。在社会主义市场经济中，集体主义与个人主义不互相矛盾，集体主义是个人主义的前提。"得其大者可以兼其小"，国家、民族和个人的命运从来都是紧密相连的。就像一滴水，只有放进大海里才永远不会干涸，一个人只有把自己的事业与民族、国家的命运融合在一起才最有力量。大河有水小河满，大河无水小河干，只有集体利益得到维护，个人利益才有保障。公益观念、公平意识、合理谋利的思想背后，必然有集体观念作为支撑。

2. 行动上积极参加实践活动

劳动是有目的地改造世界的活动，是人通过体力劳动和脑力劳动来创造物质财富和精神财富，以满足人们共同需要的活动。大学生必须加强学习和实践，培养甘于奉献的品格，增强甘于奉献的能力。

第一，积极参加志愿服务活动。志愿服务是现代社会文明进步的重要标志，是加强精神文明建设、培育和践行社会主义核心价值观的重要内容。多年来，我国的大学生广泛参与脱贫攻坚、环境保护、大型赛会、应急救助、社区建设、禁毒防艾、扶弱助残、海外服务等各类志愿服务。在奥运会、亚运会、冬奥会等国内外大型赛会上，在脱贫攻坚的工作中，在重要的节日节点上，在环保公益活动中，在扶弱助残活动中，在创建文明城市中，随处可见大学生志愿者的身影。当代大学生把火热的青春融入新时代中国特色社会主义建设的方方面面，把真诚的爱心奉献给祖国、社会和人民。在此过程中，涌现出了一大批先进集体和个人，为同学树立了学习的榜样。

第二，积极参加社会实践活动。社会实践活动一般包括各种社会公益活动、义务劳动、参观学习、勤工俭学、职业体验及企业实习等。"纸上得来终觉浅，绝知此事要躬行。"大学生只有走出象牙塔，到火热的生活中，把理论应用到实践，才能验证学过的知识，发现新问题、研究新问题、解决新问题，提高自己的专业技术技能。

第三，积极参与家务劳动及宿舍卫生清洁等日常劳动。家务劳动和宿舍卫生清洁劳动都是培养人的劳动素质的绝好课堂。

【本章小结】

在中国特色社会主义建设实践过程中形成的新时代劳模精神、劳动精神、工匠精神，是以爱国主义为核心的民族精神和以改革创新为核心的时代精神的生动体现。当代大学生学习、理解和掌握劳模精神、劳动精神、工匠精神的时代内涵、时代价值，有利于准确把握人生方向，塑造成功的人生。新时代劳模精神、劳动精神、工匠精神虽然内涵不同，时代价值和意义也有差别，但三者之间是紧密关联、相互作用的。学懂弄通三者之间的关系，有利于大学生进一步辨析劳模精神、劳动精神、工匠精神的科学内涵，为大学生自觉培养和弘扬劳模精神、劳动精神、工匠精神，逐级进阶成为劳动者的楷模奠定坚实的基础。爱岗敬业、争创一流、勇于创新、艰苦奋斗、勤俭节约、甘于奉献是弘扬劳模精神、劳动精神、工匠精神的基本共识和核心要求，也是大学生未来职业生涯中应该遵循或恪守的行为准则。大学生在校期间通过志愿服务、勤工助学、实习实践、创新创业等载体，自觉培养爱岗敬业、争创一流、勇于创新、艰苦奋斗、勤俭节约、甘于奉献的优秀品质和过硬本领，为将来走向社会、走向工作岗位、更好地服务于国家和人民奠定坚实的基础。

📖【本章习题】

1. 简答题
（1）劳动精神的含义是什么？具有哪些特征？
（2）劳模精神的含义是什么？具有哪些特征？
（3）工匠精神的含义是什么？具有哪些特征？

2. 论述题
（1）简述中国劳动精神的发展。
（2）简述劳动精神在经济发展中的作用。
（3）简述新时代劳模精神、劳动精神、工匠精神之间的内在联系。

🌐【本章实践与思考】

以班级为单位，开展"劳动精神大家讲""劳模故事大家讲""工匠精神大家讲"活动。每六人为一组，分别收集先进人物的先进事迹，并设计成视频、小品或PPT等形式，在班内进行分享。同时，采取全体投票的方式，评选出不同名次，并将此作为平时成绩。

【参考文献】

［1］刘向兵，等．新时代高校劳动教育论纲［M］．北京：社会科学文献出版社，2019.

［2］赵鑫全，张勇．新时代大学生劳动教育［M］．北京：机械工业出版

社，2020.

　　［3］韩剑颖．大学生劳动教育教程［M］．北京：清华大学出版社，2021.

　　［4］徐趁丽，石林，佘林芳．新时代大学生劳动教育教程［M］．北京：中国书籍出版社，2020.

　　［5］李效东．大学生劳动教育概论［M］．北京：清华大学出版社，2021.

　　［6］金志浩，李川，王良印．新时代高校劳动教育教程［M］．北京：中国石化出版社，2022.

第四章　大学生日常生活劳动

【核心内容】

　　☑大学生生活劳动的内涵和构成

　　☑大学生加强生活劳动能力的必要性

　　☑大学生生活劳动活动的实施

　　☑大学生生活劳动活动案例

【学习目标】

　　通过本章的学习，大学生深刻理解参加生活劳动的重要意义，积极参加劳动实践，树立正确的劳动价值观和养成正确的劳动态度。通过生活劳动技能训练，让大学生在学习、掌握生活劳动技能过程中增强劳动自立自强的意识，锤炼劳动品质，提升自我管理能力。

第一节　大学生日常生活劳动的内涵与构成

　　人的生活是衣食住行的集合，满足人的衣食住行离不开各行各业的劳动。如今，科学技术的大力发展改变着人们的生产方式和生活方式，需要青少年自己动手的机会越来越少，加之部分家长对孩子的过度呵护，造成一些青少年很少参与日常生活劳动，动手能力差、集体适应性弱、创造热情不高，存在"四体不勤，五谷不分"等问题。因此，督促大学生养成良好日常生活劳动习惯，自觉做好宿舍卫生保洁，独立处理个人生活事务，积极参加勤工助学活动，提高劳动自立自强能力非常必要。

一、日常生活劳动与生活技能

（一）日常生活劳动

日常生活劳动是指可以直接满足日常生活需求的劳动，也就是在具备生活条件的基础上对生活条件的再改造并直接服务于人的劳动。

日常生活劳动的主要表现形式是家务劳动。家务劳动是人类社会最为常见、最为古老的劳动形式，与市场经济中的生产劳动共同组成劳动的重要内容。大学生离开家庭进入高校后，需要具备独立处理个人生活事务的技能，因此学校日常生活劳动是青少年提升生活技能的重要途径。

（二）日常生活技能

日常生活技能是指维持一个人的日常生活所必需的基本技术与基本能力，也是一个人独立生活需要具备的最基本生活技术和生活能力，包括衣食住行、个人卫生等生活技术和生活能力。

大学生日常生活技能是指大学生独立生活需要具备的最基本的生活技术和生活能力，包括衣食住行、个人卫生等基本生活技术和生活能力。

二、大学生日常生活劳动的类型

根据学生活动的场域，大学生的日常生活劳动可分为家庭劳动、学校劳动两种。

（一）家庭劳动

1. 家庭劳动的概念

家庭劳动是指人类社会中存在于家庭领域的一种劳作形式，是家庭成员在日常家庭生活中必须从事的一种无报酬劳动。自人类社会产生以来，家庭中的劳动就成为维持人类生存的重要手段。

2. 家庭劳动的构成

大学生需要养成的必要家庭劳动技能主要包括：技能型家务劳动和审美型家务劳动两种。

技能型家务劳动是指通过操作性技能改造生活资料，以满足生活需要的家务劳动，如烹饪、缝补、清洁等家务劳动。随着现代科技的快速发展，智慧家庭、智慧生活逐渐改变着人们的生活劳动内容和生活方式。科技发展建立在技能型生活劳动之上，如洗衣机、扫地机器人、洗碗机等，这些劳动对体力劳动的要求降低了，但对脑力劳动的要求提高了。现代家务劳动，尤其是技能型家务劳动要具备一些现代化的劳动技术能力。

审美型家务劳动、技能型家务劳动不是在领域上进行区分，而是在层次上进行区分。例如，缝补衣服，给一件破了洞的衣服补一个补丁，这是技能型家务劳动。如果对补丁做出创新，如设计成一朵花儿等，这就是创造美好生活、创造幸福的劳动过程。审美型家务劳动不是现代人才有的，如过去自己做家具，会在桌椅板凳上雕花。这个层次的劳动不仅对人的技术能力提出了更高的要求，还要求人们具有感知、想象等审美劳动能力。

（二）学校劳动

学校劳动是指大学生在学校参与劳作的一种日常生活劳动形式，是培养大学生独立生活的劳动技能和养成劳动习惯的重要方式。

学校劳动的目的在于培养大学生校园主人翁意识，督促大学生养成劳动习惯，锤炼劳动品质。通过开展宿舍卫生评比活动、美化教室校园活动、校园公益劳动等活动，督促学生自觉维护住宿环境、学习环境和生活环境，促进家务劳动与学校劳动的有机连接。

大学生参加学校劳动的主要渠道：选学开设的劳动教育课程、学校组织的劳动活动和个人独立生活需要的生活活动训练。劳动教育课程是高校大学生学习劳动知识、树立正确劳动观的重要渠道。大学生从理论和实践层面理解劳动的价值，增强劳动意识，端正劳动态度。

三、大学生加强日常生活劳动技能的必要性

日常生活劳动技能的培养有助于提升大学生基本生活劳动能力，养成良好的劳动习惯。一直以来，我国教育家都极为重视日常生活技能的培养。宋朝著名理学家、教育家朱熹主张从儿童时代就要开始培养日常生活技能；明末清初理学家、教育家朱柏庐在《治家格言》中开首就提出"黎明即起，洒扫庭除"。现代著名教育家陶行知提出要培养学生包括洗衣、做饭、游泳、急救、开车等23项日常技能。当代大学生虽然视野开阔、思维活跃，但很多学生在进入大学前缺乏日常生活劳动技能的训练，生活能力令人担忧，造成部分大学生工作后吃饭靠外卖，居住环境脏乱，影响了他们的生活品质甚至身体健康。中共中央、国务院发布的《关于全面加强新时代大中小学劳动教育的意见》明确指出通过劳动教育，使学生"具备满足生存发展需要的基本劳动能力，形成良好劳动习惯"。培养大学生日常生活技能，使大学生掌握基本生活能力，端正劳动态度，提升劳动意识，养成良好的行为习惯，形成健康的生活方式，树立正确的劳动价值观，形成积极的劳动精神。

第二节　大学生生活劳动活动的实施

为推动《大中小学劳动教育指导纲要（试行）》的落实，生活劳动能力的培育应以课堂教学、劳动实践为突破口，坚持有计划、有目的地组织大学生参加丰富多彩的生活劳动实践，进而增强大学生的劳动意识，培养大学生的生活、生存技术和能力。

一、生活劳动实践的指导思想

以习近平新时代中国特色社会主义思想为指导，坚持社会主义办学方向，牢牢把握立德树人根本任务，按照生活劳动能力培育的要求，家校社协同开展丰富多彩的生活实践活动，努力提高大学生的生活劳动技术和能力。

二、生活劳动实践的目标

（一）价值目标
督促大学生树立正确的劳动观，提高劳动意愿，深化劳动感情，培养尊重劳动、劳动者和劳动果实的劳动品质和淡泊名利、甘于奉献的劳动品格。

（二）知识目标
帮助大学生掌握日常生活必需的知识和技能，如洗衣做饭、清洁打扫、收纳整理、绿植养护等；掌握急救常识和相关技能，如伤口包扎、烧伤处理、中毒急救、运动损伤处理等；掌握安全常识和相关技能，如用电安全、灭火设施或工具的使用等。

（三）能力目标
生活劳动能力的培育具有实用性、必需性特点。通过生活劳动技能训练，促使大学生掌握日常生活所必需的知识、技能，使其能够有效处理日常生活问题和应对日常生活中面临的新挑战，在与他人、社会和环境的相互关系中，表现出和谐的人际关系和行为能力。

（四）思政目标

在学习过程中，运用"孝女彩金"等思政教学案例，促使大学生养成崇尚劳动、热爱劳动、辛勤劳动、诚实劳动的品德，用自己的双手创造幸福的生活，建设富强、民主、文明、和谐、美丽的社会主义国家。

三、生活劳动实践方案

（一）家庭劳动方案

积极发挥家庭在劳动教育中的重要作用，要求大学生在寒暑假居家期间学习生活技能，主动承担家务劳动，参加社区义务劳动，通过照片、微视频等方式记录下来，并完成一篇活动感想。

1. 衣

大学生应从洗衣、熨烫、针线活、收纳等方面学起，在日常生活中养成好的劳动习惯。

洗衣必备常识：洗衣分类、水温控制、洗衣顺序等。

熨烫技巧：熨烫步骤、不同布料的熨烫方法等。

针线活：掌握基本针法，能够根据不同场景选择针法等。

收纳操作指南：衣物分类、衣物折叠等。

2. 食

从家常菜到营养均衡、色味俱佳的佳肴，做饭不仅是一项生活技能，还能让大学生享受烹饪的乐趣，用美食调剂生活，体验美好生活。

中国饮食文化：了解我国源远流长的饮食文化，掌握我国饮食的多样性、美观性和健康性。

营养与健康：均衡的膳食、合理的营养不仅可以保障人体正常的生理功能，还可以提高人的抵抗力和免疫力，预防和控制某些疾病的发生或发展。

烹饪基础：掌握一些家常菜所需的原料、配料、调料、烹饪过程等。

烹饪安全：用火安全、用电安全、用气安全、烹饪工具使用安全及其他注意事项等。

3. 起居

作息规律，在日常生活中养成做家务的习惯，保持屋舍整洁、物品井然有序，过一种"有序"的生活，这能让大学生容光焕发、心情舒畅，对学生的学习和工作有很大的促进作用。

作息规律养成：在家期间，要求大学生合理安排作息时间，制定作息时间表。

设施清洁：扫地、拖地、污垢清理等。

物品整理：物品分类、物品收纳等。

其他起居常识：冰箱清洁、床上用品清洁等。

4. 家政

了解家庭保健相关的基本知识，掌握家居日常维修的基本技能。

（二）学校劳动技能的养成

学校应深挖、整合劳动教育资源，开展生活劳动训练活动，强化大学生自我服务的能力，使劳动教育渗透在大学校园中。该活动主要包括劳动能力训练活动、实践实训活动，主要针对大一新生开展。生活劳动技能训练活动要求大学生全员参加，学习急救常识、安全常识等知识，并于活动结束后提交一份学习总结。生活劳动实践活动由大学生根据自身情况选择性地参与 2~3 项，并将此作为自身劳动素质评价的重要指标，每次活动结束后提交活动感想。

1. 生活劳动能力培养活动

充分发挥学校、学生、家庭、社会力量，精心设计生活技能训练活动，多角度、立体化地培养大学生日常生活技能，制定具有学校特色的生活技能培养菜单，为大学生全面成长"加餐"。

日常生活必需知识和技能培养菜单：挖掘高校后勤部门育人资源和劳动教育元素，开设丰富多彩的劳动育人实践课程，如"同味家乡菜"、"同味经典菜"烹饪课程、"邂逅小鲜肉"多肉盆栽课程、"人生整理"宿舍物品收纳课程。通过课程培训，逐步提升大学生的劳动和生活技能，在劳动实践中发现美好、创造美好。

急救常识和技能培养菜单：发挥红十字会的优势，组建现场急救、防病宣教等志愿服务队，开展初级急救技术普及培训、健康知识宣教等活动。

安全常识和技能培养菜单：依托保卫处育人资源，开展消防知识培训及火场逃生、灭火演练，提升大学生安全急救技能。

2. 生活能力实践活动

为大一学生设置社区服务、校史宣讲、图书整理、校园安全、校园环境等校园服务岗，开展群体性自我服务，让学生参与到校园建设和美化生活学习环境的劳动过程中，使其体会劳动成果的来之不易。将大学生参与义务劳动的情况纳入劳动素质评价环节。高校二级学院可结合实际，开展日常生活劳动实践，帮助大学生养成良好的生活习惯，如设立"快乐星期二"劳动日，组织开展学生社区、实验室、学院公共区域的卫生清洁工作；开展"劳动打卡进行时"活动，号召学生将日常劳动情况拍照打卡，促使其养成良好生活习惯。

第三节 长江师范学院日常生活劳动案例

一、案例一："家庭小厨"活动

为培养大学生热爱劳动的优良品德，增强大学生尊重劳动人民、珍惜劳动成果、崇尚劳动创造的意识，同时丰富大学生的课余生活，提高大学生的动手能力、创造能力和合理规划能力，展示大学生的精神风貌，长江师范学院特开展"家庭小厨"活动。

（一）活动主题

家庭小厨神，美味我做主

（二）活动目的

（1）培养大学生热爱劳动的优良品德。

（2）增强大学生尊重劳动人民、珍惜劳动成果、崇尚劳动创造的意识。

（3）丰富大学生的课余生活，提高大学生的动手能力、创造能力和合理规划能力，展示当代大学生的精神风貌。

（三）活动时间

2021年10月1日至2022年2月20日（大学生可根据自己在家的时间，自由安排）

（四）活动地点

长江师范学院全体新生家庭

（五）活动对象

长江师范学院全体新生

（六）活动流程

（1）根据学校的活动安排，各学院提交活动策划书。

（2）二级学院根据学院情况召开新生动员大会，会议主要围绕以下几方面展开：向全体新生阐述劳动的重要价值，鼓励大学生用实践体悟劳动的快乐、劳动的伟大；向全体新生强调生活劳动的重要性，鼓励大学生积极参与生活劳动；向全体新生介绍"家庭小厨"活动，要求全体新生利用假期在家实践，为家人做一顿美食，享受制作美食的快乐，体会劳动教育实践活动所带来的乐趣与幸福。

（3）各学院根据活动安排，组织活动负责人员（主要指学生干部）召开活动推进会。

1）向活动负责人员介绍活动的意义，以及参与策划对自身的锻炼和帮助，让活动负责人员在工作之余体会劳动教育实践对自己综合能力的提升。

2）对劳动负责人员的工作提出要求，在活动过程中注意宣传，实时掌握活动的进展情况，新生参与完成情况，以及活动完成后资料的收集与整理情况等，提升劳动负责人员的劳动积极性。

3）新生班导师通过开班会，对劳动教育的意义和重要性等进行阐述，与新生进行深入沟通和交流，了解学生对劳动、劳动教育和劳动能力等的看法，以及对活动开展的一些思路等，为学生能够更好地参与活动、享受劳动做好疏导工作。

4）活动具体开展流程。①大学生根据安排，选择合适时间开展活动；②自行选择菜谱，并查阅相关资料，了解菜谱所需的材料及做菜的流程，通过线上或者线下渠道购买活动所需的食材和工具；③做菜前期准备，包括洗菜，切菜，调料、配料搭配等；④开始做菜，在活动过程中同时注意厨房安全等问题；⑤做好活动过程中的拍摄记录工作；⑥请自己的父母或者其他家人品尝所做的菜；⑦饭后洗碗，收拾厨房，保持厨房整洁；⑧将活动材料进行整理，提交给指定工作人员。

5）活动后期材料收集。活动组织人员（学生会工作人员等）根据"家庭小厨"活动的开展情况，结合劳动能力培育情况撰写一份活动总结；每名学生均参与"家庭小厨"活动，提供活动照片，并结合劳动能力提升、撰写一篇活动感想。

（七）感想与总结

××学生的活动总结

劳动能力是每个人都应掌握的技能。在这次活动中，我作为组织者不仅策划了活动方案，还亲自上阵，当上了一名小厨。

首先，制定方案。先规划好活动的主题、目的、地点和时间，考虑到大一新生刚结束高考进入到大学阶段，很少参与生活劳动实践，很多新生缺乏基本的劳动能力，因此我们策划了"家庭小厨"活动，让新生体验一下生活，体会父母的不容易，提升生活技能。

其次，开展活动。这次活动的主战场是大学生家里，每位同学开展实践活动的时间不统一，因此这次活动的开展时间较长。从最开始的宣传到活动开展，这次组织活动对我来说是挑战，但也确实提升了我的劳动能力。

最后，活动总结。我不仅是活动的组织者，也是活动的参与者。在活动策划和活动开展的过程中，自己的触动挺大的，在家里都是父母照顾我，这次活动使自己逐渐体会到了父母的不易、劳动的不易。因此，利用假期，我想给爸妈做顿饭，体验劳动带给我的乐趣和成就感。

××学生参与活动的感想

"家庭小厨"活动结束了，我还久久陶醉在劳动的快乐中。活动当天，我先去买菜，购买了所需要的食材。由于我提前列好菜单，到达目的地后，效率很高，很快便回到了我的"战场"——厨房。到达"战场"后，我根据菜谱做了自己想做的饭菜，整个做菜过程很欢乐。

在这次活动中，我学到了许多。之前不会且害怕做饭，这次在老师们和师兄师姐的帮助和教导下，克服了恐惧，心想：怕事心里怕，胆子要放大。做完一道菜后，我整个人觉得轻松愉悦，后面回想起来倒觉得简单，是我自己把简单的事情想复杂了，导致不愿、不敢去尝试。这件事情让我明白了人要学会克服自己的恐惧，要勇于尝试。

在整个活动过程中，我不仅体验了劳动的乐趣，也提升了生活技能，体会了劳动创造的幸福、劳动创造的快乐。

二、案例二："最美寝室"活动

宿舍是大学生生活交往、学习交流、思想交汇的重要场所，也是大学生价值观塑造、习惯养成、素质提升的重要场所。宿舍文明作为社会文明的缩影，凝聚着一所高校独特的精神面貌，映射着大学生的价值取向。宿舍文明建设是大学生校园活动的重要组成部分，仅次于大学课堂教学环节。据统计数据，超过47.5%的大学生平均每天在宿舍的时间为10~15小时。宿舍环境的好坏不仅影响着大学生的情绪，还会在无形中改变他们的习惯，优美的寝室环境会让人感觉坐在里面看书是一种享受，使人心情愉悦，形成讲文明、讲卫生的好习惯。相反，在脏乱的寝室中人久而久之会变得懒散。优美的寝室环境会潜移默化地影响大学生的成长，这是文明寝室的一个显性标志。

寝室环境和个人的生活习惯息息相关，习惯是需要培养的，而鼓励和监督是习惯养成的有效手段。著名现代文学家、教育家，曾任国立青岛大学校长的杨振声教授，在制定大学生寝室规定时，提出了"寄宿生每晨起床后，应将床铺等重新整理，以壮观瞻"等内容，体现了老一辈教育家对众学子"扫一屋，方能扫天下"的期许。因此，科学的寝室规章制度必不可少，应将文明寝室建设纳入劳动教育课程，定期开展文明寝室检查，期末统一进行学时认定，从而调动学生义务劳动的积极性和主动性。

（一）活动主题

创意无限多，装扮我馨窝

（二）活动目的

端正大学生对劳动的态度，美化大学生寝室环境，增强大学生参与劳动的意识，培养其尊重劳动成果的意识，在活动中相互协作，增进彼此感情，通过劳动实践和创意设计，放松身心。

（三）活动时间

初赛：2022年3月30日至4月5日

决赛：2022年4月10日

（四）活动地点

长江师范学院

（五）活动对象

长江师范学院学生

（六）活动流程

（1）根据学校的活动安排，各学院提交活动策划书。

（2）各学院根据自身情况召开动员大会，向学生介绍"最美寝室"活动的基本信息，鼓励所有学生积极参与活动，充分发挥学生的创意，美化寝室环境，体会劳动创造的幸福、劳动带来的快乐。

（3）各学院根据活动安排，组织活动负责人员（主要指学生干部）召开活动推进会。①向活动负责人员介绍"最美寝室"活动的意义，以及此次活动对活动负责人员的考验和锻炼，鼓励活动负责人员在活动的过程中不断提高自己的实践能力、协调能力和创造能力。②对活动负责人员的工作提出要求，在活动过程中注意宣传，实时掌握活动的进展情况，学生的完成情况，以及活动完成后资料的收集与整理情况等，提升活动负责人员的劳动积极性。

（4）班级导师通过班会、讨论会等形式，对参与活动的意义和重要性进行讲述，与学生进行深入沟通和交流，鼓励学生积极参与"最美寝室"活动。通过美化自己的生活环境，一方面提升自己的劳动能力，另一方面提升内心的愉悦感。

（5）活动具体开展流程。①寝室成员通过沟通和交流，确定寝室装饰的风格，根据设计方案对寝室进行美化，形成参赛作品；在前期沟通交流中，指导老师可以适当进行指导，对参与不积极的学生进行动员和鼓励，发挥每个学生的劳动积极性；当沟通交流出现问题时，需要指导老师适当疏导，鼓励寝室成员团结协作，每个人都要参与其中，发挥主观能动性，体验劳动带来的成就感。②以寝室为单位提交活动报名表和参赛作品。③经评审小组评审，公布进入决赛的名单（寝室）。④进入决赛的寝室可以对参赛作品进行进一步完善，学院教师可到进入决赛的寝室进行实地走访，听取同学的介绍，提出一些建议供学生参考，学生在此基础上不断完善作品。⑤开始决赛（活动现场准备：物资借用、决赛场地申请，制作并打印签到表、座位表及决赛评分表，邀请评委，联系宣传部、组织部进行拍照、调节设备，联系文体部礼仪队等），学工部老师需全程参与，及时给予活动组织人员提醒和建议，具体步骤由活动组织人员完成。⑥活动后期的材料收集。活动组织人员（学生会工作人员等）根据"最美寝室"活动开展情况，撰写一份活动总结；每名学生参与"最美寝室"活动，提供活动照片，撰写一篇活动感想。

（七）总结与感想

"最美寝室"活动总结

以"创意无限多，装扮我馨窝"为主题的寝室文化活动圆满结束，此次活动以行动向广大学生诠释了低碳生活从寝室文化做起的理念，将绿色发展和生态环保体现到寝室文化中，促进学生的全面发展，营造健康、积极、和谐、文明的寝室环境；培养良好的卫生习惯，营造良好的寝室生活环境，展现寝室团结精神，让同学有一个更干净、更舒适、更温馨的寝室氛围；丰富同学的课余生活，提高寝室同学的动手能力、合作能力、创新意识，增强室友之间的感情，展现本院学生的精神风采。

活动初期任务非常琐碎，部长为每位部员分配好工作，让大家参与其中，从活动策划到比赛结束，每个人都工作到很晚。为了把活动安排得更好，大家都无私地奉献。大赛前一天晚上，大家在一起布置场地、吹气球、安排评委座席、拉横幅、准备话筒和饮用水等。大家分工协作，其乐融融。无论出现任何问题，大家都积极沟通并解决，团队合作精神很强。

这次活动要求 2019 级、2020 级、2021 级学生全体参与，2018 级同学自愿参加，让同学积极融入活动，培养同学的积极性和挑战性。初赛参赛人员必须在规定时间上交作品，活动须由寝室成员共同参加，室友齐心协力，共创最美寝室。该作品以小视频的方式发给我们，这也给我们带来了极大的挑战，如视频文件过大、视频内容比较杂乱、需要汇总分类等。各个初赛评委给视频打分，最终整理出晋级名单。这种线上筛选在很大程度上降低了我们的工作效率。决赛以线下方式在财经学院 3D 实训中心进行，参赛人员进行 PPT 演讲和视频展示，最终评分由评委评分和现场观众评分两个部分组成，共同评选出最终获奖队伍，保证比赛的公平公正性。

同学都积极参加此次活动，并且觉得很有意义。通过本次活动，同学增进了彼此间的了解、深化了彼此间的友谊，营造了热爱劳动的氛围。同时，同学在比赛中展现出了自己的风采，发挥了自己的想象力，提升了动手能力。在别人看来，这或许是一个简简单单的活动，但当我们真正参与进来，从头到尾参与整个过程，才发觉这是一种享受，一个提升自己能力的过程。

尽管本次活动中每个人都认真完成了预期任务，但依然存在很多问题，如活动前期消息未有效传达，导致各班未及时收到电子档座位表；场景布置不充分，出现气球脱落，影响场地整洁，也存在一定安全隐患；入座没有次序，导致现场混乱，影响开场。活动内容应该更具体，装饰内容，装饰要求等都应该体现在策划里，让参赛选手更加清楚地知道活动内容，以便发挥出他们最好的水平。本人认为以后要加强工作人员培训，每位工作人员应明确自己的职责，发挥自己最大的作用。活动结束后，各个负责人应进行工作反思，组织开展经验教训的分享与交流，希望在以后的活动中能做得更好。

"最美寝室"活动感想

作为一名新时代中国青年，在学院入党积极分子的带动下，积极参与主题为"创意无限多，装扮我馨窝"的"最美寝室"活动。我和寝室成员花费了近一周的时间，对寝室进行了大改造，对于我来说，这是我第一次装扮自己的"家"。这个家比较特殊，它由不同姓氏的青年共同组成，大家性格迥异，生活、文化背景不相同，能走到一起、生活在一起，每个人都希望它温馨、整洁。在这个过程中，我通过拍摄视频的方式，将这段美好的经历记录了下来，并将其作为参赛资料参加了这次活动。从视频中可以看到我们寝室成员从一开始的尴尬、隔阂逐渐转变为熟络、无话不谈。虽然结果很圆满，但是过程中却少不了争论与不快，意见不合也成了家常便饭，好在老师积极协调，拉着我们谈心、讨论，及时将我们的矛盾化开，并制定了正确的方案。本次比赛的 PPT 由我们寝室长完成，看到PPT 的时候，我十分震惊，不仅 PPT 十分精美，很多细节也考虑得很到位。

常言道"不是一家人，不进一家门"，寝室代表的就是家，虽然我们远离了亲人的呵护，但是在这里我们感受到了家的温馨。寝室是充分体现个性的场所。在我眼中，它不仅是一个栖息之地，更是个风光无限的地方，每个人都能充分地展示自己并改变自己。在这次寝室活动中，我从一个附和他人的人变成了一个有主见的积极分子。在这次活动中，我负责接触组织人员，从一开始的每次都要做好充分的心理准备才能与组织人员接触，到现在不用做任何心理准备就可以与组织人员接触交流，进步明显。由于我是负责拍摄视频的，需要对寝室成员提出一些要求，起初我总是表达不明确，容易引起寝室纠纷；现在我可以应付自如，表述清晰准确，这次活动成功帮助我克服了自身性格缺陷。对我来说，这不仅仅是一个活动，更是一次成长的体验。

在这次"最美寝室"活动中，我认识到大学生是寝室文化建设的主体。从根本上说，寝室文化是为大学生成长成才服务的，是大学生自己的文化，它会增强同学自身的修养，它的发展始终与大学生紧紧相连，没有大学寝室生活也就没有大学寝室文化。寝室环境整洁优雅，人的心情就会愉悦；寝室关系融洽和谐，就会给每个人一种归属感。

三、案例三："公区打扫"活动

高校校园环境具有非常鲜明的教育属性，干净整洁的校园环境是高等教育的隐性教育场所，无声而又时时显效的特殊课堂。环境可以造就人才，人才可以改变环境，环境对培养和提高大学生的综合素质有着不可忽视的作用。校园清洁行动也是创建全国文明校园的要求，是引导师生爱护环境的有效途径。定期开展"美化环境、清洁校园"专项行动，让"美化环境、人人有责"成为现实。

在校园清洁行动中，学校可组织大学生集体参加教室大扫除、植树、拔草等义务劳动；组织大学生成立义务督查队，分成多个小组定期巡查责任区的卫生和绿化情况，对乱丢垃圾、乱张贴、随意践踏草坪等不文明行为进行劝阻，主动清理绿化带和道路上的垃圾等，协助学校做好环境保洁和绿化维护工作；安排大学生在教学楼轮值，劝导同学不要将餐食带入教室，维护教学楼的良好秩序。通过良好校园环境的营造，使大学生养成热爱劳动、尊重劳动的良好习惯，提高大学生动手和实践能力。在教育学习过程中发挥潜移默化的塑造和陶冶功能，促进大学生身心健康发展和综合素质全面提高。

（一）活动主题

弘扬雷锋精神，彰显服务魅力

（二）活动目的

增强本校大学生参与劳动，特别是社会劳动的意识；保护学校及其周边的环境；培养大学生爱劳动、尊重劳动成果的意识；加强同学之间的交流和合作；培养大学生团队意识；促使大学生劳逸结合、身心放松。

（三）活动时间

2022 年 3 月 14~21 日

（四）活动地点

长江师范学院

（五）活动对象

长江师范学院全体新生

（六）活动流程

（1）根据学校的活动安排，各学院提交活动策划书。

（2）各学院根据学院情况召开动员大会，向学生介绍公区打扫活动基本内容。为维护全体师生良好的工作和学习环境，培养学生良好的劳动习惯，各学院鼓励学生积极参加此次活动。

（3）各学院根据活动安排，组织活动负责人员（主要指学生干部）召开活动推进。①向活动负责人员介绍公区打扫活动的意义，以及此次活动对活动负责人员的考验和锻炼，鼓励活动负责人员在活动过程中不断提高自己的组织能力和协调能力。②对活动负责人员的工作提出要求，在活动过程中注意宣传，实时掌握活动的进展情况，以及活动完成后资料的收集与整理情况等，提升活动负责人员的积极性。

（4）各班级导师通过班会、讨论会等形式，对活动的意义和重要性进行讲述。积极参与活动不仅能让校园环境更加干净整洁，还可以让学生感受到劳动的快乐与价值，增强了学生的公共责任意识，使学生亲身践行当代雷锋精神，体悟生活本质。

（5）活动具体开展流程。①各班班委可根据班级情况和负责的公共卫生区情况提前进行分组或分工，将活动地点、活动任务、活动时间等内容提前通知给每个同学，老师在活动前对同学进行鼓励。②以班级为单位，带好劳动工具在指定时间和地点集合，各班各组可以有自己的口号和小组名称。③完成打扫工作后，在指定地方集合。④班级导师组织学生参加活动讨论会，让学生畅谈自己参与活动的感受。⑤在活动后期收集材料。做好活动宣传和相关宣传报道；活动组织人员（学生会工作人员等）根据公区打扫活动的开展情况，撰写一份活动总结；每名学生参与公区打扫活动，提供活动照片，撰写一篇活动感想。

（七）总结与感想

公区打扫活动总结

本次公区打扫活动是我第一次作为组织者参加的活动，与之前作为参与对象参加活动有不同的体验。

活动前期，我通过互联网积极做好线上宣传，在学院官方平台、学院交流群和各班班委中进行宣传，鼓励大家积极参与活动。然后根据各班级情况，划分公区，明确每个班级具体负责范围。在固定时间、固定地点集合完毕后，由小组长带领各小组进行公区打扫，并做好活动记录，拍照记录这美好时刻。

活动完成后，部门成员互相交流经验，及时撰写好新闻稿并推广宣传。组织这次活动的目的是学习雷锋精神，弘扬中华民族传统美德，引导学生积极投身于学校的文明建设中，提升学生的劳动能力，同时增强学生团结协作的意识，培养学生吃苦耐劳的品质，进一步服务同学，发挥服务模范作用。除此之外，还要引领学生热爱劳动、积极参与劳动，营造良好的劳动育人氛围，同时积极宣传、呼吁同学爱护环境，切勿乱丢垃圾，美好的环境需要付诸行动去保护。本次活动的目的基本达到，同学在劳动中埋下了学习雷锋精神的种子。

这次活动也给我带来了不少收获，提升了我的组织能力、沟通能力和协调能力，我已经能够从容自若地与人交流，不再胆怯。组织同学积极参与活动，做好带头作用，使我的领导能力、管理能力和组织能力得到了锻炼，还让我深刻地体会到了"不畏艰难、百折不挠、敢于担当、为人民大众劳动、为党为国奉献"的品质。活动结束后，部门成员总结讨论。在撰写新闻稿时，我专门学习了新闻书写的格式和特点，在无形中提高了文字功底和总结能力。虽然活动顺利结束，参与者也都从中收获良多，但我仍然觉得这次活动有一些不足。

此次活动让我深刻地理解了为什么要学习雷锋，以及为什么绿水青山就是金山银山。焕然一新的公区和其他同学对校园环境的称赞使我们成就感满满。这次活动也让我在实践中收获了各种经验和方法，相信在以后的工作中我将更出色。

公区打扫活动感想

在入党积极分子负责人的带领下，我们在学校鉴湖环路公区进行了主题为"弘扬雷锋精神，彰显服务魅力"的公区打扫活动。

我和同学各自拿着打扫的工具在学校鉴湖环路公区有计划、有秩序地分区进行打扫。通过这次公区打扫活动，我有了许多的感想。首先，这次活动使我深刻体会到了团结的力量。原来大家一起劳动，效率可以这么高。鉴湖环路公区不算小，如果一个人打扫的话，可能会打扫很久，而且完成度可能不高，经过小组长的安排，大家各司其职、分工协作，三下五除二就打扫完毕，鉴湖环公路公区很快就干干净净，这就是俗话所说的"一根筷子轻轻被折断，十根筷子牢牢抱成团"吧。其次，在这次活动中我体验了劳动带来的快乐。和同学一起打扫、相互帮助、相互学习，这并不是一个人躺在床上玩手机就可以体会到的。最后，我感受了劳动之美，也看到了大家任劳任怨、无私奉献的品质，这将促使我在今后更加积极地参加各类活动。

经过一天的打扫，身体虽然疲惫，但是精神很愉悦。这个活动不仅可以学习劳动技能，还可以发扬吃苦耐劳、无偿为人民服务的品质，同时还能为我们身旁的环境作出一份贡献。这次活动还让我坚信只要我们认真对待每一件事，无论大小，尽力而为，我们便会有意想不到的收获。现在的大学生多数过惯了"锦衣玉食"的生活，总觉得劳动是一种与己无关的"粗活"。还有一些大学生"吃喝玩乐"的钱也都是父母通过这些"粗活"挣得的，劳动可以让同学知道钱来之不易，也可以让学校更加洁净美丽。

"天降大任于是人也，必先苦其心志，劳其筋骨，饿其体肤"，现在多吃点苦，多参加劳动，能培养吃苦耐劳、坚持不懈的品质。今后，我一定要努力好好学习，做个对社会有价值的人。在校期间，我要多参加一些社会实践活动，让自己毕业后能够踏实工作，用自己的力量为社会作贡献。

【思考题】

1. 什么是生活劳动？生活劳动由哪些方面构成？
2. 大学生应如何提升自身的生活劳动能力？

【拓展与实践】

分别参加一项家务劳动和学校劳动。

第五章　大学生专业劳动

【核心内容】

☑专业劳动的内涵与构成

☑提升大学生专业劳动能力的价值

☑大学生专业劳动的内容

【学习目标】

本章通过学习专业劳动的内涵与构成，理解和掌握专业实训、专业实习等专业实践活动对培养劳动品质、专业劳动技能和专业劳动思维的重要意义；引导学生积极参加实习实训、与专业实践相关的社会实践活动，形成专业劳动技能，为未来高质量参加职业劳动奠定扎实的基础。

【延伸阅读】

制作一枚缝衣针的协作精神

"经济学之父"亚当·斯密在《国富论》这部现代西方经济学和马克思主义经济学的奠基之作中，从劳动分工开始研究经济学，在他的经济学体系中，分工理论居首要位置。亚当·斯密列举了制作缝衣针的例子。一枚小小的缝衣针的生产过程包括抽丝、拉直、切割、削尖、磨光等18道工序，如果每一道工序都由专门的人员进行操作，一个10人的小工厂每天大约可以制作48000枚针，平均每人每天制作4800枚针；如果让每个人独立操作这18道工序，那么一个人一天生产不了20枚针，甚至可能连1枚也造不出来。亚当·斯密认为，要增加财富，就得提高劳动效率，分工是提高劳动效率的重要法宝。显而易见，分工劳动提高生产率的作用离不开协作。一枚缝衣针的18道工序分别由专门的人来做，每一枚针的完成都是多人协作的结果，所以10人的小工厂每天可以制作48000枚针，平均每人每天制作4800枚针，这就是协作的功劳。

机会是留给有准备的人

临近毕业，小丽所在班级根据学校的统一安排，要到外地去实习一个半月。班上的同学纷纷为实习生活作相应的准备，只有小丽似乎并不着急，她在干什么呢？首先，她先找到不随同一起去外地的班主任，拜托班主任如有合适的单位请帮忙推荐，并留下几份简历。其次，她又去学校实习就业服务中心，请办公室的老师留意有重要的信息时及时通知她。再次，她还找到一个低年级的师弟，请他在学校就业信息栏看到重要的招聘信息时通知她。最后，她仔细查询了在即将离开的两个月中各地人才交流会的信息，并根据实际情况作了安排。一切准备就绪后，小丽便安心去实习了。在实习期间，她参加了几家单位的面试，实习结束，她的工作也落实了。机会永远是留给有准备的人。小丽明确目标，梳理信息渠道，主动出击收集信息，最终收获了理想的工作。

第一节 专业劳动概述

《中华人民共和国高等教育法》指出："高等教育的任务是培养具有社会责任感、创新精神和实践能力的高级专门人才。"将劳动教育与专业教育有机融合来培育大学生专业劳动能力，是高校教育改革的重要任务。

一、专业劳动与专业劳动能力

专业劳动是指在生产劳动中结合专业特点安排的对口专业性劳动任务。专业劳动能力是对特定专业知识的应用能力，这种能力最先表现为一种专业思维活动，专业思维能指导人们通过特定行为实现预期目的，当这种行为付诸实施并产生相应结果时，就表现为一种专业能力。

高等教育阶段的专业劳动能力是指大学生基于专业知识学习而形成的专业思

维能力、专业实践能力、专业创新能力，这些能力是大学生提升就业创业核心竞争力的关键支撑。

二、专业劳动能力的构成

专业劳动能力的培养不仅需要有系统的专业知识做支撑，还需要具备专业劳动思维、专业劳动能力。与基础教育相比，高等教育是围绕"专业"展开的，大学生在离开校门前应掌握一种或几种专门知识，培养一种或几种专门能力。大学生专业劳动能力主要由专业知识、专业思维、专业劳动实践能力三部分构成。

（一）系统的专业知识

专业知识是指人们在认识特定领域事物发展规律过程中形成的知识集合。专业知识与专业技能既有区别又存在密切联系，专业知识是专业技能的基础，是静态的专业技能；专业技能是专业知识的延展，是动态的专业知识。

（1）掌握专业知识是培养专业劳动能力的基础。在大学，知识的传授大多以专业知识的形式展开。教育部通过对经济社会发展变化进行调查研究、专业论证等，对专业目录进行优化调整，修订后的《普通高等学校本科专业目录（2022年版）》，分设哲学、经济学、法学、教育学、文学、历史学、理学、工学、农学、医学、管理学、艺术学12个门类。专业类由修订前的73个增加到92个；专业由修订前的635种调减到506种。各个专业的基础知识构成大学生日后形成专业技能的基础和指明职业选择的方向。

（2）专业劳动能力是专业知识的延展。专业劳动能力的培养离不开专业知识的积累。一个人是否学过相关专业知识，在从事某项具体工作时其技能水平和实际效果是有明显差异的。是否经过系统的专业理论学习，对专业技能培养有重要影响。例如，一位理论功底深厚的医学博士未必能看得好病，因为看病需要在临床实践中不断积累经验；一位美术大师盖房子的技能恐怕无法和建筑工人相比，因为他脑海里储备的是绘画知识，而非砌砖等技术。

（二）形成专业劳动思维

专业劳动思维是指在遇到与专业相关的问题时，能迅速准确找出解决方法的思维。一个人只有形成专业劳动思维，才有可能在看待事物时具备独特的眼光和与众不同的处理方式，即专业能力。专业劳动思维形成的途径主要有以下三种类型。

（1）基于历史经验形成的专业劳动思维。万事万物都是不断变化的，专业也是动态发展的，专业劳动思维具有历史继承性。今天的专业知识体系是对过去每一个阶段新知识的累积叠加，当下的专业劳动思维是建立在以前专业思维延续和更新基础上的。

（2）立足现实状况的专业劳动思维。拥有专业思维的人都清楚自己的能力边界，了解事物运行的复杂性和专业知识的有限性，分析问题、解决问题时一般立足现实，能够有针对性地提出专业解决方案。专业技能差异的背后往往表现为专业思维方式的差异，越是能立足现实进行思考的人，越能清晰地看到自己的优势和不足，在工作中往往能表现出越强的专业技能。被称为"文艺复兴时期最完美代表"的达·芬奇可谓是人类历史上绝无仅有的全才，在理、工、医、文等几乎所有学科都取得了不俗成就，但其最伟大的成就还是绘画，这与他从 14 岁开始不间断地进行绘画训练密不可分。

（3）追求更强的专业能力思维。专业思维承认专业知识的局限性，但并不因此止步于当下，而是能乐于倾听，重视专业知识的学习和专业能力的提升，心怀使命感，期待在专业领域获得更高的水平，实现更好的效果，因而是一种积极向上、追求创新的战略性思维方式。

（三）专业劳动实践能力

获取专业劳动能力需要专业理论和专业思维的引导，更需要在专业实践活动中持之以恒地学习、模仿、操作和训练。尽管各类高校关于大学生专业实践的要求不尽相同，专业实践方式千差万别，但通过开展形式多样的专业实践活动来培养学生专业技能的目标是一致的。提升专业劳动实践能力是新时代高校劳动教育的重要使命和重要任务。

三、提升大学生专业劳动能力的价值

（一）有助于提升专业人才培养质量

一个人在工作中取得的成绩或在事业上所达到的高度受很多因素影响，但归根结底还得靠自身的专业能力和真才实学。改革开放以来，我国取得的巨大成就与高等教育培养出一批批理论功底扎实的专业人才密不可分，但经济社会转型发展遇到的瓶颈也告诉我们，顺应高质量发展的要求，提升大学生专业能力非常迫切。良好的专业技能是年轻人找工作的敲门砖，是职场新人提升自信心的秘方。拥有良好专业劳动能力的人能通过劳动创造价值，在纵向比较中看到自己的进步，在与周围人的横向比较中看到自己的优势，逐渐树立起专业自信、工作自信。

（二）有助于大学生理性规划未来职业

大学生职业规划的理性要求不单以眼前利益为规划依据，还要兼顾未来职业生涯。保持职业规划相对稳定性的有效办法就是，设法让自己保持对专业、对职业持久的兴趣。对于在校大学生而言，要明白专业知识学习有一个普遍规律，学得越深入兴趣就越高，将来进入职场后技能运用得越自如，职业发展就越顺畅。

不同类型的专业技能对应不同的职业领域，不同的专业技能水平对应不同的职业岗位。大学生只有清晰认识国家经济社会发展的总体趋势和相应的人才需求，并与所学的专业相对接，才能确保职业生涯选择的合理性。不少大学生在校期间死记硬背理论知识，只求考高分，做职业规划时又掉进"我与工作"的陷阱，忽略了专业技能学习和训练。加强大学生专业劳动能力培育有助于大学生理性规划未来的职业生涯。

（三）有助于培养创新创业能力

创新源于实践而又服务于实践。强化专业劳动实践训练是培养大学生创新创业能力的重要渠道。专业劳动实践活动为学生提供更多"边干边学"的机会，在学中干，在干中学，不断提升创新创业能力。《指导纲要》明确提出普通高校劳动教育要"注重围绕创新创业，结合学科专业开展生产劳动和服务性劳动"。

第二节　大学生专业劳动的内容

高等教育的本质是建立在普通教育基础之上的专业教育，大学阶段是学生汲取专业知识、学习职业本领、走向职场的重要阶段。大学生专业技能的提升需要掌握系统的专业知识，形成坚实的专业理论，在此基础上不断强化专业思维训练，提升专业劳动能力。

一、系统学习和掌握专业知识

系统专业知识是大学生培养专业劳动能力的基础，大学生在校期间应认真学习掌握专业理论、专业知识，夯实专业能力形成的基础。

（一）学习专业理论知识

学无止境，大学生在专业学习中要遵循基本学习顺序，在开始阶段注重对核心概念的推敲和对基本理论的研读，在头脑中构建起基本的专业理论体系。在具体实施中要注重核心基础课的精细化学习，如经济学相关专业的《西方经济学》《管理学》等，法律相关专业的《法理学》《宪法》《民法》《刑法》等，医学类专业的《人体解剖学》《生理学》等。通过仔细研读这些课程的专业理论，逐步形成系统的专业素养，为日后的自学、深学奠定基础。

（二）掌握专业劳动方法

高等教育阶段的专业学习不以记忆为主，而以掌握方法、培养能力为重。进入大学校门后，要尽快转变观念，增强学习主动性和改进学习方法。尤其在专业课学习中，务必要熟悉主流理论从假设到推演逻辑再到主要结论的整体过程，还要多看一些历史类、方法类、比较类的专业知识或文献资料，拓宽视野。同时要清醒地认识到，经济社会是不断发展变化的，任何一门学科的专业知识随时都可能出现新的方法、观点或内容。

二、形成专业逻辑思维

专业思维是用专业的方式对问题进行迅速准确归类的思维，实质上是一种看待和思考某类问题的专业习惯。面对同一个现象，当非专业人士还在迷惑不解时，专业人员已经透过现象看到问题的本质，并找到解决方案。系统掌握专业知识在一定程度上影响甚至决定着思考问题和解决问题的方式，但真正专业思维的形成需要心怀专业使命感，善观察，勤思考，多讨论，用眼睛看到的现象验证课堂上、书本中学到的专业知识，用反复琢磨的方式强化对专业逻辑的认知，用启发交流工具拓展专业思维的空间。首先，要形成专业使命感。任何一门专业的理论知识都是前人辛勤劳动的结晶，任何一门专业的实践活动都是国家经济社会建设的重要组成部分。强化专业思维不仅要懂得专业学习对自身成长的意义，还要清楚本专业所承担的社会责任。心怀专业使命感，需要在日常学习、工作和生活中处处留意本专业领域的各种现象，从点滴小处着手，仔细观察并尝试用专业的眼光看待周围的事物，勤于思考，并尝试用专业的理论分析身边的事件，经常训练并努力用专业的方法解决自己遇到的问题。其次，要强化专业思维训练。观察和思考能够帮助我们进行浅层次的专业思维训练。真正要在专业领域有所建树，还需脱离书本，跳出个人思维定式，有针对性地进行专业交流，寻求专业思维碰撞。每年全国各大高校、专业研究机构、行业协会、政府相关部门都会组织不同层次、不同类型的专业交流会，这正是大学生深入理解专业逻辑、进行深层次专业思维训练的难得机会。通过积极参加相关会议，倾听专业领域内的不同声音，捕捉本专业最前沿的信息，不断提升专业敏感度，持续强化专业思维习惯。

第三节　提升大学生专业劳动能力的方式

专业实训、专业实习及毕业论文设计作为高校重要的实践教学环节，在提高学生实践动手能力和培养劳动素养等方面具有不可或缺的作用。

一、专业实训

（一）专业实训的内涵

实训教学是指学校中相对于理论教学的各种教学活动的总称，旨在使学生获得感性知识，掌握技能、技巧，养成理论联系实际的作风和独立工作的能力。专业实训是指在学校的组织下，按照人才培养的规律与目标，借助学校的实训中心等平台，通过模拟实际工作环境，对来自真实工作项目的实际案例进行实践教学，在教学中强调理论结合实践，在较短时间内使学生的专业技能、实践经验、工作方法和团队合作得到显著提升。

（二）专业实训的分类与特征

专业实训按照不同的教学项目一般分为：基本功训练、工序练习和综合操作实训。

（1）基本功训练。该类实训是操作技能训练的初级阶段，主要包括对常用工具、仪器的正确使用训练，基本操作动作的训练。通过训练不仅可以掌握基本的动作要领、操作姿势和科学的操作方法，还能掌握动作的力度、幅度和准确度等。

（2）工序练习。该类实训主要是由各种单一的练习操作组成的工艺过程的完整动作的练习，主要目的在于使学生将学过的操作知识和技能应用于实践。根据各专业操作技能、技巧的形成规律，由易到难、由简到繁划分为不同阶段的操作训练：掌握局部动作的训练阶段；初步掌握完整动作的综合操作阶段；动作更加协调、更加完善的独立操作阶段。

（3）综合操作实训。该类实训主要是巩固、提高和综合运用单项工序操作技能、技巧，使学生逐步达到对整体工序流程熟练的程度。其主要目的在于使学生运用已经掌握的知识、技能和技巧，按照实训要求，通过一定的训练，形成能完成实训任务、独立进行复杂工艺操作的能力。在综合实训过程中，按照行业通用的规范及要求，重点学习相关职业岗位的技能，提高综合素质及能力。

专业实训的主要特征是以训促学培养专业技能，逐渐形成热爱劳动、尊重劳动、崇尚劳动的劳动品质。也就是通过实训教学，使学生掌握本专业中某一工种的基本操作技能，或能正确调整和使用该工种的专业设备，或能根据相关图样和工艺文件独立进行中等复杂的加工，或者了解与本专业有关的基本操作。

（三）专业实训实施方案制定的注意事项

（1）了解专业实训的具体内容。为了更有针对性、有目的性地进行实训，大学生在进行这项教学活动前，要了解专业实训的具体内容，认真学习相关教学文件，主要包括实训课程大纲、实训计划及实训指导书。实训课程大纲是进行实训的指导性文件，是制定实训计划、组织实训、对学生进行实训考核的依据。实训课程大纲的内容包括课程基本信息、实训目的与要求、实训时间和场所安排、实训考核方式、实训安全管理及实训成绩评定标准等方面。实训计划是按照实训课程大纲的要求，结合实训现场条件拟定的执行程序，一般包括实训地点、实训内容、人员安排、程序安排及考核等。实训指导书是根据实训课程标准编写而成的，能全面地反映该实训环节的教学要求和教学内容，以便大学生自学，有利于启发学生思考，增强学生主动学习的意识。此外，实训指导书还包括实训思考题、作业和安全教育等内容。

（2）遵守职业规范，养成职业素质。职业规范是相关职业所固有的、特定的操作流程或必须遵守的标准，与职业相关，反映了对应职业的特征。学生在进行实训的过程中，除了完成规定的实训任务外，也要留心其中蕴含的职业规范和职业道德。职业素质是指职业内在的规范和要求，是在职业活动中表现出的综合素质，包括职业道德、职业技能、职业行为、职业作风和职业意识等。职业素质是可以训练的，可以通过树立观念意识、建立思维方式和养成行为习惯三个环节来对职业素养进行训练。

（3）服从实训基地的管理规定。近年来一些高校在开展实训教学的过程中，有的学生因安全意识淡薄、注意力不集中、实训技能及知识缺乏等原因，未严格遵守实训场所的安全管理规定，出现了一些安全及责任问题。学生在开展专业实训的过程中，一定要听从教师的指导，严格遵守实训基地的管理制度，尤其要遵守相关的安全生产操作规程。

二、专业实习

专业实习是指高等学校根据自身培养计划，将学生实践纳入教学计划，利用校内外资源完成的专业实践性教学环节。学生通常在教师或者技术人员的带领下，到工厂、工地、实习场地或者其他现场从事一定的实际观察或实际工作，以获得有关的实际知识和技能，巩固已学的书本知识，培养独立的工作能力。

（一）专业实习的分类与特征

高等院校学生的专业实习一般分为三种类型：认识实习、生产实习（跟岗实习）和毕业实习（毕业顶岗实习）。

（1）认识实习。认识实习是生产实习的起始阶段，指学生由学校组织到实习单位进行参观、观摩和体验，旨在使学生对未来的工作情景有所了解，形成对实习单位和相关岗位的初步认识，为学习专业课作准备。俗话说"百闻不如一见"，这种学习方式给予学生直观感知和体验，更有利于激发学生的学习兴趣和热情。开展认识实习是为专业学习打下感性的认识基础，如机械专业的工艺课，课前老师常会带领同学去车间参观设备，观察工艺流程，形成对工艺操作方式的感性认识。认识实习最终达到开阔学生视野、督促学生更好地进行理论学习的目的。

（2）生产实习。生产实习是指不具备独立操作能力、不能完全适应实习岗位要求的学生，在学校的组织下到专业对口的现场直接参与生产过程，综合运用本专业所学的知识技能完成一定的生产任务，从而巩固专业知识，学习生产技术，初步学会解决若干比较简单的技术问题的方法，养成正确的劳动态度。在生产实习中，学生不再只限于观摩阶段的活动，可以在师傅的带领下进行一些辅助性的工作，如会计专业的学生在跟岗实习期间可以进行费用分配表的填写、记账凭证的审核等。跟岗实习可以检验学生平时所学的知识，让学生明白"书到用时方恨少"的道理。因为生产实习是在生产现场进行的，所以学生是以准劳动者的身份出现的，该环节要求学生不但要了解企业的基本生产过程和辅助生产流程、生产工艺等技术问题，还要了解企业的管理情况，如组织机构、人员构成及主要职责，学习现代企业管理的基本知识及制度，感受企业文化，体验企业员工的劳动态度、职业道德及爱岗敬业的品质。

（3）毕业实习。毕业实习是指学生在实践岗位初步具备独立工作能力后，到生产、管理、服务等岗位体验真实的工作，相对独立地完成工作任务的一种实习，一般安排在最后一个学期。毕业实习的特征是真实体验，也是毕业前对学生的知识、技能进行全面检查的综合训练阶段，旨在培养学生独立综合运用专业知识和操作技能解决生产技术问题和组织生产的能力。参与毕业实习是大学生了解社会、接触社会实际工作的一种形式，也是大学生认清职业目标的关键步骤。在正式进入工作岗位前，通过参与毕业实习让学生提前适应企业文化，实现对学习环境与工作环境的自然衔接与过渡，促进学生养成良好的职业素养。

（二）专业实习方案的内容

（1）明确实习目标。参与企业实习是经验积累的过程，也是能力培养的过程。在企业实习的过程中，学生与企业相互了解和考察，学生通过参与企业实习融入企业环境，接触具体的业务，体验真实的职场。企业实习并非简单地重复简单的工作。作为初入企业的实习大学生，应摆正心态，正视工作，明白工作没有高低之分。老子曾说过"天下难事，必作于易；天下大事，必作于细"，从细碎的小事着手去不断积累、总结经验，一定会收获成长。

（2）了解"自身"情况。《道德经》讲道："知人者智，自知者明。"真正有智慧的人，既要善于认识他人，又要能够正确地认识自己。只有正确地认识和评价自我，才能更好地了解自身的能力、特长、兴趣等，从而对自我能力的充分展现发挥积极作用。了解自己一般应遵循三个原则：一是自我认识与他人对自我的认识是否一致。二是自我认识与社会对自我的评价是否一致。三是对自我优劣势的认识。明尼苏达工作适应理论提出：当工作环境能够满足个人需求（内在满意），个人也能顺利完成工作要求（外在满意）时，个人在该工作领域才能持续发展。换言之，能否保持个人与工作环境的一致性直接决定了个人在工作中的持续性和满意度。一致度越高，对工作的满意度就越高，个人在该工作领域工作得就越久。大学生在选择实习单位前，需要充分认识自我，正确评价自身和环境，选择自己能胜任的工作，培养和发展个人能力，发挥潜能，努力打造自己满意、社会需要的核心竞争力，通过提高自身的实力，找到一条切实可行的发展道路，这样才能最终走向成功。

（3）收集企业信息。实习为学生搭建了接触真实工作环境、感受真实工作氛围的平台，学生可以利用这个机会走进职场，找到适合自己的工作岗位，更加清晰地了解岗位所需要的技能。能否获取足够的企业实习信息，决定了学生是否有更多的选择机会，很多同学由于没有掌握足够的信息，难以找到合适的实习单位。如何去找到适合自己的实习单位并获取实习信息呢？主要有如下几种途径：

一是校园实习招聘会。相关机构和高校每年会定期举办毕业生就业实习双选会，目的是为与高校有合作的用人单位招聘实习生。在双选会上，学生可以直接获得很多实用的招聘信息，并利用假期参加实习。

二是实习招聘网站及企业官网。大学生不仅可以通过一些招聘网站关注实习招聘信息，还可以在招聘平台注册上传自己的简历，方便有意向的企业主动联系自己。另外，还有一些企业并不公开招聘实习生，但它们会将招聘信息刊登在企业的官方网站上。

三是学校就业主管部门。学校一般都设立了为大学生就业实习提供服务的机构，如毕业生就业指导中心、就业工作处或者就业办公室。这类机构所提供的实习信息主要由用人单位根据学校的专业学科设置提供，信息相对准确、权威、可信度高，而且通过学校就业主管部门获取的信息专业对口性更强。

四是亲朋好友介绍。个人的信息获取渠道总是有限的，亲朋好友、家人及其他社会关系是很好的补充途径。亲朋好友一般会分布在社会各个领域、各个行业，因此他们收集的实习信息针对性更强，可信度也更高。

五是实训实习基地。高校都结合办学定位与人才培养目标与相关合作企业建立有稳定的毕业生就业实训实习基地。基地每年会为在校大学生提供实习岗位，定期选拔即将毕业的大学生进行就业实习，为学生步入职场提供大量的帮助。

（4）筛选合适的企业。实习阶段既可以让用人单位了解学生，也可以让学生详细地了解用人单位在经营管理、企业文化、福利待遇等方面的情况。通过一段时间的了解，相互建立密切联系，为学生以后的求职择业打下良好的基础。因此，学生在选择实习单位与岗位时，不应仅仅考虑工作环境、福利待遇等物质因素，还应更加关注未来职业发展方向，利用实践机会加深对课堂所学知识的理解，从而提升技能。因为职业发展方向对选择合适的企业实习至关重要，所以大学生在选择实习企业前应重点考虑"职业方向""获得成长"两个因素。

（5）遵守实习单位的实习守则。一是虚心向实习单位工人、技术人员和管理人员学习，听从指挥，服从安排。积极参加生产劳动，加强实践锻炼，做到"讲文明、讲礼貌、讲卫生、讲秩序、讲道德"，维护实习单位与学校的关系。二是努力完成实习任务，认真做好实习笔记，按时完成实习作业，按要求严肃认真地完成实习计划所列各项内容。结合实习内容，积极参加实习单位的技术革新活动。实习结束时，提交实习报告，并参加实习考核。三是严格遵守国家、行业的有关技术安全、保密制度。严格遵守劳动纪律，规范执行实习单位和学校的各项规章制度，注意安全。

（6）实习工作要求。一般而言，大学生毕业实习有如下要求，部分特殊专业可以根据实际情况调整。一是纳入教学计划，学生实习成绩记入学生档案，实习成绩不合格不能毕业。二是指导教师负责对学生实习进行管理和指导，负责对调查报告的撰写进行指导。三是学生应当遵守实习单位的作息时间、安全管理、业务操作管理等规章制度。四是学生在实习单位必须服从安排，及时沟通，团结协作，不做损坏学校声誉的事情，服从实习单位领导和实习指导教师的管理。五是实习领导小组将不定期到实习单位检查学生实习情况和指导教师指导情况。六是实习期间学生须完成《实习日志》。要求学生对每天的实习活动进行详细记录，包括时间、地点、人物、工作内容等要素，禁止仅有结论性的话语。七是实习期间学生应完成一个案例或一份调查报告。

📖【思考题】

1. 提升专业劳动能力的途径有哪些？
2. 用案例分析大学生专业能力的构成和培养方式。

【参考文献】

［1］张龙. 高校劳动教育的课程建设、体系构建与创新发展［M］. 北京：化学工业出版社，2021.

［2］韩剑颖. 大学生劳动教育教程［M］. 北京：清华大学出版社，2021.

［3］刘向兵，等. 新时代高校劳动教育论纲［M］. 北京：社会科学文献出版社，2019.

［4］赵鑫全，张勇. 新时代大学生劳动教育［M］. 北京：机械工业出版社，2020.

第六章　大学生创造性劳动

【核心内容】

☑创造性劳动的内涵、特点及类型

☑创造性劳动的意识、思维、知识和方法

☑提升大学生创造性劳动能力的必要性

☑提升大学生创造性劳动能力的实践案例

【学习目标】

了解劳动与创新创业的关系，掌握创造性劳动的内涵与构成，提升创造性劳动能力的必要性，积极参加专业实践、各类创新创业活动，提高在生产实践中发现问题、分析问题、创造性解决问题的能力。

【延伸阅读】

劳动光荣，创造伟大

劳动创造历史，奋斗成就梦想。劳动既创造了辉煌的历史，也创造了丰满的现实。尽管随着时代的前进和社会的发展劳动技术在不断发展，劳动方式在不断改变，劳动内容也在不断丰富，但劳动光荣、创造伟大的价值导向并没有改变。作为社会中最富活力、最具创造性的人群，一些优秀的青年大学生正在通过自己的创新性思维和创造性劳动实现自己的人生价值。

"80后"大学生吴迪在校学习期间就萌生了创业的想法。2008年的暑假，吴迪回洛阳老家同家人一起到农家乐度假时，偶然吃到了一种皮薄肉甜的西瓜，售价 10 元一斤，这种西瓜需要提前预订才能买到。这让吴迪眼前一亮，找到了创业的方向。于是，本科毕业后他回到家乡洛阳，和同学拿着 10 万元启动资金走上了种植西瓜的创业路。在创业的初始阶段，由于缺乏技术和经验，西瓜在种植和销路上接连出岔，吴迪不仅赔光了"家当"，还背负上了巨额债务。但是，在创业初期的失败并没有让吴迪放弃，而是让他对农业产生了敬畏，对农业种植技术有了更加深入的思考。通过聘请当地知名的农艺师担任农场的技术总监，不断改进种植技术，吴迪终于获得了成功，40 个大棚的高品质西瓜卖了近 200 万元。

初尝成功的吴迪并没有就此止步。2013 年，他进一步把园区面积扩大到 500 亩，并引进优质的黄梨和石榴品种，创办了"乐活自然园连锁农场"，还在淘宝开起了水果网店，将线上销售和线下体验结合起来。近年又先后投入 200 多万元打造"智慧农业 4.0"体系，通过物联网技术进行生产管理和数据分析，采用物联网技术进行生产监督和数据采集，保障了农业生产过程中的标准化操作流程，降低了生产操作技术难度。管理者通过一个手机就能控制整个农场，真正实现了智能化生产高品质果蔬。

如今，吴迪主持和参与省、市科技项目 10 余个，申请国家专利 50 余项，成立"小康农民讲习所"，开展职业农民培训，累计培训农民 5 万余人，让 20 万农户感受到了农业科技的便利。他探索的"职业农民+扶贫"模式在南阳、商丘、焦作、长春等地开花结果，带动了当地 11500 余人创业、就业，创业土地规模达 5 万余亩。未来，吴迪计划进一步扩大数字农业应用领域和职业农民培训范围，帮助更多农业经营主体为乡村振兴服务，为中国农业崛起作贡献。

扫码知

《国务院办公厅关于深化高等学校创新创业教育改革的实施意见》

《国家级大学生创新创业训练计划管理办法》

习近平总书记提出："广大青年一定要勇于创新创造。创新是民族进步的灵魂，是一个国家兴旺发达的不竭源泉，也是中华民族最深沉的民族禀赋，正所谓'苟日新，日日新，又日新'。"本章从创造性劳动的概念出发，系统回答了什么是创造性劳动，创造性劳动能力的构成等问题。

第一节 创造性劳动的内涵、构成、价值

一、创造性劳动的内涵

在《辞海》中"创造"被解释为"首创前所未有的事物"。在《现代汉语词典》对"创造"解释为"想出新办法、建立新理论、作出新的成绩或东西"。

创造性劳动也称创新性劳动，是指通过人的脑力劳动产生新的技术、知识、思维，进而提高劳动生产效率、产出超值财富的劳动，也就是通过人类体力和脑力的消耗创造出前所未有的使用价值，以满足人类需要的劳动。

创造性劳动能力是指在创造成果的产生过程中起决定作用的大脑思维能力，在劳动过程中发现和解决新问题、提出新设想、创造新事物的劳动能力。

二、创造性劳动的特性

作为一种特殊的人类劳动形态，创造性劳动除具有人类劳动的一般特点外，还具有以下独特属性：

（一）创新性

创新性是创造性劳动的本质属性。创造性劳动是与重复性劳动相对的。重复性劳动的本质是复制和生产人类已有或部分已有使用价值的劳动，劳动成果表现为劳动量的积累。

创造性劳动是一种强调某种产品、技术、方法、思想、理论，通过人类体力和脑力的消耗创造或改进，从而产出新产品等的劳动过程，表现为在创造性思维的主导下创造出新使用价值的劳动过程。

创造性劳动的成果不仅包括有形产品，如指南针、内燃机、计算机等；还包括无形产品，如文学作品、音乐作品等创作、组织的变革与再造等。

（二）开放性

创新性劳动的开放性是建立在开放性思维之上的劳动，同物理学中的惯性一样。人的大脑思维也存在惯性，一旦沿着一定的方向、按照一定的次序长期思考某一问题，当再次碰到相同或类似的问题时，还会沿着思考的方向去思考，从而

形成一种相对固定的思维模式。思维模式能帮助人们利用已有的方法快速解决问题或形成良好秩序，但也会在一定程度上影响创新，将人的思维局限在已知的、常规的解决方案上，阻碍创造性劳动的产生。推动创造性劳动思维的形成，先要打破常规思维模式，通过开放的思维活动发现新事物、创新性解决问题。

（三）累积性

创造性劳动生产和创造出新的使用价值不是一蹴而就的，而是一个渐进性的累积过程。例如，爱迪生发明电灯、居里夫人发现放射性元素等，无一不是经过无数次重复性实验才发明的。因此，创造性劳动是一个由简单到复杂、由低级到高级的过程，是一个在试错性、模仿性过程中不断积累创造性因素的过程。

三、创造性劳动的类型

（一）按照劳动形式的历史演变划分

按照人类劳动形式的历史演变分类，创造性劳动可划分为创造性生产劳动和创造性非生产劳动两种类型。

（1）创造性生产劳动。生产性劳动是其他各种劳动的基础。创造性生产劳动包括创造和形成新的产品，如福耀集团生产出的各种超紫外线隔绝玻璃、可随意切换光线的调光玻璃等。创造性劳动还包括在生产过程中对生产工艺的改进和突破，如对生产工艺流程、加工技术等方面的改进。

（2）创造性非生产劳动。创造性非生产劳动包括文化创作、艺术创造、科学研究、社会管理等不同形式的劳动。创造性科研劳动是人们有目的、有计划、有意识地在已有认识的基础上，运用科学研究的方法，探索自然现象和社会现象发展规律的认识过程。2015年10月，诺贝尔生理学或医学奖获得者——屠呦呦，通过艰苦劳动、辛勤劳动、创造劳动，研发出创新型抗疟药青蒿素和双氢青蒿素，挽救了数百万人的生命。创造性艺术劳动不像物质生产活动那样作为人类生存、发展的手段而存在，而是作为人类本质体现的目的而存在，如北宋画家张择端创作的《清明上河图》等，文学家创作的作品是人类创造性劳动的物化形式。

（二）按照原创性划分

按照原创性分类，创造性劳动包括原创性劳动、非原创性劳动两种类型。马克思主义经济学认为，所有社会必要劳动都会创造使用价值和价值，原创性劳动与非原创性劳动都是社会必要劳动，都能创造价值。

四、加强创造性劳动的价值

(一) 创造性劳动能力是未来劳动者的基本能力

创新型社会的劳动是脑力劳动与体力劳动的有机结合。创造性劳动是先进生产力的代表，重复性劳动是创造性劳动的再现。未来，越来越多的重复性劳动被机器取代，需要大量具有创造性劳动能力的新型劳动者来操作机器。创造性劳动能力的培养离不开劳动教育，高校创造性劳动教育不仅要让青年学生"苦其心志，劳其筋骨，饿其体肤，空乏其身，行拂乱其所为"，还要充分发掘创新潜力，培养他们的创新思维和创新精神，使其具备创造性劳动的基本能力。

(二) 创新性劳动是推动高质量发展的重要手段

科学技术的日新月异引起劳动工具、劳动方式、劳动内容等的快速迭代，劳动效率不断提升。农业上，原来以手工、畜力、农具为主的"面朝黄土背朝天""三十亩地一头牛"的劳作，转变成遥感技术等参与的智慧农业。工业上，由"出大力，流大汗"的体力劳动和重复性劳动，转变为机械化、自动化、信息化程度越来越高的现代工业，这对劳动者素质提出了更高的要求。我国推动高质量发展，加快工业、农业现代化发展是必然选择，但工业、农业现代化高质量发展要靠高素质的新型劳动者来实现。提升大学生创造性劳动能力不仅是推动我国高质量发展的需要，还是提升大学生专业劳动能力、就业创业竞争力的着力点。

(三) 创造性劳动是加快建设创新型国家的需要

创新是引领发展的第一动力，人才是支撑发展的第一资源。当前，我国经济发展进入新时代，实现从制造大国向制造强国转变，从传统制造业向智能制造转变，需要大量具有创造性劳动能力的高质量劳动者。《国家中长期人才发展规划纲要（2010—2020年）》指出："人才是指具有一定的专业知识或专门技能，进行创造性劳动并对社会作出贡献的人，是人力资源中能力和素质较高的劳动者。"因此，高校加强对大学生创造性劳动能力的培养是加快建设创新型国家的需要。

第二节 大学生创造性劳动能力的构成与提升方法

当今世界正处在大发展、大变革、大调整时期，创新创造能力是衡量一个国家核心竞争力的基本指标。培养和提高大学生创造性劳动能力不仅是实现中华民族伟大复兴的战略抉择，还是大学生自身成长成才的内在需要。

一、创造性劳动能力的构成

（一）创造性劳动意识

创造性劳动意识是根据社会和个体生活发展的需要，发现、发明和创造人类未有或部分未有新使用价值的动机，并在劳动过程中产生创造性劳动成果的思想观念，是创造性劳动的出发点和内在动力，在劳动实践过程中体现为一种求新求变和求真求实的意识。

（1）主观能动意识。创造性劳动意识包括创造性劳动的动机、意向和期望。动机是引起思考或行为的直接原因，动机的产生与人的期望有关；期望是人们希望达到的目标或满足需求的心理活动。期望一旦成为驱使人们行动的力量，就会形成动机，成为推动人们进行某种活动的强大动力。人们根据社会和个体发展的需要产生创造动机，表现出创造性劳动的意向和期望，这种创造意向和期望就是创造性劳动意识。劳动是人类有目的、有意识的能动活动，是一个主观见之于客观的过程。人与动物的根本区别就在于主观能动性。蜜蜂筑巢、蜘蛛织网的行为看似有某种预定的目标和计划，实则是一种动物本能的活动。人类的劳动形式无论是创造性劳动还是重复性劳动，都源于主观意识。

（2）求新求变意识。创造性劳动是一个从无到有，不断推陈出新、破旧立新的过程。进行创造性劳动，要培养和形成求新求变意识，要勇于对传统的观点和固化的模式提出挑战和质疑。古训有"木秀于林，风必摧之"，民谚有"枪打出头鸟"等，这些传统观念制约着部分人创造性劳动的激发。因此，创造性劳动意识的培养就是促使学生形成一种敢于抛弃旧观念和旧事物、不断追求新知识、勇于创造新观念和新事物的求新求变意识。

（3）求真求实意识。创造性劳动是生产和创造新的使用价值的过程，要使创造性劳动成果具有使用价值，就应尊重客观规律，寻找和发现事物的客观规律，按照规律办事，就是一个求真求实的探索过程。因为创造性劳动只有符合客观规律，才能转化为创造性劳动成果，求真求实本身就是进行创造性劳动的过程。例如，科学研究活动作为一种创造性劳动，主要目的在于认识世界、寻找客观世界的内在规律，培养创造性劳动能力就要培养和形成一种求真求实意识。

（二）创造性劳动思维

创造性劳动思维是人们从事创造性劳动时大脑中发生的思维活动，是人类认知新领域、开创人类认知新成果的思维活动，具有灵活性、非逻辑性和不确定性等特点。

（1）灵活性。创造性思维活动在考虑问题时能迅速地从一个思路转向另一个思路，能变换视角看待问题，多方位地探究解决问题的办法。例如，人们印象中的咖啡厅一般被界定为休闲场所，但在星巴克等咖啡品牌的引领下，咖啡厅以白领第三空间的形象出现在市场竞争格局中，体验、休闲、社交成为咖啡厅的固有形象。上海的南阳路上有一家只有 2 平方米空间的咖啡店，该店只卖外带咖啡，尽管空间狭小，但这家咖啡店售卖的咖啡口味好且种类全，小小的窗口每天都排起长长的队伍，每月收入超过 10 万元。

（2）非逻辑性。创造性思维活动是一种开放的、灵活多变的思维活动，它的发生往往因人而异、因时而异、因问题而异、因对象而异，具有"灵感""顿悟"等随机性、非逻辑性特点。人类关于创造性劳动思维和创造性劳动的成功范例，验证了非逻辑思维活动在创造性劳动中的不可替代性，如牛顿发现万有引力定律，就是由苹果落地这一现象引发的灵感及其在此基础上顿悟产生的突破。需要说明的是，创造性思维的过程一般既包含逻辑思维，又包含非逻辑思维，是两者相结合的过程。为何只有牛顿看到苹果落地才能激发灵感，提出万有引力定律呢？原因在于，牛顿在此前已深入学习、研究过伽利略关于潮汐现象和地球运动的理论，并受到开普勒第三定律的启发，且观察和思考了很多反映地球引力的现象，才能对苹果落地的现象产生"灵感""顿悟"，并在这种"灵感""顿悟"的基础上通过多年的研究完成了万有引力定律概括。

（3）不确定性。创造性思维活动从现实活动和客体出发，它的指向不是现存的客体，而是一个潜在的、尚未被认识和实践的对象。创造性思维的对象或者是刚刚进入人类的实践范围、尚未被人类所认识的客体，人们只能猜测它的存在状况；或是人们虽对其有了一定的认识，但认识尚不全面，还可从深度和广度上认识的客体，这两类客体无疑都带有潜在性。创造性思维活动是一种探索未知的活动，受多种因素的影响，事物发展及其本质暴露的程度、实践的条件、认识的能力等都影响创造性思维的形成。例如，100 多年前，美国莱特兄弟提出要造飞机。比空气重的东西要飘在空气中，这是不是可行？在当时的知识条件下，这是不确定的。第二次世界大战期间，美国要研制核武器。核裂变能不能产生那么大的能量爆炸，这在当时也是不确定的，只有在新墨西哥实验成功之后，才能说这是可能的。同样，以 iPhone 手机为例，当乔布斯提出要用多点触控技术来替代键盘时，连苹果公司的技术专家都不看好，但最终 iPhone 手机取得了成功。

（三）创造性劳动知识

知识是思维能力的重要组成部分，是人类思维活动的基础。创造性劳动在创造新产品、新技术、新方法、新思想或新理论的过程中，必然要以掌握一定的知识为基础，通过对已有知识进行消化、吸收、加工，创造出新的使用价值。创造性劳动的完成绝非偶然，需要知识积累到一定程度才有可能发生。如果对于事物只有支离破碎的知识，很难激发出创新的"灵感""顿悟"，可见创造性劳动必须建立在一定的知识积淀之上。

知识创造理论之父——野中郁次郎将知识分成显性知识和隐性知识两种类型。显性知识是指能够明确用数字、语言、图表和实物等加以表达或传播的知识，可以通过口头传授、教科书、参考资料、期刊、专利文献、视听媒体、软件和数据库等方式获取。大学生在校学习过程就是一个相关专业显性知识获取和接收的过程。隐性知识是指一种不能被编码的知识，只有通过非正式的学习行为和程序来获得。显性知识和隐性知识共同组成了知识的共同体，彼此不断地碰撞，从而产生新的知识。创造性劳动过程就是通过隐性知识和显性知识互相作用、互相转化形成的螺旋上升的知识转化与创新过程。

二、提升创造性劳动能力的方法

创造性劳动方法是对前人通过创造性劳动得到创造性成果所运用的各种具体方法和技巧的统称，主要有以下几种方法：

（一）逆向思维法

逆向思维法是指在常规的逻辑思维过程不能奏效的时候，运用不同于常规的逻辑进行推导、思考，从而实现创造发明的方法，也就是我们常说的"反其道而行之"。逆向思维并不是主张人们在思考问题时不受限制地胡思乱想，而是训练一种小概率思维模式。逆向思维是发现问题、分析问题和解决问题的重要手段，有助于克服思维定式的局限性，是完成创造性劳动的重要方式。例如，法拉第发现电磁感应现象就是逆向思维法的一个典型例子。1821 年，丹麦的奥斯特发现了通电导线旁会产生磁场，这一发现启发了法拉第，他反过来思考：既然由电可以产生磁场，那么由磁场是不是可以产生电？于是，他开始探索由磁产生电的途径，经过多年的艰苦努力，终于在 1831 年发现了电磁感应定律，为人类大规模地利用电力奠定了坚实的科学基础。

（二）发散思维法

发散思维法是从一个目标或思维起点出发，沿着不同方向，顺应各个角度，提出各种设想，寻找各种途径，解决具体问题的思维方法。发散性思维要求我们想得多、想得散、想得奇、想得新。例如，罗马一出版商为售出滞销的书，想尽办法托人给总统看，但总统工作很忙、无暇顾及，再三请求提意见，总统随便说了句："此书甚好。"该出版商马上推出广告词"现有总统评价很高的书出售"，结果积压的书一售而空。另一出版商见状，也用此法，总统被利用了一回，这次说了句："此书很糟。"相应出台的广告词为"兹有总统批评甚烈的书出售"，结果书也很火爆。又一出版商马上也送了一套书给总统，总统这次决心不加理睬，于是该出版商的广告词为"连现有总统也难以下结论的书出售。"结果书的销路居然也很好。可见，同样的问题运用发散性思维，从不同的角度和方向去思考，往往会有意想不到的结果。

（三）类比法

类比法是在两种以上不同的事物之间找出相同点，或者在看似相同的事物之间找出不同点，是创造性劳动的重要方法。正如德国哲学家康德所说："每当理智缺乏可靠论证的思路时，类比这个方法往往能够指引我们前进。"类比法是一种从特殊到特殊的"由此及彼"的逻辑思维过程，在探索经验不足、资料欠缺和其他方法难以奏效时，运用类比法可能会发现特殊事物之间的联系，可以进一步具体化为模拟方法。运用类比法取得创造性成果的例子在人类创新史上不胜枚举。例如，人们曾模拟海豚的流线型体形和特殊的皮肤构造，设计出具有同样体型和利用橡胶薄膜制作的"海豚皮"潜水艇；数学家莱布尼茨模仿中国"八卦图"原理，建立二进位制数学等。这些都是运用类比法成功完成创造性劳动的典型案例。

（四）组合法

组合法就是将两个或两个以上的要素、手段、原理、产品，或几个各自独立的发明等结合为一体，从而产生新的发明（如新材料、新工艺、新产品、新设备）的一种创造方法。很多创造性劳动成果都是通过组合法实现的。美国阿波罗登月计划总指挥韦伯曾说："我们所用的技术都是已有的、现成的，关键在于组合。"

组合法包括功能组合、构造组合、成分组合和材料组合等。其中，功能组合就是把不同物品的不同功能、不同用途组合在一个新的物品上，使之具有多种功能和用途。按摩椅就是按摩功能和椅子功能的结合体。构造组合是把两种东西组合在一起，使之有了新的结构，并带来新的实用功能的方法。比如，房车就是房屋与汽车的组合，它不仅可以作为交通工具，还可以作为居住的场所。成分组合是将两种成分不相同的物品组合在一起，从而构成一种新的产品的方法。材料组合是将不同材料组合在一起，不仅可以改善原物品的功能，还能带来新的经济效益的方法。例如，现在电力工业使用的远距离电缆，内芯用铁制造，外层则用铜制造，由两种材料组合制成的新电缆不仅保持了原有材料的优点（铜的导电性能好，铁的硬度高），还大大降低了输电成本。

（五）头脑风暴法

头脑风暴法也称智力激励法，由美国创造学家 A. F·奥斯本于 1939 年首次提出，后来发展成为一种激发创造性思维的重要方法。它以小型会议为组织形式，让所有参加者在愉快的气氛中畅所欲言，自由交换想法或点子，并以此激发与会者的创意及灵感，使各种设想在相互碰撞中激起脑海的创造性"风暴"。随着科学技术的进步，创造性劳动日益社会化，创造性劳动的方式也由依靠个人的聪明才智发展到依靠集体的智慧，集体智慧在创造性劳动中发挥的作用越来越突出。采用头脑风暴法组织群体决策时，小组人数一般为 10～15 人，最好由不同专业或不同岗位组成；时间一般为 20～60 分钟，设主持人一名，主持人只主持会议，对设想不作评论。主持人以明确的方式向所有参与者阐明问题，说明会议的规则，尽力创造融洽轻松的会议气氛。主持人一般不发表意见，以免影响会议的自由气氛，而是由专家"自由"提出尽可能多的方案。

第三节　大学生创造性劳动的实施

大学生创造性劳动能力提升以课堂教学、劳动实践为突破口，坚持有计划、有组织、有目的地组织学生参加各种创造性实践活动，积极推动高校劳动教育与创新创业教育相融合，增强学生的劳动观念和创造意识，培养学生的生活、生存技能，在动手动脑中培养学生创新意识和实践能力，促使学生全面发展。

一、指导思想

以习近平新时代中国特色社会主义思想为指导，坚持立德树人的根本任务，按照加强创造性劳动能力的要求，鼓励学生参加各类创造性劳动，努力提高大学生创新能力和实践能力。

二、培养目标

（1）价值目标。培养大学生的事业心和开拓创新能力，养成积极的劳动素养，树立终身学习的理念，引导大学生实现人生的自我价值。

（2）知识目标。帮助大学生掌握创造性劳动的内涵、特点与类型，掌握创造性劳动的构成及方法，了解创造性劳动能力培养的必要性和相关知识。

（3）能力目标。通过创造性劳动能力培育，增强大学生劳动意识，确立创新创业目标和人生目标，在全球科技革命与产业变革及国内经济发展新常态下，表现出较强的创新创业能力。

（4）课程思政目标。在内容学习过程中，运用劳动模范案例，弘扬劳动精神、劳模精神，培养大学生的创新意识、创新技能和创新思维。

三、实施方案

（一）实施劳动创新训练行动

以科技创新类训练计划为抓手，将劳动教育融入各种创新创业训练计划中。建立学科交叉、共同参与的创新创业机制，将"企业出题、高校揭榜"融入大学生创新创业训练计划中。

实施"专业+创新创业+劳动教育"项目。结合专业课程，在专业教学中融入"创新创业+劳动教育"，通过知识体系的学习让学生在尊重知识、尊重老师、尊重创造的过程中尊重劳动。

开设创新特色课程。对现有课程不断创新和完善，以劳模、大国工匠等素材充分阐释新时代劳模精神的丰富内涵，培养大学生劳动价值观，增强劳动意识。

（二）实施"劳动+赛事"行动计划

以"互联网+""挑战杯""创青春"等大赛为龙头，促进劳动教育融入"双创"竞赛活动、学科竞赛活动中。举办以劳动育人为主线的创新创业大赛，设置以"劳动"为核心的板块，即公益劳动创业项目、劳动创意项目、商业企业项目三大板块。完善创新创业竞赛奖励办法，推动专业教师指导大学生参与劳动创新实践活动。

（三）实施"劳动+社团"扶持行动计划

高校充分发挥学生社团在劳动创新中的作用，实施"劳动+社团"扶持行动计划，激发"三创"协会、家教协会、发明协会等学生社团开展劳动创新实践活动的主动性和创造性，培育一批创新型、示范型学生社团，打造一批"劳动+社团"精品项目。

第四节 长江师范学院创造性劳动案例

长江师范学院始终将培养大学生创造性劳动能力贯穿于人才培养的全过程。创新劳动教育形式，提升大学生创新创业实践能力，依托创新基地等"双创"平台，构建"院级—校级—市级—国家级"创新创业训练计划平台，引导学生"线上线下"互动、开展创造性劳动，坚持脑力劳动与体力劳动相结合，激发学生创新创业兴趣，训练学生的劳动技能，提升学生的创新创造能力。以中国国际"互联网+"大学生创新创业大赛、"挑战杯"全国大学生课外学术科技作品竞赛等学科竞赛为抓手，着力培养大学生"科学+创新思维"，引导学生在劳动中形成进取创新精神。通过实践，使学生开阔视野，巩固和运用理论知识，培养分析问题、解决问题的能力；增强劳动意识，形成创新创业精神。

一、"劳动教育+创新创业"实践活动

高校作为创新创业的重要高地，应发挥国家创新创业的"桥头堡"和主力军作用，为我国产业创新升级、经济增速换挡和国家长远发展提供全面的创新型人才和智力支撑。劳动教育能够为创新创业提供正确引导，创新创业能够为劳动教育注入创新活力。

案例：中国国际"互联网+"大学生创新创业大赛

中国国际"互联网+"大学生创新创业大赛（以下简称"互联网+"创新创业大赛）是由教育部与政府、各高校共同主办的一项技能大赛，是目前国内影响

力极大的大学生赛事，是劳动教育与创新创业融合发展的重要体现。大赛自2015年开办以来，每年一届，其间涌现出一大批科技含量高、市场潜力大、社会效益好的优秀项目。中国国际"互联网＋"大学生创新创业大赛紧扣国家发展战略，以赛促学、以赛促教、以赛促创，一方面可以激发大学生的创造力，培养大学生成为"大众创业、万众创新"的主力军；另一方面以创新引领创业、以创业带动就业，可以推动高校毕业生更高质量地创业就业，是促进大学生全面发展的重要平台，也是推动产学研用结合的关键纽带。

（一）活动目标

（1）知识目标。通过创造性实践活动，促使大学生掌握创新创业的内涵、特点及构成，了解参与创新创业的重要性，加强对"创造性劳动"的认识，加深对课堂上所学理论知识的理解，实现创造性能力与理论知识的融会贯通。

（2）能力目标。通过创造性劳动提升用理论知识识别、挖掘问题，创造性解决社会经济发展中存在问题的能力，增强大学生职业岗位能力、组织协调能力及沟通表达能力。

（3）素养目标。通过创造性劳动提升大学生的爱国情怀、社会责任感和创新创造精神，增强开拓创新、团队协作等意识。

（4）思政目标。通过创造性劳动引导大学生形成马克思主义劳动观，在劳动创造中实现人生价值，激励广大青年扎根中国大地，了解国情民情，把激昂的青春梦融入伟大的中国梦。

（二）活动内容

围绕"互联网＋"主题，将移动互联网、云计算、大数据、人工智能、物联网、通信技术、区块链等新一代信息技术与经济社会各领域紧密结合，服务新型基础设施建设，培育新产品、新服务、新业态、新模式，发挥互联网在促进产业升级、信息化和工业化深度融合与社会服务中的作用。

（三）活动过程

首先，各二级学院根据学院情况召开动员大会，会议主要围绕以下几方面展开：①宣传参与创造性劳动的重要意义和必要性，鼓励大学生积极参与创造性劳动；②介绍"互联网＋"创新创业大赛，包括比赛的规格、内容、流程等，让大学生对比赛有初步的认识；③进一步分析参加"互联网＋"创新创业大赛的重要性，可以将大学生的创新、创意与社会发展相结合，为国家发展贡献青春力量；

④历届"互联网+"创新创业大赛获奖大学生代表讲话，分享自己的参赛经历和参赛感悟，让大学生对参与"互联网+"创新创业大赛有更深入的体会。

其次，在老师的指导下，收集与整理相关资料，拟定项目选题。在该过程老师主要完成以下几个方面工作：一是积极参与大学生的讨论，在一些关键环节给出自己的建议，不要过度干涉大学生的思考；二是对如何收集和整理资料给予一定的指导；三是积极鼓励大学生多看、多听、多想、多交流，充分发挥自己的创造性能力。

最后，确定阶段性中心任务和工作重点；分解创造性劳动内容，旨在让预期目标具体化、明确化；构建团队组织框架，明确小组成员的任务分工。需要老师全程参与该过程，但不过多干涉大学生工作，仅在需要帮助时给予一定指导。在老师和大学生团队反复讨论、多次修改中，形成"互联网+"创新创业大赛项目申报书。参加"互联网+"创新创业大赛突围赛（校赛），若突围成功，相关老师和大学生团队进一步打磨项目。此外，还要进行项目路演，老师与学生团队反复打磨作品。

（四）活动感想

学生参赛感想（一）

时间追溯到2020年，因为我们第一次参赛，准备不充分，无缘第六届中国国际"互联网+"大学生创新创业大赛现场赛，在指导老师的鼓励下，我们团队没有气馁，保持着"拆了草房盖新房"的勇气，经过一年多的精心打磨，再一次出征，站在了第七届中国国际"互联网+"大学生创新创业大赛的舞台上。因为自己只参加过几次演讲活动，没有进行过系统的培训，锻炼的机会也不多，所以起初参赛时自己心里还有很大的压力。老师不断鼓励我，让我相信任何的付出都是值得的，只要自己尽力了、努力了，便不去计较结果，给自己信心。但是，当走进比赛现场，紧张的气氛迎面而来，从机场到酒店，道路两边挂满了欢迎的横幅，所有人的脸上都洋溢着灿烂的笑容，只有我自己知道，我们团队走到这一步是多么的艰难，这一路的辛酸也让我们满怀期待。

这次比赛让我受益匪浅。比赛中，面对紧张的气氛，要建立起自信和清晰的逻辑。进入候场室，每个人都西装革履，宛如拔刀出鞘的铿锵之音夹着开战的号角声。每一根神经末梢都发出战栗，每一声心跳都在叫嚣。进入赛场，屋内窗帘紧闭，昏暗的灯光映射在评委身上，我故作坚定，拿起话筒开始了我的演讲。随着演讲的深入我变得更加自信，从只为取得优异成绩逐渐转换成朋友之间的经验分享与交流，整个人逐渐放松下来，也为后面思路清晰的答辩提供了良好基础。纵观整个比赛过程，时刻保持自信与清晰的逻辑是成功的关键。这也让我懂得无论在今后的生活中还是在学习上都要始终相信自己的能力，保持清晰的逻辑，认认真真脚踏实地完成好每一件小事。

比赛对我而言不仅仅是取得优异的成绩，更让我对新时代年轻人的使命与担当有了更深刻的理解。中国国际"互联网+"大学生创新创业大赛是覆盖所有高校、面向所有大学生、影响极大的高校"双创"盛会，这里人才济济，一定程度上实现了新时期大学生素质教育的新突破，为当代大学生绽放自我、展现风采、服务国家提供了新平台，为世界创新创业教育提供了中国经验、中国方案，也时刻提醒着我们要"在危机中育新机、于变局中开新局"。培育新机，勇开新局，在什么时候都不言放弃，在什么时候都能抓住机会，这是成功者必备的心理素质。正所谓做难事必有所得，我们只求舒舒服服，只想一成不变，永远开创不了人生的新局面。

比赛虽然已经结束，但生活还在继续。作为处于新时代历史节点上的青年学生来说，我们应该紧跟时代的步伐，牢牢把握住时代发展的趋势，不断学习，不断尝试，始终保持"敢教日月换新天"的昂扬斗志。我们身后有一个强大的祖国，可以让我们更好地立足当下，更好地展望未来。

学生参赛感想（二）

第一次参加"互联网+"创新创业大赛，使我对自己未来创业有了一点感悟。我发现，现阶段更重要的是学好本专业的知识，同时培养自己的兴趣，对自己感兴趣的东西要多学，增加自己的见识。

在参加比赛之前，我从没认真思考过创业，考上大学后，我只是想学好专业知识，毕业之后找一份工资高、福利好的工作。上大学之后才发现"毕业就等于失业"这句话说得一点也没错。也许我说得过于偏激，实际上也没那么严重，但不可否认的是，大学生就业难已成为越来越突出的社会现象。由于高校扩招，大学生已不再是当年的"天之骄子"，随着每年毕业生人数的不断增长，这个问题将愈加严重，若长此以往，会给社会的长久稳定带来影响，甚至是负面作用。在这种情况下，大学生自主创业的提出，不失为解决此问题的一条有效途径，至少它可以暂时缓解目前岗位供不应求的局面。大学生创业是时代的要求，大学生创业是解决大学生"就业难"的有效之路。

这次比赛给了我一些启示：自主创业需要各方面的知识积累，同时还需要社会经验和处理人际关系的能力，以及良好的心理承受能力和风险意识。自主创业的大学生有成功也有失败，并不是每一个人都适合自主创业。因此，我认为大学生选择自主创业要多一些理性。只有具备各方面的条件，有了充分的准备，才能在自主创业中脱颖而出，成为佼佼者。对我来说，如果以我现在的水平，别说是创业，就连开始都不行。我想现在就开始体验创业、学习创业，这个机会不是学校、学院给的，更不是等待的，而是靠自己去实践的。踏出第一步便是一种尝试。我深深明白，自主创业不仅要求我们能结合专业特长，根据市场前景和社会需求，搞出自己的创新成果，还要直接面向市场、面向社会，把研究成果转化为产品，创造出经济效益，使我们由知识的拥有者变成直接为社会创造价值、作出贡献的创业者。当然，这还需要与人合作，有团结协作意识，毕竟社会不是一个人独享的。要成为一名合格的创业者，与人共享、与人合作也是必不可少的重要组成部分。现在有了这个想法，我就应该努力去实践，不要三分钟热度，遇到少许困难就退缩。俗话有说，"行百里者半九十"。现在我和同学合作，让他们督促我，共同努力，每天都提醒自己，不要忘记自己的理想。创业是一个很困难的过程，但社会需要勇于尝试的拓荒者，我会加倍努力，使自己成为一个成功的创业者和就业者！

学生参赛感想（三）

"互联网+"创新创业大赛为我们当代中国青年学生提供了一个立大志、做大事的平台，让我们有机会站在求学报国的广阔舞台上。习近平总书记嘱咐我们，"青年要立志做大事，不要立志做大官"。那么，什么叫做立志做大事？我想就是始终把眼光投向那些对国民经济发展有重要作用的事业中去。"互联网+"创新创业大赛为青年学生提供了一个这样的广阔舞台，在"互联网+"创新创业大赛的舞台上，来自全国的众多紧跟前沿科技发展步伐、瞄准国家重大战略需求的项目被孵化，在广大学生心中深深地种下"求学报国、科技报国"的种子。作为大学生的我们，更应贯彻思想，争做创新创业的优秀人才，发展祖国宏大事业。

"互联网+"创新创业大赛旨在激发大学生的创造力，激励广大青年扎根中国大地，了解国情民情，锤炼意志品质，开阔国际视野。对参加本次活动的大学生来说，定受益匪浅。对观看了比赛的大学生来说，同样也是一个宝贵的机会，去学习，去积累知识，从而更好地致力于创新创业。在创新创业中增长智慧才干，把激昂的青春梦融入伟大的中国梦，努力成长为德才兼备的有为人才。

此次大赛深化了高等教育综合改革，激发了大学生的创造力，培养了"大众创业、万众创新"的主力军。此次参加大赛我受益匪浅，从中学到了很多，弥补了以前的不足，成就了更好的自我。

二、"劳动教育+社团+专业竞赛"实践活动

古希腊学者罗塔戈（Plutarch）曾言："学生的头脑不是用来填充知识的容器，而是一支需要被点燃的火把。"具有挑战性和竞争性的竞赛就是点燃火把的"火种"，是激活大学生学习能力的有效手段，也是检验、锻炼、提高和展示大学生实践创新能力的有效平台。参加专业竞赛能够帮助大学生将理论与实践相结合，深入理解专业知识，培养学习习惯、探索精神和创新能力。同时，大学生可以通过参加各种专业竞赛进行专业劳动实践锻炼，感受现代科技条件下劳动实践新形态、新方式和职业劳动实践，与时俱进，提高对所学专业发展方向和前沿信息的敏感度，从而做好新劳动形态下的职业规划和发展。

长江师范学院财经学院依托学院金融投资协会，积极鼓励和组织大学生积极参与专业竞赛活动，通过"劳动教育+社团+专业竞赛"三融合发展，在劳动教育中融入专业创造性劳动，在专业竞赛中融合劳动教育，实现劳动教育与专业教育同向同行。金融投资协会是一个为金融、证券等方面感兴趣的同学搭建的一个共同交流、共同学习的平台，社团致力于向大家传播正确的投资理念，传播合理的投资技巧，使同学更加真实地了解金融证券市场。社团由专业教师担任指导教师，主要工作包括以下方面：①举办金融知识竞赛，创造一个让同学了解金融方面的知识平台，锻炼同学的胆识；②举办模拟炒股大赛，通过虚拟模拟，亲手操作，从中学习炒股的技巧，体验炒股的乐趣，培养大学生对金融的兴趣；③不定时举办金融方面的讲座，由专业教师、企业管理人员等进行金融宣讲，增加大学生金融知识，增强理财意识。财经学院以金融投资协会为桥梁，有效地连接劳动教育与专业教育，形成"劳动教育+社团+专业竞赛"三融合发展模式，有效地推动了劳动教育的发展，提升了创造性劳动能力。

案例：第八届"东方财富杯"全国大学生金融挑战赛

（一）活动目标

（1）知识目标。通过活动促使学生掌握专业竞赛的特点与构成，了解参与专业竞赛的必要性与重要性，加强大学生对专业性劳动的认识，进一步加深对课堂上所学理论知识的理解，实现实践能力与理论知识的有效结合。

（2）能力目标。通过活动锻炼创新思维，提高专业能力，强化大学生职业能力，提高团队合作能力和语言表达能力。

（3）素养目标。通过活动提升大学生的社会责任感和创新精神，增强开拓创新、团队协作等意识。

（4）思政目标。通过活动引导大学生形成马克思主义劳动观，在劳动创造中实现人生价值；激励广大青年把激昂的青春梦融入伟大的中国梦，贡献自己的专业力量。

（二）活动内容

围绕专业特点和市场需求，鼓励和支持大学生积极参加"东方财富杯"全国大学生金融挑战赛。在参赛过程中，大学生需要熟悉赛制、了解参赛规则、组建团队、设计参赛项目等，这些内容的筹备与策划无形中培养了参赛大学生的实践能力，强化了他们对学科或专业知识体系的掌握，激发了探索意愿，锻炼了创新能力，完善了参赛者的知识结构，强化了知识之间的关联性，锻炼了类比思维能力，提升了搜索解读大量信息的能力。比赛让学生深刻感受到只有劳动才能实现人生价值，激发劳动创造力。

（1）活动主题："燃财富梦想，登人生巅峰。"

（2）活动对象：长江师范学院全体学生。

（3）活动流程：线下报名，4月27日至29日在北苑音乐厅旁，同学可线下扫码进群，了解比赛相关信息，点击官方链接，选择报名方式进行报名。

（4）活动指导：一是金融投资协会邀请专业老师开展相关讲座，具体讲解比赛相关内容，比赛需要注重的问题，当前社会经济热点专题，比赛中的团队协作等。二是金融投资协会邀请之前比赛获奖同学进行经验分享，主要围绕专业学习、实践锻炼、比赛准备、比赛操作等方面展开，并与同学进行深入的沟通和交流。

（三）活动成果

谈军、杨萍、谭欢团队荣获第八届"东方财富杯"全国大学生金融挑战赛省赛一等奖。徐思杰、田丽、罗政东团队荣获第八届"东方财富杯"全国大学生金融挑战赛省赛一等奖。

（四）活动感想

学生参赛感想（一）

经过这次模拟操作，我学到了很多。股市是有风险的，在我看来，炒股所得的收益无非就是你向风险挑战所得的补偿，赢就得利，输就亏损。如果你没有树立良好的心态，是无法承受亏损带来的压力的，而且亏损很容易使我们丧失理智，难以做出明智的决策，难以在卖与留之间抉择。一开始的我的确就是这个样子，这时候就需要有一种果断的精神，快速根据新形势做出反应，因为你多耽搁一分钟，随之而来的可能是巨额损失。特别是追涨型买入，一旦发现判断失误，应果断地卖出股票以止损，在一直以来的模拟炒股中，我很庆幸学到了这一点，在最后时刻避免了巨额损失。同时，最好分清自己是搞短线操作还是中长线操作，如果搞短线操作，更要懂得及时止损，使自己的损失最小化。

我对股票理解：水溢满则船高，水枯竭则船浅。资金大量涌入则股价涨，资金大量流出则股价跌。所以说，一个能够准确分析并正确判断大盘走势的人，才是真正的赢家。我们要做的就是，通过分析找出水溢满和水枯竭的时机。

模拟炒股的软件分析得十分精确，可以及时了解各个股票的走势，然后根据每一只股票在那个阶段的委比、涨幅、外盘、内盘，判断此时买方与卖方力量孰强孰弱。卖方占优势的时候，一般价位会往下跌，当价位跌到一定程度时，会有人趁低买进，这样买方与卖方又会有一场激烈的较量；买方占优势的时候，价位会回升，在操作中看准机会就低买进是一项不简单但又最能获利的办法，这需要长年累月的经验，因此我仍有待提高这方面的能力。

那么如何分析股票，如何选择？我个人的见解：在模拟炒股时，一定要有自己的选股思路，不要碰自己不怎么熟悉的股票，选择几只股票坚持每天观察其走势，关心该公司的一切公告信息，运用专业知识判断该公司的生产经营状况及发展前景，然后再决定是否买进。这样，我们的操作才不至于出现失误。时刻关注那些上市公司的信息，把握住掘金的机会，行情的启动或者扭转，可能就是那些利好、利空带来的，所以我们永远不能与市场脱节，关注行情才能让自己在投资上获得盈利。在此次"东方财富杯"全国大学生金融挑战赛的比赛中，我有以下心得：

首先，我们往往从基本面看一只股票的成长潜力，看是否值得买入。但是，买点的选择需要用技术方面的知识来确定。

其次，分析国内外的政治、经济、金融形势，我认为这是非常重要的。一个稳定的政治环境和良好的经济秩序是最根本的前提，这体现了和平发展的重要性，先和平才能发展。

最后，政府对股市及市场所采取的政策。在任何国家，谁都不敢忽略政府对市场经济的影响力，尤其在中国，政府的宏观调控政策直接连通着股市的大动脉。股市中除了风险，还有运气，但运气是否到来取决于你有没有把握住机会，看准机会就要立即出击，机会往往留给有准备的人。

学生参赛感想（二）

在此次"东方财富杯"全国大学生金融挑战赛中，我有以下感想：

首先，股市是有风险的。在我看来，炒股所得的收益无非就是你向风险挑战所得的补偿，赢就得利，输就亏损。如果你没有树立良好的心态，是无法承受亏损带来的压力的，而且亏损很容易使我们丧失理智，难以做出明智的决策，难以在卖与留之间抉择。一开始的我的确就是这个样子，这时候就需要有一种果断的精神，快速根据形势做出反应，因为你多耽搁一分钟，随之而来的可能是巨额损失。特别是追涨型买入，一旦发现判断失误，就应果断地卖出股票止损，在一直以来的模拟炒股中，我很庆幸学到了这一点，在最后时刻避免了巨额损失。同时，最好分清自己是搞短线操作还是中长线操作，如果搞短线操作，更要懂得及时止损，使自己的损失最小化。

其次，良好的操作策略对参赛的选手尤其重要。在选股方面，一直都要选自己比较熟悉的股票。不要买你不熟悉的股票，选择几只股票坚持每天观察其走势，关心该公司的一切公告信息，了解这些公司的生产经营状况及未来的发展趋势。开始的时候，由于自己比较急，大量进行短线操作。在风险管理方面，没有理会"不要把全部的鸡蛋放在同一个篮子"里的原则，经常一味地全仓操作，投机心态太强，始终认为只是一场游戏。后来明白，心态是在股市保持少亏多赚的重要条件。不要轻易听信别人的评论，至少要有正确的分析和判断。要树立一种正确的投资理念，充分了解一只股票的投资价值，做到不怕、不贪，不因市场的短期波动而惊慌失措。短线操作要学会控制仓位，尽量不满仓，设定止损，见好就收。买卖股票不要奢望能买到最低、卖到最高，因为最低和最高可遇而不可求。技术分析可以作为把握进出时机的必要参考，贯穿到整个操作过程当中，这样短期技术指标的综合运用效果会更好。一味地全仓未必可取，学会适时空仓才能有效地化解风险。当选出的某些股票指标提示不理想时，就把它排除，不要怀疑自己的选股思路。

最后，在跟随市场投机炒作的同时，不要忘了随时可能出现的短期风险。当投机气氛过浓时，留一份清醒。技术分析对投资领域人士来说是一个必须学习和应用的工具，学习技术分析的过程是一个挑战自我的过程。人们相信凭着智慧和勇气，热忱和汗水可以使其跻身于成功者行列。

作为一名当代大学生，多学习、多了解金融知识是非常有必要的。"东方财富杯"全国大学生金融挑战赛就是一个很好的平台。在大学的前三年里，只要看到学校有关该比赛的通知发布出来，我就会积极报名。在最近这次比赛中，我获得了省级比赛一等奖。今后，我会继续学习金融知识，等到相关的知识比较丰富时，我也会尝试实战，但也会始终牢记"投资有风险，入市需谨慎"。

【思考题】

[1] 什么是创造性劳动？创造性劳动具有哪些特点？

[2] 什么是创造性劳动能力？创造性劳动能力包括哪些方面？

[3] 大学生应如何培育和提升自身的创造性劳动能力？

【拓展与实践】

每位学生参与 1 项创造性活动，结束后需提交 1 篇活动感想。

【参考文献】

[1] 野中郁次郎，绀野登．创造知识的方法论［M］．马奈，译．北京：人民邮电出版社，2019.

[2] 托马斯·L. 萨蒂．创造性思维：改变思维做决策［M］．石勇，李兴森，译．北京：机械工业出版社，2017.

[3] 周苏，褚赟．创新创业：思维、方法与能力［M］．北京：清华大学出版社，2017.

[4] 赵培兴．创新劳动价值论——论超常价值［M］．北京：人民出版社，2014.

第七章　大学生服务性劳动

 【核心内容】

☑服务性劳动的内涵及构成

☑提升大学服务性劳动能力的必要性

☑提升服务性劳动能力的实践活动开展

☑大学生服务性劳动能力的培养

【学习目标】

通过学习服务性劳动的内涵、特征与构成，以及加强服务性劳动能力培养的必要性，自觉参与教室、食堂、校园场所的卫生保洁、绿化美化和管理服务等，积极参与"青年红色筑梦之旅""三下乡"等社会实践活动，增强公共服务意识和面对重大灾害等危机主动作为的奉献精神。

【延伸阅读】

奋斗者，正青春

刚刚毕业的大学生刘品瑶，作出了一个重要的决定：用自己人生中第一份工资（3000元）购买彩笔、文具盒等学习用品和牛奶、面包等生活用品，全部捐赠给兰州市儿童福利院。"这是我毕业以来的第一份工资，我要把这份特殊的礼物送给福利院的孩子们，做自己想做的最有意义的事。"刘品瑶腼腆地笑着说。

刘品瑶毕业于甘肃农业大学财经学院，她在工作之余，会经常做一些力所能及的公益。"展我所长，尽我所能，倾我热情回报社会。"她这样想，更这样做。

说起自己的公益之路，刘品瑶有些害羞，她告诉记者，自己做的只是一些比较零散、普普通通的公益工作，和身边许多"公益星"相比，这些都微不足道，还需要不断努力。不积跬步，无以至千里，点点微光也能汇成爱的暖阳。

"公益服务过程就是奉献爱心的过程，我们每一名志愿者就像是一颗颗种子，将爱洒向大地。只要积小善为大善，这个社会就会变得更加美好，"刘品瑶说，"参加公益活动既锻炼了自己，又能让她认识很多热爱公益的好朋友，我将沿着公益的道路继续走下去，有一分光，就发一分热。"（选自 2022 年 10 月 22 日《兰州日报》）

第一节　服务性劳动的内涵与构成

一、服务性劳动的内涵

服务性劳动是指利用知识、技能、工具、设备等，为他人和社会提供服务，以增进国家和社会公共领域及个人福祉为目的的劳动，具有明显的公益性和利他性特征。服务性劳动本质上属于马克思主义劳动，根源于引导学生认识劳动的本源性价值，即劳动不仅创造了世界，还创造了人本身，它引导学生树立正确的劳动价值观，摆脱不愿劳动、不珍惜劳动成果的错误观念，是人类特有的、有目的的、对象化的实践活动。

1981 年 4 月，教育部颁发的《全日制六年制重点中学教学计划（试行草案）》，明确将服务性劳动纳入劳动技术课，以引导学生树立正确的劳动价值观。2020 年 3 月，中共中央、国务院印发的《关于全面加强新时代大中小学劳动教育的意见》提出加强服务性劳动教育，强调"注重选择新型服务性劳动的内容"。2020 年 7 月，教育部印发的《大中小学劳动教育指导纲要（试行）》再次强调加强服务性劳动教育。

二、服务性劳动的特征

服务性劳动与日常生活劳动、生产劳动相比，更突出社会本位与利他属性，具有以下特征：

（一）进阶性

一方面，党和国家在深入把握服务性劳动整体性规律的基础上，科学谋划服务性劳动的体系架构，建构系统性的服务性劳动体系，这是开展服务性劳动的首要前提与根本保证，具有战略性、方向性与全局性。另一方面，党和国家在深入洞悉各学段学生成长成才规律的基础上，提出了进阶式服务性劳动目标，有效地实现了各学段服务性劳动的衔接式、贯通式发展。《指导纲要》提出，小学低年级强调服务性劳动情感启蒙，即从生活起居出发，鼓励学生在服务性劳动体验中萌生推己及人的服务性劳动情感，引导其主动观察、积极找寻身边的服务性劳动需求；中高年级强调服务性劳动意识的培育，引导学生在公益劳动、社区环保等力所能及的志愿服务实践中感悟劳动奉献的力量，逐步养成热爱劳动、服务他人的意识；初中强调社会服务意识与责任意识的培育，引导学生在助残、敬老、扶弱等服务性劳动中增强与社会的联系，培育和塑造道德意识与担当精神；普通高中强调要主动服务社会，引导学生在服务性劳动岗位的选择与志愿服务活动的参与中，强化服务他人、奉献社会的意识，增强社会责任感；职业院校注重职业责任感的培育，引导学生运用专业技能为他人提供公益服务；普通高等学校强调养成服务奉献精神，引导学生参与大学生志愿服务、西部计划等志愿活动，培养公共服务意识与奉献精神。

服务性劳动的规律性表明：在服务性劳动教育体系中，随着学生学段的增加，服务性劳动教育的使命与要求逐渐深化，从服务性劳动情感启蒙、服务性劳动意识培育、服务性劳动实践到服务奉献精神深化，是一个由己及人、由思想到行动、再由行动到思想的过程。

（二）体验性

体验作为个体与其所处环境进行交流与互动不可或缺的方式，通过实践唤醒、挖掘与提升学生的学习兴趣与潜能，引导学生检验与确证理论学习的意义与价值，促进学生认知、态度、情感等的和谐发展，实现知与行的统一。著名教育家杜威说过，"所有真正的教育都来自体验"，还强调富含教育意义的体验必须具备连续性与交互性，其中连续性能够实现身与心、学与做、个体与社会、理论与实践的沟通与连结；交互性即个体与其所处环境的交流与互动。

服务性劳动不仅通过理论学习引导学生认知并理解马克思主义劳动教育的要义，还引导学生在理论学习的基础上通过服务性劳动体验掌握服务性劳动知识与技能。服务性劳动能为学生提供检验所学服务性劳动理论知识实效性的场所，让学生更加深刻地认识到所学知识的实践应用价值与不足之处，并在为他人与社会服务奉献的过程中，增强与社会的联系。在为他人和社会付出服务性劳动的同时，体会劳动获得感，实现身与心、学与做、个体与社会、理论与实践的沟通与联结，以及个体与其所处环境的交流与互动。

（三）利他性

服务性劳动与日常生活劳动和生产劳动统合于劳动教育体系之下，相对于日常生活劳动与生产劳动而言，服务性劳动更突出社会本位与利他属性，强调个体在服务性劳动体验中增强与他人和社会的联系，更好地为他人和社会服务。

利他性蕴含着价值理性，强调个体行为对他人和社会需求满足的意义，其精髓在于公共关怀。随着生产力的发展，人们的消费能力日益提升，其背后暗含着一股标榜自我价值的消费主义错误思潮。这种思潮以渲染、斗争、博弈的形式冲击着主流劳动价值取向，使人们为实现某种程度的自我需要与满足而消费，甚至演变成对商品的盲目崇拜。奉献、道德、利他、公益、助人等德性逐渐被以物欲、利己、功利为内驱动力的消费主义所消弭，主动奉献者不仅得不到肯定与赞扬，反而会受到猜疑与嘲笑，大大消解了人们的劳动奉献情绪，阻碍了公益精神的弘扬与普及，易使学生陷入迷惘状态，阻碍其正确劳动价值观的形成。

服务性劳动通过有目的、有计划地引导学生参与校园环保活动、社区服务、志愿服务活动等形式，领会服务性劳动教育的精神内核，培养为他人和社会劳动的意愿与情怀，学会换位思考他人和社会的所需所求，并为其提供有针对性的服务性劳动，具有显著的利他性，与"为人民服务"的教育方针相契合。在服务奉献的过程中得到他人的尊重与认可，可以使其坚定参与服务性劳动的信心和决心，有利于消除消费主义错误思潮及其所引发的物欲膨胀、公益缺失、道德冷漠问题，这也是服务性劳动价值理性与公共关怀有机统一的重要彰显。

三、服务性劳动的构成

（一）关爱型服务劳动与公共型服务劳动

从劳动指向的对象来看，服务性劳动可以划分为关爱型服务劳动和公共型服务劳动两种类型。

1. 关爱型服务劳动

脑科学研究发现，在帮助他人过程中，施助者在观察、接触受助者时，会自动激活观察者加工自身相应情绪的脑区，并伴随生理唤醒、面部表情的自动模拟及匹配他人躯体动作等具身现象。在这个过程中，同时发生着自下而上的情绪共情和自上而下的认知共情两个相互影响、相互作用的过程。

情绪共情的发展主要受共享表征的影响。共享表征是施助者与受助者相同或相近的经历或情绪体验中重复的部分，当共享表征多时，人就更容易采取施助行为；反之，则较少。认知共情的发展主要受执行功能的影响，它控制人们将主要精力用于关注他人的想法和感受，并思考如何采取助人行为。无论是共享表征还是执行功能的发展都不是与生俱来的，而是需要在助人活动中不断练习提高。关爱型服务劳动本质上属于助人活动，它往往以身边相对弱势的个人或群体为对象，如为长者、孤儿、残障人士等提供力所能及的服务。在这些劳动中，学生不断增加与他人相似经历和情感的体验，理性思考他人所思、所想、所需，采取适当行为助人，进而提升情绪共情和认知共情协调配合的能力。

在关爱型服务劳动中，学生直接面向受助者，能直观看到他们的生活境况和遭遇，比较容易引发学生的情绪共情，激发其助人为乐的意愿和热情。但是，如果关爱型服务劳动安排不当，容易产生"同情疲劳"。"同情疲劳"的出现与此类活动安排过多或引导不够有关。若为"走马观花"式的关爱型服务劳动，学生与受助者之间的深入交流会少，他们之间的共享表征就较弱。浅层的交往也会造成学生难以了解受助者所想、所感、所需，对他们的认知与了解易浮于表面。要实现关爱型服务劳动的系统化、深入化，需要学校与受助者或受助组织达成长期合作协议和计划，如与当地孤儿院、养老院等建立合作关系，定期去孤儿院照顾儿童、去养老院照料老人等，甚至还可以制定多对一帮扶机制，几个学生组成团队共同帮扶一个受助者，利用课余时间结对或轮流对其进行深入、细致的照料。在长期相处过程中，学生与受助者的交流逐渐深入，逐渐提升学生设身处地、推己及人的能力。深度照料中涉及的关爱型服务劳动的内容、形式更为丰富和多样，能提升学生的服务劳动技能。在深入交往中，学生不仅能体会人与人之间的温情、人与人互助互利关系的意义，还能体会生命的可贵和爱的伟大。

2. 公共型服务劳动

公共型服务劳动使学生的服务对象和范围由个人扩展为群体，甚至是一个民族或全体国民。公共型服务劳动的受助对象主要是群体，甚至有时这个群体是难以具体化的。比如，学校组织的校外公共区域打扫，其服务的对象是所有路过、使用这些公共区域的人，其中既可能有该区域的居民，也可能有路过的行人，而行人的职业可能各不相同。因此，当学生在打扫这些区域时，其服务的对象是将要路过、使用这些区域的所有人的集合体。当服务对象不具体时，学生与服务对象的共享表征就难以明确，情绪共情处于相对较低的水平。当服务对象指向不明确时，感知服务对象处境就会更加困难，即对学生认知共情能力提出了更高的要求。因此，学校在组织公共服务劳动时，可根据学生对服务群体的熟悉程度进行排序，先组织学生服务比较熟悉的对象，然后依次服务相对不太熟悉的群体。比如，学校可以先让学生参加校内服务或公共区域的劳动，再逐渐扩大到社区服务和校外交通、校外医院、火车站等学生常接触到的岗位服务，有条件的学校和高年级的学生还可以参加赛事服务、会议服务、职业体验或实习等专业性程度更高的服务性劳动。教师还可以通过向学生介绍服务对象中有代表性的个体来增加服务群体的鲜活性，提高学生的共享表征能力，并在活动开展前向学生讲解必要的知识，在活动中给予针对性的指导，在活动后引导学生进行劳动反思，从而增强学生的执行功能，提升认知共情的水平。

（二）服务性劳动具体内容

从服务性劳动具体内容来看，主要包括以下 12 类：

（1）大型活动服务。大型活动服务是指全国、省、市、县（区）级行政区域内大型社会公益活动的现场引导、信息咨询、语言翻译、礼仪接待、团队联络、应急救助、技术指导和秩序维护等服务。该劳动有助于展现城市的良好风貌，推动社会文化、体育、艺术等的发展，保障大型活动顺利开展，如北京冬奥会志愿活动。

（2）应急救援服务。自然灾害、重大事故、公共卫生和社会安全事件发生后，当地人民政府设立应急指挥机构统一指挥协调，开展防灾救灾、心理干预、医疗卫生和排危重建等服务，体现的正是"一方有难、八方支援"的友爱与团结。通过各类援助，帮助受灾地区尽快战胜各种灾害，给灾区带去希望和温暖。

（3）社会公共服务。社会公共服务是指为协助党政部门或者其他各类社会机构实现各种公共服务职能而提供的维持秩序、教育群众和疏解情绪等服务。这类志愿服务有助于维护社会秩序，增强群众的文明意识。志愿者化身为城市文明使者，成为最亮丽的宣传名片，他们通过自己的行为，让更多的群众了解文明行为，并自觉践行文明行为，共同维护城市的美好环境、社会秩序。

（4）生活帮扶服务。生活帮扶服务是指为孤寡老人、病残人员、农村留守人员和外来流动人员等弱势群体提供必备的生活物资、精神慰藉和文化娱乐等服务。这类服务项目通过为他人提供帮助，让受助者在身心上获得关怀，感受社会和他人的温暖，树立积极向上的生活目标。

（5）支教助学服务。支教助学服务是指为贫困地区提供支教、捐书、赠学和送戏下乡等服务。教育是改变一生的事业，通过志愿者的努力，这些孩子能够接触到更丰富的知识、更潮流的信息、更便捷的平台，也许是一句话、一个行为、一个眼神，也许是细水长流的浸润。

（6）卫生保健服务。卫生保健服务是指为城乡社区居民提供的义诊、健康保健等服务，为贫困地区提供送医、送药、常见疾病防治知识宣传等服务。这类服务项目通过医疗技术、医药物资，向群众提供便捷的医疗服务和物品，增强健康意识。医药类大学的学生定期参与义诊和健康知识宣传，为社区居民尤其是老年群体开展一些基本的检测，用自身所学帮助和服务更多的群众，在奉献中诠释自我价值。

（7）法律咨询服务。法律咨询服务是指为公民、法人或其他组织提供的相关政策法规宣传、讲解等服务。这类服务项目有助于提高居民的法律意识，通过志愿者的宣讲，让群众能够辨别违法行为，自觉抵制违法分子的侵扰，树立安全意识，恰当保护自我。

（8）环境保护服务。环境保护服务是指提供各类节能减排、护水护绿、防治污染及环保知识宣传等活动。这类服务项目有助于改善生态环境、培育环保意识。环保服务可以是在学校里自觉抵制"长明灯""长流水"现象，保护我们共同的资源，也可以化身宣传使者，普及环保知识，强化社会的环保行动。

（9）科技推广服务。科技推广服务是指提供各类科普知识宣传、技术推广和运用等服务。这类服务项目有助于增强居民的科技意识，宣传实用科技，推广运用身边的科技，服务和便捷群众生活。当今，科学技术日新月异，以老年人为代表的群体难以接触最新科技，通过科技推广，能够增强他们的科技意识。

（10）治安防范服务。治安防范服务是指提供治安宣传、治安巡逻、公共财物看护、禁赌禁毒、社区矫正和防范违法犯罪等服务。这类服务项目有助于满足群众对安全的需求，通过安全巡逻、隐患排查，将安全隐患降到最低，常见于社区治理中，有助于为社区居民打造和谐美好的居住环境。

（11）文明引导服务。文明引导服务是指针对公共场所各类不文明行为提供劝导、引导和纠正等服务。例如，公共场合禁烟引导、有序排队引导、文明养犬引导等都属于这类服务。

（12）群众文化服务。群众文化服务是指提供群众文化活动组织、文化培训和文艺演出等服务。这类服务项目依托志愿者的文艺特长，丰富群众的文化生活，满足人民对美好生活的需要，陶冶情操、放松心情、感受美好。

第二节　提升大学生服务性劳动能力的价值与途径

📚【延伸阅读】

志愿者李凡：从西部计划中寻找人生意义

"参加西部计划的原因，主要是寻找人生的意义吧，在开启人生下个阶段的时候，我希望能想清楚再出发。"女孩腼腆地笑着说道。谈起参加大学生志愿服务西部计划的起因，她眼神中透露着一种认真。她是李凡，来自暨南大学外国语学院2017级日语专业，2020年毕业后前往西藏林芝参与西部计划志愿服务。

李凡的母亲是青海人，小时候她在姥姥家常常听大人讲起西部的故事、西藏的传说，"那时候，西藏给我的印象是很美的，那里有辽阔的草原、巍峨的高山"。美丽而神秘的西部由此悄悄藏在她的心中，"可能这也是一种西部情怀"。

大四的时候，一个偶然的机会李凡看到了"广东志愿者"公众号上关于西部计划的宣传招募，内心深处的那股西部情怀力量被唤起。在浏览了计划的详细信息和招募要求后，她拨通了家人的电话，"毕业后，我想参加西部计划，去那边看看"。

当时的李凡，其实面临着考研和工作的双重选择。大学期间，她除了认真完成日语的本专业学习外，还修读了新闻学，同时也热心志愿服务，参加过多次JNU Helper英语志愿服务队为社区儿童开设的英语补习服务。可是，未来的人生方向怎么走，她难以决定，"我不想按部就班地读研或工作，我想真正深入社会看看是什么样子的，社会需要怎样的人"。

在情怀的召唤下，在迷茫的驱使下，她来到了西部，决意在基层的广阔天地里找寻人生的意义、青春的答案。

服务性劳动是社会文明进步的重要标志，是学校落实立德树人的根本任务的重要抓手。在服务性劳动过程中，学生不断增强责任意识、奉献意识、劳动意识，激发服务社会的热情。服务性劳动为学生提供了拓宽视野、激发潜能、开拓创新的机会，助力其发挥专业所长，提升劳动素养，对当代大学生成长成才具有重要意义。

一、提升大学生服务性劳动能力的价值

（一）有利于树立正确的劳动价值观

（1）有利于树立劳动最光荣的观念。服务性劳动的初衷就是在奉献中服务他人、服务社会，每位志愿者都抱着这样的初衷，在服务的过程中让善的种子生根发芽、绿树成荫，为服务对象撑起一片阴凉，播撒仁爱的情怀。在奉献的过程中，用自身擅长的知识和技能，帮助需要帮助的人，从中体会劳动光荣；在服务的过程中，感悟劳动的艰辛，从而尊重劳动，珍惜劳动成果，增强对劳动人民的感情。

（2）有利于树立劳动最崇高的观念。服务性劳动是通过自己的无偿劳动创造价值的过程，价值创造本身就是一份崇高的事业，再融入无偿奉献的品质，让志愿服务充满真挚。大学生在服务的过程中不计报酬、不计回报，开阔视野和胸怀，这种去功利化的劳动意识正是崇高劳动观念的体现。当看到他人因为自己的劳动而幸福时会更加幸福，这种精神层面的回报是物质回报难以实现的。

（3）有利于树立劳动最伟大的观念。党的十八大以来，广大志愿者、志愿服务组织、志愿服务工作者积极响应党和人民的号召，弘扬和践行社会主义核心价值观，走进社区、走进乡村、走进基层，为他人送温暖、为社会作贡献，充分彰显了理想信念、爱心善意、责任担当，成为了人民有信仰、国家有力量、民族有希望的生动体现。越来越多的大学生积极参与到志愿服务中，将小我融入大我，用辛勤劳动和谐人际关系、维持社会秩序、改善社会治理、创造社会价值、推动社会发展，为实现社会善治贡献力量。

（4）有利于树立劳动最美丽的观念。"赠人玫瑰，手留余香"，从事服务性劳动的过程会有艰辛、劳累和坎坷，但风雨过后会收获成长。首先，志愿服务从来不只是单向付出，他人在受助之后往往会露出喜悦的微笑，这种微笑正是美好的来源，可以驱除阴霾，把善传递给每个人。其次，在服务性劳动中更能够找寻到志同道合的朋友。选择投身于服务性劳动的人都有一个共同的品质——善，每个人都是闪着光的个体，简单而纯洁，虽是初识，但仅因为从事服务性劳动，就会让他人觉得这是一个值得尊敬的人，是一个有着高尚情操和优良素质的人。在

服务性劳动中，身边都是有着这类共同品质的人，就更容易因为这种特质相互吸引，收获简单而美好的友谊。周边的所有人都在收获美好，拥有明朗的心境，整个团队的氛围都是积极向上的，在这样的氛围中提供服务，自己也会很好地融入进去，将这份美好坚持下去。最后，志愿者与服务对象之间也能够建立美好的友谊，助人与受助本来就是一种美好的关系，助人者散发着善良的气息，受助者在关爱之中温暖自己也温暖他人。

（二）有利于培养劳动品质

（1）有利于培养勤俭品质。首先，服务性劳动的无偿性使志愿者通过服务只能获得适当的物质回报，这能够让志愿者保持勤俭，而且志愿者的初衷也并非获取物质利益，这也反映出了志愿者勤俭的品质。其次，志愿服务项目撬动的资金较少，无论是学校社团志愿服务项目，还是共青团推动的项目，拨付或筹集的资金不会太多，志愿者在志愿服务过程中要思考如何用最少的资金实现最优的结果。最后，受助者的行为会影响志愿者，志愿服务对象有一部分是资源相对匮乏的群体，他们的生活状态比较局促，如支教助学地区往往是偏远山区，学生的生活条件都不宽裕，通过和这些孩子及他们的家庭相处，更能了解生活的不易，体会挣钱的艰辛，从而形成勤俭的品质。

（2）有利于培养奋斗品质。服务性劳动的效果有好坏之分，优秀的志愿服务都是通过志愿者的奋斗实现的。志愿服务的过程是辛苦的、枯燥的，需要志愿者通过奋斗来克服自身的退却心理，用毅力坚持下去，用不懈的付出实现服务目标。同时，他们身边有一群一起奋斗的同伴，在相互激励、相互陪伴中坚持下去，实现自我的突破，用奋斗提供服务果实。

（3）有利于培养创新精神。每一项志愿服务既有延续性又有创新性，延续性是固定的服务内容；创新性是每次服务面对的新情况、新问题，需要志愿者利用创造性思维去解决，从而培养创新的劳动精神。通过志愿服务，大学生能够把专业知识等运用到实践中，手脑并用，锻炼专业能力，提高创新服务能力。

（4）有利于培养奉献精神。《意见》强调要培养大学生"具有到艰苦地区和行业工作的奋斗精神，懂得空谈误国、实干兴邦的深刻道理；注重培育公共服务意识，使学生具有面对重大疫情、灾害等危机主动作为的奉献精神"。服务性劳动不以盈利为目的，其精髓在于服务奉献。大学生参加志愿服务活动，不仅能锻炼理论运用能力、沟通能力，还能在实践中强化劳动意识和培养奉献精神。

志愿精神的核心特质是奉献，这与劳模精神中的甘于奉献相契合。在从事各类服务性劳动的过程中，无论是付出体力劳动还是脑力劳动，无论是专业劳动还是一般劳动，都能让大学生在服务中激发奉献的情感，越投入越愿意投入，越会懂得以适当的方式付出友爱之心。目前，很多大学生志愿者将志愿服务作为毕生的追求、热爱的事业，力求在无偿奉献中创造价值。

（三）有利于促进学生全面发展

与日常生活劳动相比，服务性劳动避免了简单重复劳动，可与学科专业相结合，能处理好劳动和学习的辩证关系，较好地协调社会需要、知识运用和学生发展间的关系。服务性劳动还具有适时学习的特点，创造机会让你去学习一项新技能，去解决一个现实问题，可以更好地提高学生学习的积极性，强化课内的学习。与生产劳动相比，服务性劳动以广阔的社会为服务场地，受学生所学专业和劳动场地的限制较少，基于现实世界开展，受到与世界切实相关的真实问题的驱动学习，能够让大学生动起来，将外部世界融入课堂，提供了多样化的体验，使课程的学习实用有趣。

与日常生活劳动、生产劳动相比，服务性劳动需要建立共同协作的学习服务团体，与多人进行协作和沟通，大大增加了人际交往机会，提高了沟通能力。例如，支教助学志愿服务在前期培训中，组织者会着眼于教学能力、知识体系的培养，这有助于大学生丰富教书育人的知识储备、提高教学能力。同时，组织者也会提前介绍服务目的地的风土人情，帮助大学生更快地适应支教环境，并据此设计符合当地风俗民情的教学方案，提高教学的针对性和有效性。在服务的过程中，大学生到服务目的地为当地的学生开展真实的课堂教学，通过反复的探索，在一段时间的实践后，能提高教学质量，在与学生的沟通中提高交际能力。这些都是仅依靠学校学习和社团工作难以模拟和获得的技能。

二、提升大学生服务性劳动能力的途径

志愿服务是社会文明进步的标志，是践行社会主义核心价值观的有效载体，也是高校推进服务性劳动教育的重要抓手。习近平总书记高度重视志愿服务工作，强调弘扬奉献、友爱、互助、进步的志愿精神。中共中央、国务院印发的《关于全面加强新时代大中小学劳动教育的意见》倡导学生深入社区、福利院和公共场所参加志愿服务。高校应加强劳动教育与志愿服务教育的融合，在党委领导的"一心双环"的团学组织新格局下，不断深化以劳动为主题的教育活动。积极打造关注一线劳动者的社团，通过开展支教、知识宣讲等志愿活动，加强劳动教育。同时，积极创作劳模故事汇、劳模事迹巡演、青年劳动之声等以劳动教育为主题的优秀网络文化作品，不断壮大网络正能量，弘扬劳动精神，激发学生参与社会公共事务的热情，在志愿服务活动中锻炼能力、提高素质。

第三节　大学生服务性劳动方案的制定与实施

【延伸阅读】

山东志愿服务协议有了示范文本，1736万实名注册志愿者更有保障

为保障志愿服务组织、志愿者、志愿服务对象等各方权益，推进山东省志愿服务事业高质量发展，山东省民政厅印发的《山东省志愿服务协议示范文本》（以下简称《协议》）重点围绕志愿服务组织和志愿者的权利与义务等八个部分进行规定，鼓励五种类型志愿服务签订书面协议，进一步推进山东省志愿服务的规范化、制度化发展。

《协议》的签订方涉及志愿服务组织和志愿者两类行为主体，招募志愿者的其他组织也可参照适用。《协议》重点鼓励如下类型志愿服务依法签订书面协议，包括志愿服务活动对人身安全、身心健康有较高风险的；开展涉外志愿服务活动的；志愿服务期限在一个月以上的；为大型活动、应急救援等提供志愿服务的；组织志愿者在本省行政区域外开展志愿服务活动的。

据悉，党的十八大以来，山东省志愿服务体系日益健全，志愿服务事业持续健康发展。随着《山东省志愿服务条例》的颁布实施，全省实名注册志愿者达到1736万人，注册志愿服务队伍11万个，每百万人中有志愿服务组织20个以上，社区综合服务设施志愿服务站点覆盖率超过90%，志愿服务项目达42万个，均居全国前列。（选自2022年10月30日《大众日报》）

一、大学生服务性劳动方案的制定与实施流程

一般情况下，服务性劳动实践活动方案的制定与实施流程包括六个环节，分别为项目策划、项目发布、选定志愿者、基础培训、开展服务、总结提升。

（一）项目策划

项目策划由志愿服务组织操作，根据志愿服务计划和相应的资源，确定项目的主题、内容、形式、时间、地点和人数等，由组织确定后，进入下一步流程。

（二）项目发布

项目发布依托线上线下宣传平台，线上平台可以依托志愿服务组织的宣传阵地和志愿者网络社群，如利用微信群等发布项目信息；线下平台可以通过团委、学生会和班级骨干通知相应的志愿者或更广泛的学生群体，宣传范围根据项目需求确定。

（三）选定志愿者

选定志愿者参与项目，根据志愿服务技能和项目的具体需求，以及志愿者的特长进行筛选，选择最适合的志愿者，以保证服务质量。一些大型项目往往还有面试环节，以此筛选出能力素质适宜的志愿者。

（四）基础培训

开展基础培训，向志愿者介绍项目的具体信息，明确时间、地点，以及开展服务所需进行的前期准备，尤其是各项具体的志愿服务项目开展过程中特别需要注意的内容，如着装的要求、沟通的宜忌、需自备的物品等。专业领域的服务要进行志愿者专业能力培训，以确保符合项目要求。

（五）开展服务

开展服务是最核心的步骤，是志愿者向服务对象直接提供服务的过程，要根据项目主题和服务对象的需求开展各类志愿服务，达成服务目标。服务过程具有灵活性，应根据服务对象需求的不同提供相应的服务，服务过程中也可能出现突发状况，这对志愿者的临场应变能力提出了要求。

（六）总结提升

总结提升环节是对项目的经验总结、不足反思和优秀表彰，为类似项目积累经验，树立优秀榜样，让志愿者在学习中不断成长，提高服务素养，培养服务技能，成为更加优秀的自己。

二、服务性劳动活动体系建设

（一）营造劳动氛围，建立志愿服务组织体系

建立"学校—学院—社团"多级志愿服务组织体系，拓展劳动教育组织覆盖和工作覆盖。在校级层面，以校团委青年志愿者服务团为基础，成立大学青年

志愿服务总队，制定相关章程，统筹规划全校青年志愿服务工作；根据重点工作方向和志愿服务力量，成立生态文明志愿服务队、网络文明志愿服务队等校级志愿服务队伍。在院级层面，推动各学院建立青年志愿者队伍，结合专业优势，有针对性地开发一系列具有鲜明专业特色的志愿服务项目，提高志愿者应用与实践所学专业知识的能力。在社团层面，成立公益实践类社团，依托学院或校外公益组织开展志愿服务项目。

（二）强化服务保障，完善管理运行体系

第一，推进志愿服务"往网上去"，加强志愿服务信息化建设。运用"志愿汇"App，引导青年学生成为平台注册志愿者，校级志愿服务总队、院级志愿服务中队、公益实践类社团成为平台注册二级组织。拓展活动覆盖范围，加强信息对接和信息记录，通过实时打卡录入信用时长和及时登记补录荣誉时长的方式，整合志愿资源，记录志愿时长，认证志愿履历，做好志愿服务全过程记录认证工作，保障劳动教育的实施。

第二，构建志愿服务激励机制，树立青年志愿者典型。可结合国际志愿者日，评选表彰年度志愿服务先进典型，挖掘志愿服务突出典型。建立优秀青年志愿者、优秀青年志愿服务组织、优秀青年志愿服务项目管理档案，对受表彰的个人和集体进行动态管理、长期关注，使评选表彰活动成为发现、培育、选拔优秀志愿服务的有效平台。发挥榜样示范引领作用，引领青年在向劳动者学习过程中体会劳动最光荣、劳动最崇高、劳动最伟大、劳动最美丽。

第三，落实志愿者保障机制，提升志愿者归属感和获得感。完善岗前培训机制，提高志愿者工作能力与服务水平。志愿服务活动开展前，按照工作、礼仪、安全、心理、素拓五大板块组织统一培训。强化志愿服务中的安全保障，特别是在时间跨度长的活动如西部计划等大型志愿服务活动，加强志愿者安全教育，落实志愿者保险购买。做好"志愿者的志愿者"，设计志愿文创产品，提供必要保障物资，满足上岗服务需求，为志愿者参与劳动实践提供后端保障。

（三）培养劳动能力，建立志愿者成长体系

第一，制定"文明校园、志愿同行"青年志愿者培养计划，培养志愿者骨干。面向参与志愿服务的优秀青年学生，通过"赋能""同行""济世"三个模块的理论和实践培养课程，以理论学习夯实思想，以通识课程强化志愿服务理念，以榜样教育激发奉献精神，以岗位实训提升个人综合素质，在为国奉献、为民服务中培养劳动能力，彰显理想信念、爱心善意、责任担当。

第二，科学设计评价体系，制定相关管理办法。以"志愿汇"App记录信息，从服务情况、培训情况、表彰奖励三个维度进行星级评定，参与志愿服务1小时计信用评分1分，参与志愿者培训1小时计信用评分0.5分，参与志愿服务获得不同级别荣誉计信用评分10~50分不等。在特殊领域、特殊任务中表现优秀有予以额外奖励，信用评分总和为守信青年志愿者评分，对应相应星级，在各类评选表彰中给予适当倾斜，激发和维护志愿者奉献热情。

第三，坚持正确的政治方向，加强志愿者思想政治引领工作。组织志愿者结合志愿服务经历，学习习近平总书记关于志愿服务和青年工作的重要论述，引导志愿者自觉学习习近平新时代中国特色社会主义思想，通过领悟原理指导服务实践。在大学生支教团等志愿服务群体中成立临时党、团支部，让青年学生在参与志愿服务的过程中接受党性教育和精神洗礼，进一步增强对党、团组织的认同感、向心力。

三、服务性劳动实施路径

（一）健全劳动实践组织

针对劳动教育边缘化的问题，高校要建立专兼职结合的劳动实践教育教师队伍，用足用好通用技术、劳动技术等专业教师，聘请全国劳模、大国工匠担任兼职教师，完善评聘、考核、培养制度，保持劳动实践教育教师队伍的稳定。在学校日常运行中渗透劳动教育，组建劳动品牌社团，开展"劳动+品牌"活动。借鉴国外先进经验，发挥劳动教育真实场景、支持情境建构和知识迁移的"专业功能"，做好校内劳动教育资源开发，建设劳动技能室、手工室和数字化探究实验室，开展社会实践活动。利用企业、工厂、事业单位等校外活动场所，建立综合实践基地。利用社区、街道、敬老院、福利院等公共服务资源，建立志愿者服务基地。保障组织体系，有效开展劳动教育实践和志愿者活动。

（二）改革劳动实践模式

首先，推行第二课堂成绩单。针对劳动教育弱化的问题，推行第二课堂成绩单，将劳动实践教育纳入高校共青团第二课堂成绩单管理，推动第二课堂与第一课堂深度融合。第二课堂成绩单真实记录学生的劳动教育成长轨迹，客观评价劳动实践综合表现，有效提升青年素质，促进青年健康成长成才，为学校培养一流人才提供多元活动平台和丰富育人手段。

其次，丰富内容设置。劳动实践第二课堂课程内容设计应包括社区服务、志愿服务等课程，让第二课堂更有效、更充分地融入劳动教育总体格局。

再次，创新模式管理。在选修学分的模式设计方面，有按次获得制学分，校园活动多为一次性短时参与的活动，按次计分；有自主申报制学分，在社会和家庭进行劳动实践可自主申报；有学时折算制学分，社会实践和志愿服务具有时间累积性，以时间累积学时为基本标准。

最后，注重实效。运用信息技术改造创新工作，包括活动设计、组织方开课、学生选课、选课审批、学生签到、学生评价、学分给予等环节。

（三）编写社会实践和志愿服务指导手册

高校通过编写社会实践和志愿服务指导手册，加强对劳动教育与志愿服务的指导。通过教材指导学生开展社会调查、社区服务、志愿服务、社会实践活动，有意识地结合实践内容在教材教学中传授劳动技能知识和服务性劳动教育的方法。加大社会实践和志愿服务科学研究的调研力度，支持社会实践和志愿服务相关课题的研究。主动寻找劳动教育渗透的结合点，把劳动教育的融入作为一项长期完成的任务，形成劳动教育与社会实践和志愿服务相结合的合力，潜移默化地影响学生。

第四节　长江师范学院服务性劳动案例：
财经学院"彩虹之家"项目

长江师范学院财经学院"彩虹之家"服务性劳动项目的对象为武陵山区留守儿童，是以优化武陵山区留守儿童家庭教育和促进乡村振兴为最终目的的志愿服务计划。一方面通过兴趣课堂教学、"三项综合"能力拓展、课外实践、"家"文化打造、"一人一案"等多种彩虹计划教育，整合协同机制，建立"政府、学校、家庭、社会"四方位关爱生态圈，针对不同年龄段留守儿童的特点进行个性化的家庭教育指导，促进留守儿童自身综合素质的全面提升，让孩子在人格形成、心理健康及情感培养方面得到健康发展。另一方面志愿者依托专业的特殊性，在该片区开展留守儿童家庭金融调查并建立数据库，为武陵山区特色资源开发与利用研究中心提供有用信息，搭建留守儿童和父母的"双向"平台；为在外务工的父母提供当地招工信息，鼓励家长返乡工作，助推巩固拓展脱贫攻坚成果同乡村振兴有效衔接。在项目的可延续和可复制的情况下，进一步扩大志愿者服务基地，与武陵山片区高校艺术教育联盟各高校合作，招募当地志愿者，开展知识技能培训，定期前往青少年之家进行授课，收集留守儿童家庭信息。通过组织专业的管理团队和志愿者团队，提高留守儿童的受关注程度，在为大学生提供社会实践平台的同时，号召更多的社会爱心人士参与到公益活动中来。

一、活动目标

（1）知识目标。理解服务性劳动的内涵；掌握服务性劳动的构成和特征；加强大学生对服务性劳动能力培养重要性的认识。

（2）能力目标。增强组织管理能力、协调沟通能力、开拓创新能力。

（3）思政目标。形成团队精神和协作精神；养成服务社会、回馈社会的意识；培养无私奉献精神。

二、活动内容

（1）彩虹教育计划。"彩虹 3+N"课堂教学模式；"三项综合"能力拓展模式；课外实践模式。

（2）彩虹振兴计划。开展家庭金融调查；建立"一人一案"台账信息；推动返乡就业。

（3）"家校社"三位联动计划。家长方面：开通"家长直通车"、建设"家长小课堂"。学校方面：开设心理健康辅导室、建立留守儿童成长中心。社区方面：建立"彩虹聊天室"、成立留守儿童关爱协会。

（4）彩虹特殊关爱计划。寻找社会慈善家，开展圆梦助学行动；结合社区工作，保障基本生活；敞开心扉，携手筑梦。

（5）彩虹"家"计划。"幸福 1+1"，梦想领路人，亲情热线。

三、活动方法

本案例主要采用了实地调研法。调研时应系统、客观地收集、整理和分析目标地区的各种相关资料和数据，用于整理形成后续的调研报告。

四、活动过程

1. 组织机构

组织机构设置如图 7-1 所示，各部门、职务详细情况如表 7-1 所示。

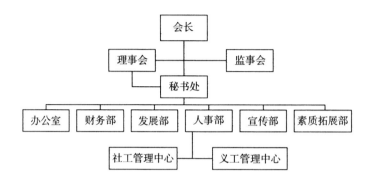

图 7-1　组织机构设置

表 7-1　各部门、职能介绍

部门名称	职能简介
会长	①制定彩虹之家发展方向，明确组织结构及各级人员的职责、权限 ②确保全体成员都能理解社团文化，贯彻执行社团制度 ③任命管理者代表，并授予其相应的职责和权限
理事会 （理事长）	①提供社团所需资源，包括但不限于人力资源、专项技能技术及财力资源 ②组织内部其他事务的宏观掌控
监事会 （监事长）	①监督组织内部各项事务 ②监督组织内部慈善财物的管理和使用 ③监督组织内部各项政策的实施与执行 ④对组织内部事务及决策提出质询和建议
秘书处	①协助理事会管理组织内部各项事务 ②促进组织内部管理制度化、规范化 ③协调组织结构和管理体系，制定相关管理、业务规范和制度 ④组织、监督各项规划和计划的实施 ⑤开展"彩虹之家"公益筑梦团宣传活动 ⑥指导人才队伍的建设工作 ⑦协助理事会管理各职能部门 ⑧监督各管理制度的制定及推行

续表

部门名称	职能简介
办公室	①负责组织日常工作的统筹，收集和撰写社会各界对彩虹课堂的反馈信息 ②及时向各部门提供信息参考和建设意见，拟写、下发会议通知，筹备日常会议 ③负责办理彩虹课堂各类文件的收发、登记、阅签、清退、整理归档、保密工作和文件资料的打印、装订 ④受理来访接待、收发传真、接听电话、保管登记，按规定发放办公用品
素质拓展部	①负责反哺教育活动和心理辅导活动的规划及开展 ②负责"彩虹"社区的日常事务，并与各会员企业和会员慈善家交流与沟通 ③主要负责彩虹课堂的发展问题、内部和外部资金筹集活动的规划与开展
财务部	①负责彩虹课堂的财务分析工作，定期检查、分析公司财务情况 ②负责项目经费申报审核 ③负责项目财务报账及核算 ④根据项目财务资料进行经济活动分析，建立并完善会计核算体系 ⑤负责按月与银行核对银行存款余额，编制银行存款余额调节表 ⑥出纳人员：办理公益收支（现金）、银行结算等有关账务，保管现金捐赠、有关票据捐赠等工作 ⑦会计人员：参与拟定财务分析预算，跟踪记录财务计划的执行情况，负责现金日记账和银行存款日记账、原始凭证、记账凭证的保管和登记
宣传部	①负责彩虹之家及其相关项目的对外宣传推广 ②负责项目 Logo、UI 及其他宣传品设计制作 ③联系媒体进行项目进度汇报及效果展示
人事部	①负责人力资源的规划，建立、执行招聘、培训、考勤、劳动纪律等人事程序及规章制度 ②负责社工、义工的招聘、培训及日常监督工作，做好岗位说明书 ③设计制作组织形象识别系统的各项内容，开展社会公益公共关系维护活动，树立组织的良好社会形象
社工管理中心	①建立社工个人档案 ②监督社工日常活动并做好记录 ③对社工进行考核
义工管理中心	①建立义工个人档案 ②监督义工日常活动并做好记录 ③对义工进行考核
发展部	①关注儿童心理问题并及时修正 ②研究开发心理调研产品 ③儿童心理产品的研究开发 ④进行面对面的心理健康普查，并研究分析结果 ⑤开发有关"彩虹之家"公益筑梦团的新项目 ⑥负责大型活动的起草、规划 ⑦负责统筹本部门常规教学、家访、心理辅导等各项服务活动

2. 招募计划

（1）招募条件：具有奉献精神，身体健康，能保证顺利完成志愿服务工作；遵守国家法律法规和学校规章制度，具有良好的思想道德品质；具备与所参加的志愿服务项目及活动相适应的基本素质。

（2）招募渠道：涪陵区红十字会；涪陵区内各街道、社区；涪陵区长江师范学院全日制在校本科生。

（3）招募流程："彩虹之家"公益筑梦团发布招募志愿者通知；符合招募条件的志愿者自愿提交《"彩虹之家"公益筑梦团志愿者申请表》；核查筛选后统一组织面试；面试合格者开展系列培训；培训通过后注册志愿者；志愿者上岗。

组织对志愿者进行审核，允许符合条件的志愿者加入团体，并对其建立志愿者档案。志愿者在通过面试成为"彩虹之家"公益筑梦团的一员后，建立信息成长档案，按照志愿者擅长的技能及居住地分类建档，凭"一人一策"原则，记录志愿者在各时间段的志愿服务事件及行为表现，在年终时，根据个人成长档案，开展志愿者表彰大会，进行志愿者绩效考评与管理，及时发现不足，助力其成为一名更加合格的志愿者。

3. 项目推广

（1）推广媒介（官网、学校网站、口碑）。通过对"彩虹之家"系列公益活动目标受众群体的识别和分析，我们拟定了四种品牌推广媒介，它们分别是"彩虹之家"公益筑梦团官Q空间、学校网站、学校公众号和口碑传播。一是"彩虹之家"公益筑梦团官Q空间。官Q空间发展已较为成熟，对活动进行记录宣传可以扩大校内影响力，号召更多同学加入关爱武陵山区留守儿童的队伍。二是学院官方网站。"彩虹之家"公益筑梦团的志愿者群体主要为在校大学生，借助学校网站在学生中宣传公益事业，并将其作为一个外宣窗口，吸引其他高校或社会人士关注公益项目，并加入其中。另外，我们将在宣传期同步刊登志愿者招募通知，吸引大学生群体中的爱心人士加入"彩虹之家"公益筑梦团。三是学院公众号。社会大众大多都会使用微信浏览社会时事热点，我们利用学校公众号向社会爱心人士宣传关注武陵山区留守儿童家庭教育的公益理念，并发布最新信息。利用微信公众号推文的分享功能，在朋友圈、聊天群进行宣传。四是口碑传播。在人流量大的城市街区举办公益活动、往期活动成果的展示，利用口碑传播的方式，让更多人了解到"彩虹之家"公益筑梦团及武陵山区公益项目，引起社会的持续关注，在后续开展项目活动时能够得到相关的资金或人力支持。

（2）宣传活动。一是校园宣讲会。"彩虹之家"公益筑梦团将会定期在各大高校开展项目相关的校园宣讲会。宣讲会旨在宣传关注武陵山区留守儿童家庭教育的组织理念，介绍"彩虹之家"公益筑梦团的相关活动和前期成果，号召热爱公益事业的在校大学生投身"彩虹之家"志愿事业。二是武陵高校行。"彩虹之家"公益筑梦团将在武陵山区各高校人流密集的广场、教学楼大厅、食堂前广场举办项目活动展览。通过反映武陵山区留守儿童家庭贫困、教育匮乏的摄影作品和微视频展示，让同学进一步了解、认识武陵山区留守儿童艰苦的生活条件和贫乏的教育资源。另外，活动现场还提供"彩虹之家"公益筑梦团发展历程、未来规划、活动介绍的宣传资料。三是爱心义捐活动。"彩虹之家"公益筑梦团是涪陵区红十字会下辖的一个分队，在涪陵区红十字会的支持下正在与有实力且热心公益的大企业接洽，希望能通过合作在城市闹市区、商业区举办爱心义捐活动。

（3）口碑管理。"彩虹之家"公益筑梦团利用口碑宣传达到自身的宣传战略，这一方法能够更加简单有效地巩固新老项目参与者的品牌忠诚度，并对品牌系列活动进行发散式的推广。然而，口碑宣传有利有弊，在社交网络中，不利于品牌的言论也会传播得很快，并对品牌活动造成不可估量的巨大影响。所以，良好的口碑管理对组织正面形象的宣传和新参与者关系的建立是至关重要的。

针对"彩虹之家"公益筑梦团现有的宣传媒介和宣传方式，我们将通过以下几点对组织的品牌口碑进行管理：一是建立完整的项目参与者档案系统和有效反馈机制，这是有效控制负面评价传播的关键。完整的参与者档案系统和有效反馈机制可以使"彩虹之家"公益筑梦团及时发现并修正公益服务的失误，获取新的信息。从另一个角度来讲，"彩虹之家"公益筑梦团还可以从参与者身上得到"免费的咨询"。目前，"彩虹之家"公益筑梦团在官Q空间设置有留言板，工作人员每日检查板上的留言，遇到投诉或建议，应及时作出反馈；遇到恶意中伤者，应迅速删除留言，并在官网及时发布信息辟谣。二是建立有效的奖励或补偿机制，鼓励参与者将心中的不满反映给"彩虹之家"，"彩虹之家"根据实际情况，坦诚地承担错误，并对不足之处进行改进。充分利用社交媒体，与对公益感兴趣的潜在参与者群体进行充分的沟通，解答他们提出的疑问。

4. 志愿者培训

培训能使志愿者了解志愿服务的宗旨和计划。合适的培训除了让志愿者学习应有的技能以外，还可以帮助志愿者适应未来的计划，提高服务质量。

（1）培训的目标。让志愿者接受组织的理念，通过适当的培训课程，向志愿者教授知识、技术；协助志愿者选择工作，改善工作态度，增强志愿者的自信心，使其有机会发挥潜能；让志愿者清楚自己的权利和义务，通过阶梯式能力建设培训与实践，获得成长，实现自我；促使非营利组织和社会共同发展，促进和谐社会的建设与增进人类幸福。

（2）培训形式。将"彩虹之家"活动室作为"彩虹之家"公益筑梦团志愿服务基地，以志愿服务基地为场所定期对志愿者进行培训；与高校师范类专业达成合作，形成"一对一小组"的定向培养模式，定期对志愿者进行专业授课方式、方法的培训，并备份相关材料；搭建互联网交流平台，通过上传培训视频、分享培训笔记、交流志愿经历等方法，加强志愿者之间的学习交流；在志愿服务过程中，采取老人带新人的方式，帮助新的志愿者尽快适应志愿服务相关工作，增加组织的凝聚力，促进形成和谐温馨的组织氛围。

5. 开展服务

彩虹计划将目标对象为重庆渝东南地区的留守儿童和包括湖南、湖北、贵州在内的武陵山区留守儿童，制定详细的志愿服务方案，呼吁家庭、学校、社会携起手来，采取有效措施，确保农村留守儿童得到妥善照料和更好的保护。从家长、学校、社会三方面对学龄前留守儿童进行德智体美劳多方面针对性引导。前期将立足重庆周边地区（秀山、酉阳、彭水等）搭建彩虹志愿团，与已成功完成交接的区县进行方案的详谈，通过当地政府、妇联、志愿者协会等组织，对不同类型的留守儿童家庭教育进行方案的定制。同时，结合当地特色，利用所学专业知识，开展家庭金融调查，带动外出务工家长返乡就业，实现留守儿童和家长的"双向奔赴"。

📖 【本章习题】

一、简答题

1. 什么是服务性劳动？服务性劳动具有哪些特征？

2. 从服务性劳动具体内容来看，服务性劳动包括哪些项目？

3. 服务性劳动的制定实施流程包括哪些环节？

二、论述题

1. 简述关爱型服务劳动和公共型服务劳动的区别和联系。

2. 简述如何落实志愿者保障机制。

3. 简述加强服务性劳动能力培养的必要性与重要性。

【参考文献】

［1］刘向兵，等．新时代高校劳动教育论纲［M］．北京：社会科学文献出版社，2019.

［2］韩剑颖．大学生劳动教育教程［M］．北京：清华大学出版社，2021.

［3］徐趁丽，石林，佘林芳．新时代大学生劳动教育教程［M］．北京：中国书籍出版社，2020.

［4］李效东．大学生劳动教育概论［M］．北京：清华大学出版社，2021.

第八章　大学生职业选择

 【核心问题】

☑职业选择的内涵

☑理解影响大学生职业选择的主要因素

☑掌握提升职业选择能力的途径和方法

【学习目标】

掌握职业选择的内涵与影响因素，深刻理解马克思主义择业观，树立正确的劳动观、择业观、职业观，培育到艰苦地区和行业工作的奋斗精神。

【延伸阅读】

春秋时期典籍《管子》对职业分工有着独到的见解。《管子》指出，神勇圣明的人做王，仁义睿智的人做君主，威武勇猛的人做官长，即我们应根据个人天赋秉性选择适合自己的职业。此符天经地义，亦为人之常情。要重视个人发展与团队利益、国家利益之间的关系，树立以大局为重的观念，以及"天时不如地利，地利不如人和"的团队精神。进行职业选择时，我们应有所取舍，"鱼，我所欲也；熊掌，亦我所欲也。二者不可得兼，舍鱼而取熊掌者也"。"人有不为也，而后可以有为"，取舍进退有度，方可在职业选择上获得最佳结果。

职业选择是大学生迈向社会的关键环节，高等教育本身就是直接面向职业、直接通向工作和劳动岗位的教育。1978年，邓小平在全国教育工作会议上指出：

我们制订教育规划应该与国家的劳动计划结合起来，切实考虑劳动就业发展的需要①。劳动教育是人类开启职业启蒙的重要载体，高校劳动教育是职业生涯规划和选择的基础，能让大学生在各种劳动实践活动中学习和提升劳动技能、积累职业经验，有助于提升大学生职业选择能力，树立正确的择业观、就业观、职业观。2020年印发的《中共中央　国务院关于全面加强新时代大中小学劳动教育的意见》，要求高校劳动教育使学生树立正确的择业观，具有到艰苦地区和行业工作的奋斗精神。

第一节　大学生职业选择

一、职业选择的内涵

职业贯穿于成年人一生中的大多数时间，它既可以是幸福感、获得感的源泉，也能让人陷入无尽的痛苦之中。

职业选择是个体结合自身特点，对职业类别、发展方向等各方面因素综合考虑后，进行挑选与确定的过程，是个人进入社会生活领域的重要选择行为。对大多数人来说，职业选择的过程就是个体由对知识和技能的单纯吸收转换为边学习边输出的过程。

大学生职业选择是指大学生结合自身的专业、年龄等特点，对未来可能从事的职业类别、方向等各方面因素综合考虑后，进行规划、挑选、确定的过程。

二、大学生职业选择的内容

职业选择的内容包括哪些？作为大学生，职业选择主要包括四个方面：

（1）选择何种行业。通常情况下，职业方向由我们所学的专业确定：师范类的学生应选择教育类行业，计算机类的学生应选择IT行业，医学类的学生应选择医疗卫生类行业，等等。

（2）选择何种岗位。一个行业内有众多的工作类型，如教育业有学前教育、

---

① 邓小平．邓小平文选：第二卷［M］．北京：人民出版社，1994：107-108.

小学教育、中学教育、大学教育。在学校从事教育工作，还面临选择技术岗位还是管理岗位的问题，这些都需要我们做出适合自己的选择。

（3）选择工作地点。毕业后，有的同学选择去北上广深等一线城市，有的同学选择回到父母身边，有的同学则选择去边疆等祖国需要的地方。工作地点选在哪都无可非议，但在工作地点的选择上，应该综合考虑多方面因素，不可一时冲动、心血来潮、感情用事，发展地点选得准，有助于自己在一个地方围绕一个职业长期稳定发展，对自己的资历和经验都有帮助。频繁更换地点，飘忽不定，则对职业生涯发展弊多利少，因此工作地点也是职业选择的重要内容。

（4）选择具体的工作机会。在对自我和职业了解后，我们往往会遇到一些较为适合我们自己的工作岗位，如在就业季，我们可能会收到好几个招聘方发出的录用通知，多则五六个，这个时候我们就需要对工作机会进行选择，抓住好的时机。

择业和一个人的决策风格有关。决策风格类型分为两大类，非理性决策和理性决策。对于非理性决策者，他们在择业当中，或者犹豫不决，优柔寡断，能逃则逃；或者选择依赖直觉，利用他人的建议作判断。理性决策者收集有关自我和职业环境的信息，综合各方面的利弊得失，仔细考虑各种可供选择的职业前景，确定职业目标，并对实现目标的若干可行性方案进行比较和选择，最终确定最为合理的方案。

三、提升大学生职业选择能力的意义

（一）有助于树立正确的职业观和择业观

在职业生涯中，择业观、职业观影响甚至支配着人们的劳动行为。积极的择业观、职业观促使人们尊重劳动、崇尚劳动，在工作中具有责任心、善于思考、勇敢开拓创新。高校毕业生就业形势日益严峻，自 2001 年以来，我国高校扩招直接效应逐步显现，当年我国普通高校毕业生人数刚刚突破 100 万人，2011 年猛增至 660 万人，十年间增长了近六倍。2011~2021 年增速虽有小幅下滑，但整体规模仍在继续扩张，2021 年我国高校毕业生总人数 909 万人，2022 年突破 1000 万人，达到 1074 万人，如表 8-1 所示。因此，提升学生职业选择能力，促进学生树立正确的择业观具有重要意义。

表 8-1　2001~2022 年我国普通高校毕业生人数　　　单位：万人

年份	毕业人数	年份	毕业人数
2001	115	2012	680
2002	154	2013	699
2003	212	2014	727
2004	280	2015	749
2005	340	2016	765
2006	413	2017	795
2007	495	2018	820
2008	559	2019	834
2009	611	2020	874
2010	630	2021	909
2011	660	2022	1074

在多种因素共同作用下，高校毕业生就业形势严峻。日趋增多的大学毕业生走出校门，给我国就业市场带来很大压力，尤其近年来经济增速放缓，大学生就业问题成为社会关注的焦点问题。提升大学生职业选择能力，有助于帮助毕业生顺利就业。

（二）有助于稳定学生就业

在面临大学生就业难题的同时，还出现了大学生频繁换岗现象，一边是求职困难，另一边是屡屡"跳槽"，看似矛盾的两种现象正体现了大学生职业选择中的就业与择业问题。提升职业选择能力需要到真实的生活和工作中进行实践，到职业场所一线进行劳动实践和职业体验，加深对劳动和职业的认识，树立正确的职业观和择业观，为未来职业培养必要的素养和能力，减缓学生对未来职业的不适应，进而稳定大学毕业生就业情况。

第二节　马克思择业观

一、马克思择业观

1830 年，12 岁的马克思进入了特里尔中学学习，教历史和哲学的校长是一位康德哲学的拥护者维特巴赫，对马克思影响很大。1835 年 8 月，马克思中学毕业。现在保留下来的马克思最早的著作就是他的三篇中学作文，一篇是关于历史的，一篇是关于宗教的，一篇是自由题材的。马克思的择业观，比较集中地体现在第三篇自由题材的文章《青年对职业选择的考虑》中。这篇文章对青年择业应遵循的主要方针、选择职业的原则、选择职业应有的态度、选择职业对一生的影响、职业与幸福观等问题作了深入的分析和阐述。这些对我国当代青年择业观的形成具有启迪作用。青年马克思的择业观主要包括"三个认知"。

（1）自我认知。青年在选择职业之前，应该对自身条件有客观、全面地评估，尽可能选择力所能及的职业。马克思说："如果我们错误地估计了自己的能力，以为能够胜任经过周密考虑而选定的职业，那么这种错误将使我们受到惩罚。即使不受到外界指责，我们也会感到比外界指责更为可怕的痛苦。"因此，要从自身专业特点、兴趣爱好、性格特点、个人能力等多个方面进行综合考虑，评估自身特质与所选择职业的匹配度。

（2）职业认知。每个行业、每个岗位在社会地位、行为规范、薪资待遇、工作方式、就业环境等方面都有各自的特点。青年在择业之前，应该对所选职业有全面的了解，提高自身的职业认知。马克思指出："如果我们通过冷静地研究，认清所选择的职业的全部力量，了解它的困难以后，我们仍然对它充满热情，我们仍然爱它，觉得自己适合它，那我们就应该选择它，我们既不会受热情的欺骗，也不会仓促从事。"

（3）社会认知。马克思指出，个人价值的实现主要体现为个人对社会的贡献。因此，在选择职业的时候，青年应该明确自身对职业的社会认知，尽可能选择对国家、对社会贡献大的职业。正如马克思所说："我们就可以选择一种能使我们最有尊严的职业，选择一种建立在我们深信其正确的思想上的职业，选择一种给我们提供广阔场所来为人类进行活动、接近共同目标（对于这个目标来说，一切职业只不过是手段）即完美境地的职业。"因此，青年就业应该本着服务国家、服务社会、服务群众的原则，追求个人价值和社会价值的"双实现"。

二、马克思择业观的启示

青年如何正确、科学择业关系着青年人生价值和社会价值的实现，也关系着我国当前"就业难"问题的缓解。马克思择业观对青少年的启示有以下三点：

（1）在职业选择过程中应采取严肃的态度。青年马克思不仅确立了崇高的价值思想，还指出选择为人类幸福而工作的事业是价值理想的实现途径。在这里，我们可以清楚地看到，"择业"是一种手段，是一种达到个人目标和共同目标的手段，即个人价值理想的实现是借助个人所从事的特殊职业来实现的。根据马克思主义唯物史观，作为特定社会关系中的个体，在今天的生产力水平下，个人选择某种职业先要满足谋生的需要，在此基础上，个人价值理想的实现再与之相联系。因此，青年学生在择业过程中应持严肃的态度。

（2）择业过程中应充分考虑影响择业的主客观条件。当代青年在择业问题上应该认真思考，慎重决定。当代青年人应该怎么思考呢？通过解读马克思的著作，我们认为当代青年要认真思索、认真权衡的内容之一，是影响正确择业的主客观条件。当代中国青年在择业时应充分了解中国经济社会的发展状况、人才的需求结构和职位的供给状况，不能一味地沉溺于主观幻想之中。唯有在主客观的条件下冷静思考，才能使青年的职业选择得当、合乎主客观条件。

（3）择业过程中应遵循的主要方针是追求人类幸福和自身完美。马克思指出："选择职业时，我们应该遵循的主要指针是人类的幸福和我们自身的完美。"他还指出，人类的幸福与自身的完美是一致的，只有同时代的人完美和幸福，自己才能达到完美。其中蕴含的意思是个人自我价值实现与社会价值实现的统一，在确立"人与人"价值目标的前提下，利他与利己并不矛盾，两者不是非此即彼的关系。个体的自我价值只有在实现社会价值的过程中才能得到真正的彰显。否则，一切都是空洞虚无的。在马克思一生的奋斗中，他本人也为当代青年树立了榜样。

三、案例

著名科学家、上海大学前校长钱伟长的生命历程曾经有过数次重大转变：第一次，当他以高分考取清华大学历史系时，因为国家内忧外患转学物理；第二次，当他有机会出国从事研究工作时，因为不愿"效忠"外国毅然放弃；第三次，当他制订自己的专业计划时，因为国家需要放弃专长，毅然转入自动化等全新领域。

"九一八"事变发生时，钱伟长刚刚跨进清华的校门。他本来是立志学中文的，但国家的危亡和民族的灾难让他意识到，要改变国家的落后面貌，不受别国的欺负，就必须有强大的科技。他毅然决定弃文从理。在他的心中，国家的需要，就是他的专业。正是这种爱国信念的激励，钱伟长走上了科学之路。

第三节 大学生职业选择的影响因素与常见问题

一、大学生职业选择的影响因素

（一）职业能力

职业能力是影响大学生职业选择的重要因素。职业能力是人们从事职业所需要的多种能力的综合，能够判断一个人能否胜任既定的职业，以及在该职业领域取得成功的可能性。

大学生职业能力是指大学生将所学的知识、技能在特定的职业活动或情境中进行类化、迁移与整合所形成的能完成一定职业任务的能力。

大学生职业能力包含三个方面内容：一是为了胜任一种具体职业必须具备的能力，表现为任职资格，如教师资格证；二是在步入职场后表现的职业素质；三指开始职业生涯后具备的职业生涯管理能力。例如，一位教师的职业能力包括语言表达能力、教学组织和管理能力、教材理解和使用能力，对教学问题和教学效果的分析、判断能力等。

（二）劳动力市场

大学生职业选择是在特定劳动力市场进行的，劳动力市场状况影响着大学生的就业难易程度和就业质量。一般来讲，不同市场的就业难度是有很大差别的，就业部门的选择明显受个体人力资本积累程度的影响，如受教育水平、技能水平、知识能力等。那些受教育水平较高、能力比较强的大学毕业生通常有更多机会进入主要劳动力市场。

（三）劳动价值观

大学生劳动价值观深刻影响着职业生涯规划和职业选择。劳动价值观是劳动者对劳动的根本看法，决定着劳动者对劳动的价值判断与价值选择，是个体世界观、人生观、价值观在劳动过程与职业选择过程中的体现。由于劳动价值观念的差异，不同个体对职业的认识不同，他们对职业的评价和选择也不相同。例如，当一名大学生很在意工作中的安全感时，他在竞争压力较大、工作环境不稳定的民营企业或外资企业中就业的概率就会降低；如果一名大学生更重视工作过程的创造性，那些简单重复性的职业或岗位，如银行柜台员、铁路售票员等则很难被纳入其职业选择的范畴。

（四）家庭因素

家庭因素对大学生职业选择的影响是潜移默化的。家庭经济条件、家庭职业传统、父母受教育程度、父母期望与教养方式等都是影响大学生职业选择的重要因素。以经济条件为例，一般情况下，家庭条件越好的子女受教育程度越高，无论是基础教育阶段的奠基，还是高等教育阶段的深造，都影响着孩子未来的就业平台和职业生涯规划。

（五）社会因素

社会因素是影响大学生职业选择的普遍性因素。社会经济结构的战略性调整、产业结构的重组等都会引起就业结构的变化。近年来，智能制造、社会服务等新兴行业的从业比例显著上升，高校专业人才培养结构却未能适应社会需求进行深度调整，导致人才培养与用人需求匹配不佳。地区经济、体制政策等因素也影响大学生的职业选择，经济发达地区、有稳定编制的事业单位和政府机关对毕业生有绝对的吸引力。此外，影响职业选择的其他因素还有很多，如性格。沉稳内敛的人更具有钻研精神，对专注力要求高的科学研究类工作可能更适合这种性格的大学生；性格开朗的人往往善于沟通表达，媒体、新闻类的工作可能更受他们的青睐。

二、大学生职业选择中常见的问题

（一）择业观不理性

择业观不理性是造成部分高校毕业生难以实现就业的重要因素。择业观属于意识形态范畴，对个体职业选择行为有决定性影响。《意见》明确提出，高等学校要培养学生树立正确的择业观。

每一个大学毕业生在择业时都希望自己能获得一份可以较好满足物质生活和精神生活需求的职业，这是一种自然的想法。但是也必须认识到，择业观如果脱离现实一味拔高，就有可能导致择业失败。大学生的择业期望值是关系择业目标能否实现的关键性问题。正确把握择业期望值要从以下三个方面来防范择业期望值过高或过低的倾向：

（1）防范脱离现实需要。有的毕业生在择业过程中择业期望值过高，与社会需求有较大差距，存在"宁可失业在大城市，不愿就业在基层"的现象；有的毕业生不顾自身条件的限制，眼睛只盯着"好地方""好单位""好工作"，至于自己能否胜任、是否适合自己、能不能有所发展缺乏考虑。其结果往往是自己陷入两种困境：一种是由于期望值超出现实太多导致择业屡屡失败；另一种是侥幸获胜，但也会因自身能力不足、工作无法胜任而处于被动状态。

（2）防范过于追求物质利益。有部分毕业生为了物质利益，只从收入高、待遇好的角度去考虑职业，甚至不惜放弃自己的兴趣爱好和思想抱负。几年后，物质生活虽然不错，但发现自己的精神并不愉悦，很快就进入了职业危机期。

（3）防范盲目消极择业。由于就业压力剧增，部分大学生就抱着无论工作好坏，先随便找份工作安顿下来，以后再慢慢挑的思想，没有正确的择业观。择业期望值过低造成到处打短工，频繁变换工作岗位。

（二）职业生涯规划不清晰

部分大学生对职业生涯规划的认识存在误区，认为计划赶不上变化，职业规划在毕业找工作前做就可以了；还有一些同学对未来职业生涯的规划不切合个人的实际，未对个人能力进行比较客观的评估。职业生涯规划的重点在于了解职场，根据职业需求弄清楚自己通过大学四年学习已经具备哪些能力，并能够围绕这些能力主动地规划大学阶段的学习、实践与生活，为迎接未来的就业挑战做好充分的准备。职业生涯规划越清晰的学生，往往为提升未来就业竞争力所做的准备越充分，获得满意的就业岗位的概率就越高。

（三）自我定位不准确

大学生的自我定位对其职业规划和职业选择有着重要影响。很多大学生在求职过程中缺乏准确的自我定位，眼高手低的问题比较常见，自认在校期间已积累了丰富的专业知识，对未来职业条件期望过高。实际上，他们普遍缺乏"软实力"的积累，如沟通协调能力、环境适应能力、创新意识、诚实守信的意识等。大学生个人期望与企业实际情况之间的巨大落差，经常使他们感觉在职业选择过程中"力不从心"。

第四节　提升大学生职业选择能力的方法

当代大学生提升职业选择能力，实现高质量就业，不仅要切实提升自己职业能力与未来工作岗位的匹配度，还要树立正确的择业观、职业观，把服务社会、报效祖国与个人成长有机结合。

一、树立正确的劳动观、择业观与职业观

劳动观、择业观和职业观是影响大学生职业选择的重要因素，大学生要树立正确的劳动观、择业观、职业观，切实领悟"人民创造历史，劳动开创未来"，"劳动是推动人类社会进步的根本力量"① 的真谛；领会劳动是财富的源泉，也是幸福的源泉的内涵，真切体会"把自己的理想同祖国的前途、把自己的人生同民族的命运紧密联系在一起，扎根人民，奉献国家"② 的幸福感；理解按劳分配是实现社会正义的基本原则，"全社会都要热爱劳动，以辛勤劳动为荣，以好逸恶劳为耻"③，由衷认同"劳动没有高低贵贱之分，任何一份职业都很光荣"，"一切劳动，无论是体力劳动还是脑力劳动，都值得尊重和鼓励"的道理，避免在择业上好高骛远，轻视体力劳动，存在"不劳而获""少劳多获""一夜暴富"的不良心理、投机思想。

二、准确把握就业形势，科学定位择业目标

在劳动力市场灵活、多变的背景下，一个人的视野会在很大程度上影响职业选择。即将步入职场的大学生应当积极了解和适应多元化的就业形态，正确把握当前就业形势和人才市场发展的基本规律，同时深入了解自身感兴趣的职业的社会责任，理智判断自身劳动价值观与职业社会责任的一致性。然后，在个体价值判断的基础上，克服外在环境因素的阻碍，积极调整心态，在提升自身能力的同时，主动适应劳动力市场与用人单位的需求，以寻找符合自己的就业之路。

大学生择业前要主动剥开个人与职业间的层层面纱，对职业形成客观、正确认识。在这一过程中，阻碍大学生"视线"的一大障碍是大学生对自己的认知。因此，每一位求职者锁定职业方向前都应将客观、全面地评价自身的现实条件与综合素质作为实际求职的重要准备，同时增强自强自立意识、强化奋斗精神、清晰自身的劳动价值观念，然后在积极劳动价值观的引导下，形成正确的择业观，主动探索自身职业理想与社会需求结合的环节与策略，最终在职业选择的过程中

①③　习近平. 在同全国劳动模范代表座谈时的讲话［N］. 人民日报，2013-04-29.
②　习近平. 在北京大学师生座谈会上的讲话［M］. 北京：人民出版社，2018：12.

真正做到个人价值与社会需要有机统一。

三、选择的职业岗位与个人能力相匹配

职业选择与个人能力密切相关。首先在寻找工作之前，应客观全面地分析自身的能力优势和短板，由此大致圈定求职的边界和范围；其次多方了解备选职业的用人要求，结合国家或地方政府在相关职业领域的政策动向，分析待选择范围内相关职业与自身能力的交集大小，明确几项重点择业领域；最后要综合考虑家庭、个人兴趣、做事习惯等其他因素，确定自身能力最能胜任的两三个就业方向重点突破。

对于在校大学生来说，应在提前了解以上基本程序的基础上，在上学期间根据自身职业理想和规划，关注国家政策和用人单位的用人要求，重视并重点培养自身相对应的能力，以便将来花费较少精力就能找到与自己能力相匹配的工作。

在校大学生既要重视自身一般能力（如沟通能力、决策能力、组织协调能力等）的培养，又要重视培养有别于他人的专业能力或特长（如计算能力等）。具体来讲，每一位大学生在校学习期间，一方面要积极参加实践类活动，在实践中锻炼一般能力，增强个体行为的目标性，树立正确的择业观；另一方面要夯实专业基础，尽早了解企业人才需求，并根据社会与企业发展的需要有意识地丰富、建立自身合理的知识结构，使个人能力与岗位接轨，增加自己未来就业的筹码。大学生同步提高以上两种能力有助于其形成正确的择业观，同时极大地提高自身的就业能力，为毕业就业做好充分准备。

四、职业生涯选择与国家需求相连接

追求自我价值的实现是每一位大学生职业生涯发展的最终目的，而个人的价值要与国家的需求紧密相连。国家的需求决定了个体求职的客观环境。大学生作为劳动力市场中的重要求职人群，应充分了解社会人才需求趋势、企业用人政策及高校人才培养对个体能力的要求。在国家经济结构转型对科技自主创新提出新的要求这一背景下，企业在招人、用人时也会偏向技能创新型人才。认识到这一客观现实，大学生应当在大学期间有意识地培养和锻炼相应的能力，为未来就业作准备。此外，作为高校人才培养的对象，大学生更应该熟知学校对个体能力素养的具体要求及价值观培育的目标。

五、强化职业能力的训练与提升

随着人工智能在生产生活中的应用不断深化，部分工作岗位被替代的趋势无法阻挡，而机器替代风险最低的工作是那些凸显人的主观能动性的职业，是那些更需要社交技能和创造力的工作。因此，为了适应和满足未来工作的需要，大学生在社交、创新等方面的能力提升诉求会越来越强烈。为了适应和满足未来工作的需要，大学生在社交、创新学习等方面的能力提升要求也越来越高。

（一）加强社交能力训练

人工智能虽可代替我们完成很多事情，但在人际交流和互动方面人类自己要比电脑更擅长，生活和工作中的社交能力是计算机难以替代的。需要注意的是，随着互联网的普及，大学生的社交能力呈现退化趋势，有些大学生线下的社交恐惧越来越严重，把大量时间和精力花费在电脑和手机上，甚至沉迷网络游戏，在虚幻世界中追求自我，在社交媒体上可以侃侃而谈，但在现实生活中却不能有效沟通，严重缺乏社交技巧。良好的社交能力是大学生综合素质中的重要一环，不仅会影响大学生全面发展，还会对未来就业产生重要影响，学会与他人良性互动与有效合作是人工智能时代必备的能力。

（二）强化创新能力训练

人工智能可以通过深度学习正确地完成很多事情。通过接收数据，人工智能可以模仿人类在工作和生活中的行为，形成必要的判断，并给出相应的结果。事实证明：人类的记忆、信息搜索和加工能力很难达到人工智能水平。然而，当我们采取前所未有的新方法和行动时，人工智能会感到困惑。无定式的复杂思维方式与工作方式是计算机无法从根本上进行替代的。正因如此，能够对当前事物进行重新构想的创新能力将成为人工智能时代最重要的资本，创造力变得越来越珍贵，与此相关的质疑、批判、想象、假设等思维能力将比历史上任何时候都显得重要，那些具有创造性思维方式和批判性独立思考能力的人，那些总能够把新想法带到工作中去的人，将在未来的职场中展现出更强的竞争力。

（三）强化知识融合能力训练

人工智能为学科之间的交叉、渗透、融合与共生提供了新方法，也为新的科学发明、学术探索开辟了新领域。事实上，人工智能本身就是将生活之中无数的知识与技能相互整合而后提升的产物，不仅有传统技术与数据科学的融合，还有从数据采集到数据存储、分析、应用、自动控制等过程的融合。这种融合要求毕业后走向职场的大学生具有更强的知识融合能力，除了会编程、写代码的程序员，人工智能时代更需要通晓多个行业的跨界专家。他们不仅要掌握相应的专业知识与技能，同时还需了解人工智能的工作特性和技术趋势，这样才能知道如何将人的工作一步一步地交由人工智能来完成。因此，人工智能时代需要的是一专多能的跨学科复合型人才。

【延伸阅读】

带你走进新兴职业

2020 年 2 月 25 日，人力资源和社会保障部与国家市场监督管理总局、国家统计局联合向社会发布包括生产制造和建筑、现代服务业、健康照护服务三大领域的 16 个新职业。

一、生产制造和建筑类

（1）智能制造工程技术人员。《中国制造 2025》明确指出，智能制造是我国现代先进制造业新的发展方向，加快了我国制造走向"智造"的步伐。智能制造发展趋势持续向好，为智能制造工程技术人员的就业和职业发展提供了广阔的前景。

（2）工业互联网工程技术人员。随着人工智能、云计算、大数据、区块链、5G 等名词逐渐为大众熟知、热议，人类社会已步入智能化时代。在此背景下，连接了全球工业系统与高级计算、分析、感应技术的工业互联网应运而生，工业互联网工程技术人员作为一种新职业登上历史舞台。

（3）装配式建筑施工员。占地面积达 3.39 万平方米的火神山医院在 10 天之内拔地而起，除各方力量的迅速调配、集结，以及劳动者不分昼夜的辛苦付出外，有一项技术也发挥着关键作用——装配式建筑。装配式建筑允许大量现场作业转移到工厂中进行，现场工人只需对工厂生产出的构件和配件进行组装即可。操作这一技术的劳动者现在有了正式的名字——装配式建筑施工员。

（4）电气电子产品环保检测员。这一新职业有很强的时代感，与当前人们的需求紧密相关。工作人员能够科学检测你所使用的电视机、冰箱、手机、空调等电气电子产品是否含有有害物质，是我们身体健康和生态环境的真正守护者。

（5）无人机装调检修工。2015 年是我国无人机民用化的元年。随着新职业的发布，无人机装调检修工被正式提名，工作人员会使用设备、工装、工具和调试软件，对无人机进行配件选型、装配、调试、检修与维护。

（6）铁路综合维修工。在铁路建设快速发展的背景下，2019年8月中国铁路总公司提出设立高铁基础设施段，负责高铁基础设备设施日常巡视检查、检测监测、养护维修、故障应急、营业线施工管理、路外环境检查等工作，同时设置综合维修车间。铁路综合维修工这一职业应运而生。

二、现代服务业

（1）连锁经营管理师。新冠疫情期间，人们即使居家隔离也能享受到各个连锁经营店的优质服务。食物的制作、包装、配送等一系列服务井然有序，这些工作的背后离不开连锁经营管理师的辛勤付出。

（2）供应链管理师。在信息大行其道的时代，供应链管理已经上升为国家战略。企业如何精准定位下一个十年的"北斗星"，利用供应链寻求竞争博弈的"第二曲线"，或是管理者值得思考的问题。

（3）网约配送员。过去的"外卖小哥""快递小哥"终于有了自己的职业名称。从业者在获得更优质和规范的利益保障的同时，也面临着更精细和更专业的要求，这对从业者来说既是机遇也是挑战。

（4）人工智能训练师。人工智能训练师是未来科技服务的中坚力量，他们的主要职责是使用智能训练软件，在人工智能产品实际使用过程中进行数据库管理、算法参数设置、人机交互设计、性能测试跟踪及其他辅助作业。

（5）虚拟现实工程技术人员。虚拟现实工程技术人员是指使用虚拟现实引擎及相关工具进行虚拟现实产品的策划、设计、编码、测试、维护和服务的工程技术人员。影院里极具震撼力的星空就出自这一类从业者之手。

（6）全媒体运营师。全媒体运营师是综合利用各种媒介技术和渠道，采用数据分析、创意策划等方式，对信息进行加工、匹配、分发、传播、反馈等的人员。这一职业的正式发布象征着中国从新媒体时代转型到全媒体时代。

三、健康照护服务

（1）健康照护师。健康照护师虽然首次正式被纳入国家职业体系，但其工作内容人们非常熟悉，如医院陪护人员、月嫂、家庭护工等，他们服务于家庭、医院、社区，为人们减轻家庭负担提供了支持。

（2）呼吸治疗师。呼吸治疗师是使用呼吸机、肺功能仪、多导睡眠图仪、雾化装置等呼吸治疗设备，从事心肺和相关脏器功能的评估、诊治与康复，以及健康教育、咨询指导等工作的人员。据华西医院统计，参与此次抗疫的呼吸治疗师人数较少，每个呼吸治疗师平均要负责 11.5 张床位，最多时甚至每人负责近 17 张床位，新冠肺炎疫情凸显了呼吸治疗师的人才缺口。

（3）出生缺陷防控咨询师。出生缺陷防控咨询师是从事出生缺陷防控宣传、教育、咨询、指导，以及提供出生缺陷发生风险的循证信息、遗传咨询、解决方案建议、防控管理服务和康复咨询的人员。这一职业对提高出生人口素质、推进健康中国建设具有重要意义。

（4）康复辅助技术咨询师。康复辅助技术咨询师的出现满足了广大人民群众对健康的迫切需求，同时对我国应对人口老龄化具有积极作用，是未来应用 VR 技术进行心理咨询、建立智慧养老系统等的必然。

以上 16 个新兴职业符合时代发展的特征，既满足经济社会发展需要和人民群众对美好生活的需求，也将为相关从业人员提供职业发展、实现梦想的机会。《意见》明确指出，应注重培养大学生"增强诚实劳动意识，积累职业经验"，"树立正确择业观"。每一份职业都有它的使命，大学生在进行职业选择时应当充分认识自己、认识环境，树立目标意识和责任意识，形成正确的劳动观与择业观。（参考《解读 16 个新职业——整合篇》）

📖【本章习题】

1. 谈谈你对劳动价值观、择业观与职业选择行为关系的理解。

2. 结合自身专业，谈谈你对自己未来职业的规划。在这个过程中考虑到了哪些影响因素？

3. 假设你是一名劳动教育老师，你对当代大学生职业选择有哪些忠告？

🪐【本章实训活动】

王丽的职业规划

王丽（化名），女，独生女，父母均为普通工薪阶层。王丽当初选择到某高校德语专业学习是听从了父母的建议，非个人兴趣。因王丽个人对德语专业缺乏最基本的认知，在大学接触到德语的专业知识后，非常后悔，觉得德语不适合自己，也不喜欢，成绩勉强维持在中等水平。大二时，王丽决定考研，选择的是心理学专业。当时，她就想着先考上再说，经过两次考试，成功考取某高校心理学专业硕士研究生。在读研究生期间，王丽又觉得心理学不适合自己，勉强毕业。

毕业前夕，王丽盲目跟风，毕业前选择考公务员和竞聘国企岗位，结果公务员没有考上，目标企业也未录用，目前在家啃老。如果你是王丽，你会如何选择专业？如何选择职业？王丽的选择给你带来了什么启示？

【参考文献】

［1］刘小平，杨淑薇．高校毕业生核心职业能力研究［M］．北京：社会科学文献出版社，2020.

［2］苏文平．大学生职业生涯规划与发展［M］．北京：中国人民大学出版社，2019.

［3］刘艳，彭正敏．青年职业选择及发展：基于科学实证的建议［M］．北京：北京大学出版社，2018.

第九章　高校劳动月活动的组织与开展

【核心内容】

☑ 劳动月的内涵

☑ 劳动月活动的构成

☑ 开展劳动月活动的必要性

☑ 大学生劳动月活动实践案例

【学习目标】

通过本章的学习，了解劳动月活动的具体内容，自觉树立劳动的意识，理解劳动的重要意义，并在劳动月积极参与各项活动。

【延伸阅读】

"五一"劳动节的由来

100多年前的这一天，美国芝加哥的工人正在为争取 8 小时工作制流血和呐喊。为纪念这一事件，1889 年 7 月，恩格斯主持的第二国际将 5 月 1 日定为国际劳动节。由此可见，劳动节一开始是基于对人的身体权利的主张——人不能无休止地被资本势力所驱使。中国自从传入了马克思主义，就有人在争取这种主张。1918 年，有知识分子在上海、苏州等工人较多的地方散发介绍"五一"的传单。1920 年 5 月 1 日，北京、上海、广州等城市的工人群众举行了集体游行。那时候，有人意识到，工人是一种新的社会变革的力量。8 小时工作制看上去是一种身体自由的主张，一旦被上升到意识形态，形成权利的自觉，就具有了革命性指向。

很早以前，孔子的"民可使由之，不可使知之"成了统治阶层心照不宣的"葵花宝典"。事实上，当普罗大众除了吃喝外，还要把吃和喝的身体权利进一步制度化时，统治阶层就岌岌可危了。

20 世纪前半叶，中国一些知识分子开始点燃劳动大众的反抗意识，给他们展示了人不再剥削人的共产主义社会前景。这种美好的愿景聚集了大量的产业工人和传统的手工业制作者及农民。先进知识分子与工人阶级的结合，掀起了巨大的身份认知和权利主张的革命风波。工人阶级被推到意识形态的前沿阵地，被认为是中国新民主主义革命的领导力量。1949 年，中华人民共和国成立 2 个月后，国务院将"五一"定为法定的劳动节。

第一节　劳动月的内涵与活动的构成

一、劳动月的内涵

"田家少闲月，五月人倍忙。"5 月 1 日，是劳动者的节日，每一个岗位上的劳动者都在通过自己的努力书写着自己人生的篇章。1889 年 7 月，由恩格斯领导的第二国际在巴黎举行大会。会议通过决议，规定 1890 年 5 月 1 日国际劳动者举行游行，并决定把 5 月 1 日这一天定为国际劳动节。中华人民共和国政务院于 1949 年 12 月作出决定，将 5 月 1 日确定为劳动节。1989 年后，国务院基本上每五年表彰一次全国劳动模范和先进工作者，每次表彰 3000 人左右。

为弘扬劳动精神，加强新时代劳动教育，引导大学生培养劳动不分贵贱，培养勤俭、奋斗、创新、奉献的品质，高校在 5 月左右开展一系列劳动教育活动，旨在促使大学生树立正确的劳动观念和价值观，培养积极的劳动品质和精神，提升创造性劳动能力，养成良好的劳动习惯，培养和提升必备的劳动能力，实现德智体美劳全面发展。同时，全面营造爱劳动、劳动美的校园文化，发挥劳动育人功能，深化劳动教育内涵，弘扬劳模精神、劳动精神、工匠精神，切实将劳动教育与理想信念教育结合起来，深刻领会劳动品质内涵，提升劳动教育效果，发挥劳动育人、实践育人等实践教育基地的主阵地作用。

二、劳动月活动的构成

劳动月以主题班会、日常劳动、志愿服务、主题讲座、创新创业实践竞赛为主要活动形式，相关活动以院系为基本组织单位，可与党团日活动及相关实践活动结合进行。劳动月活动可由若干主题活动组成，每个主题可根据具体情况分别举办若干子活动。

以日常劳动为切入点，借助植树节、"五一"国际劳动节、中国农民丰收节等具有劳动意义的节日推进劳动教育，开展劳动周系列活动，以"四季"为主线开展劳动教育活动，引导大学生挥锹挖土、种植春树，感受劳动艰辛，体会丰收喜悦。以志愿服务为切入点，可开展志愿公益服务活动，推动大学生参与学校组织的"三下乡"活动或公益服务机构等组织的志愿服务活动。以主题讲座形式为切入点，可开展学雷锋志愿服务月，举行"传承雷锋精神、共建文明校园""弘扬雷锋精神、彰显志愿风采"等主题活动。以创新创业实践竞赛为切入点，可结合各学院学科专业特点，开展创新创业学科竞赛、"互联网+"校赛观摩、创业实训基地生产劳动、专业实践等活动。

三、开展劳动月活动的必要性

（一）提高劳动教育的重视程度

劳动教育需要家庭、学校和社会共同参与，学校层面的劳动教育需要学校各层级、各部门、各主体协同开展。从校级层面（甚至从省、市级层面）推行劳动月活动，可以调动学校各部门的积极性，合理利用各部门的人力、财力、物力等资源，有助于劳动教育活动的开展。

（二）提升师生对加强劳动训练必要性的认识

劳动教育是劳动与教育的结合体，劳动离不开体力活动，但体力活动不一定是劳动教育。学校开展的劳动教育更多围绕家务劳动、体力劳动等设置，不重视实施质量。真正意义上的劳动教育需要设计，选择有教育意义的劳动项目，设计具有育人导向的劳动教育目标与过程，让大学生在劳动过程中形成正确的劳动价值观与劳动习惯。通过劳动月各类活动的开展，让教师和学生广泛参与其中，提升师生对劳动教育的认识水平。

（三）推动劳动教育的深入开展

劳动教育可以在任何时间、任何地点、任何主体间开展，可在理论课堂中、专业实践中、日常生活中开展劳动教育，关于劳动教育的质量目前缺乏相应的评价。通过开展劳动月活动，加强对劳动教育的宣传解读，深入挖掘劳动教育的典型案例，总结推广经验做法，为劳动教育的开展、切实提升劳动教育质量创造良好的环境和氛围。

第二节　长江师范学院劳动月活动方案的制定与实施

一、长江师范学院 2022 年劳动月主题教育工作计划及活动方案

为深入贯彻落实《中共中央　国务院关于全面加强新时代大中小学劳动教育的意见》《重庆市教育委员会关于进一步加强普通本科高校劳动教育的通知》等文件精神，推动《长江师范学院新时代劳动教育实施方案》落实落细，引导教育大学生崇尚劳动、尊重劳动、热爱劳动，更好实现培养德智体美劳全面发展的高素质应用型人才的目标。本部分结合学校实际，制定工作计划及活动方案。

（一）指导思想

以习近平新时代中国特色社会主义思想为指导，全面贯彻党的教育方针，落实全国教育大会精神，坚持立德树人，推进劳动教育融入"课程教学、日常养成、管理服务、能力培养、文化建设、教育改革"之中，开展以劳树德、以劳养成、以劳育美、以劳创新、以劳增智劳动教育实践活动，引导学生形成正确的劳动观、价值观、人生观、世界观，促进学生德智体美劳全面发展。

（二）总体目标

劳动教育具有特殊的育人功能，通过劳动月"拥抱新时代，礼赞劳动美"主题教育系列活动，深入推进劳动教育工作，展示劳动教育教学和实践成果，学习领略劳动模范风采，进一步营造劳动最光荣、劳动最崇高、劳动最伟大、劳动最美丽的浓厚氛围。引导教育大学生热爱劳动、珍惜劳动成果，培育劳动观念，端正劳动态度，学习劳动技能，养成劳动习惯，提升劳动品质，夯实劳动基础。

（三）工作计划及时间安排

（1）制定学校 2022 年劳动月主题教育工作计划及活动方案，明确活动主题、活动对象、活动时间及活动内容。（责任部门：教务处；配合部门：宣传部、学

生处、团委、招就处、校友办、后勤管理处；完成时间：3 月 15 日）

（2）各牵头部门列出劳动月主题教育任务清单，由学校劳动教育工作领导小组办公室汇总，并发布劳动月主题教育通知。（责任部门：学生处；配合部门：教务处、团委、各学院；完成时间：4 月 10 日）

（3）各学院结合学科专业特点制定本学院劳动月主题教育实施方案。（责任部门：各学院；完成时间：4 月 30 日）

（4）结合劳动体验与锻炼课程教学安排，进行劳动教育理论和实践教学，将第二、三课堂相关活动内容融入该门课程劳动实践教学活动，开展以劳树德、以劳养成、以劳育美、以劳创新、以劳增智劳动教育实践活动。（责任部门：教务处；配合部门：学生处、团委、各学院；完成时间：5 月 31 日）

（5）各学院及时收集整理活动资料，遴选典型活动案例（5~10 项）报送学校劳动教育工作领导小组进行评选，并通过多平台进行广泛宣传。（责任部门：各学院；配合部门：学生处、团委、宣传部、后勤管理处、各学院；完成时间：6 月 10 日）

（6）各牵头部门和学院及时总结劳动月主题教育经验，凝练特色，查找不足，提出改进措施，将工作总结报学校劳动教育工作领导小组办公室。（责任部门：学生处；配合部门：学生处、团委、各学院；教务处、团委、各学院；完成时间：6 月 17 日）

（四）组织实施

1. 组织机构

（1）学校成立劳动教育工作领导小组。全面负责活动的组织、协调和保障工作。

组　长：学校分管学生工作副校长、分管教学工作副校长

副组长：学生处处长、教务处处长、团委书记

成　员：宣传部、学生处、招就处、教务处、信息化办公室、马克思主义学院、校友办、新大正物业及各学院相关负责人

工作领导小组下设办公室，挂靠学生处，办公室主任由学生处处长兼任，具体负责活动的策划、实施工作。

（2）各学院成立劳动工作小组。负责制定本学院劳动月主题教育实施方案，遴选典型活动案例等。

组　长：学院院长、党委（党总支）书记

副组长：学院副院长

成　员：教学办公室主任、团总支书记、组织员、各系主任（教研室主任）、教学秘书、辅导员、班导师等

2. 活动主题

拥抱新时代，礼赞劳动美。

3. 活动对象

全校学生。

4. 活动时间

2022 年 5 月 1~31 日。

5. 活动内容

（1）开展"以劳树德"活动，撰写一篇心得体会。开展劳动月主题教育启动仪式暨劳模大讲坛第一讲，收听、收看"五一"国际劳动节暨劳模表彰大会，开展"中国梦·劳动美"主题班团会等，发现劳动者的光荣与梦想，使青年学生理解并形成马克思主义劳动观，牢固树立劳动最光荣、劳动最崇高、劳动最伟大、劳动最美丽的思想信念，树立正确的劳动观，崇尚劳动、尊重劳动，增强对劳动人民的感情。（牵头部门：学生处；配合部门：团委、教务处、宣传部、信息化办公室、各学院）

（2）开展"以劳养成"活动：完成一项居家或在校劳动任务。各牵头部门列出居家或在校劳动任务清单，利用五一劳动节居家或在校完成一项劳动任务。例如，深入田间地头劳动；开展文明寝室创建活动；组织劳动技能培训进社区；开展文明督察等活动，让学生体验劳动的快乐，提升个人生活技能，培养学生埋头苦干的辛勤劳动观。（牵头部门：学生处；配合部门：团委、宣传部、信息化办公室、后勤管理处、新大正物业、各学院）

（3）开展"以劳育美"活动：参与一项志愿服务活动，发起一次"劳动最美"主题分享。可参与学校志愿服务组织、公益服务机构等组织的志愿服务活动，培养勤俭、奋斗、创新、奉献的劳动品质，用实际行动践行社会主义核心价值观。例如，参与校园公区卫生打扫、教室和实训室保洁、图书整理、试验田除草、园林绿化养护、专业实践等活动，以及帮扶类、赛事类、环保类、会议类、社区类等公益志愿服务。在今日校园、各学院微博、微信朋友圈等平台发起一次"劳动最美"的主题分享，分享自己在劳动中的所思所想所感，培养劳动能力，传播正能量，树立正确价值观。（牵头部门：团委；配合部门：学生处、宣传部、

信息化办公室、各学院）

（4）开展"以劳创新"活动：参与一项创新创业实践活动。结合各学院学科专业特点，选择性地参与创新创业讲座、研讨会、"互联网+"校赛观摩、创业实训基地生产劳动、专业实践、专业服务、社会实践、勤工助学等活动，开展劳动技能大比拼、"百行万企"调研行动、实习实训等活动，增强诚实劳动意识，积累职业经验，培育和提升创业就业能力，树立正确择业观。（牵头部门：教务处；配合部门：团委、招就处、学生处、宣传部、信息化办公室、各学院）

（5）开展"以劳增智"活动：参加一次劳模、行业标兵专题讲座。邀请劳模、行业标兵开展线上、线下专题讲座、校友劳模返校行等活动，弘扬工匠精神，使学生学习劳模品质，尊重劳动、珍惜劳动，引导学生树立正确的劳动观，提升学生劳动素养，帮助学生个性化成长成才。（牵头部门：学生处；配合部门：马克思主义学院、团委、教务处、宣传部、信息化办公室及其他学院）

（五）活动要求

（1）高度重视，精心组织。各责任部门和学院要高度重视，细化责任分工，形成工作合力，加强线上线下联动、协调指导、精心组织。各学院根据学科专业特点，结合实际，科学制定本学院劳动月主题教育实施方案，确保每一个学生在劳动教育中培育劳动观念，学习劳动技能，养成劳动习惯，确保各项活动落实。

（2）结合实际，注重实效。各责任部门和学院要把劳动教育月系列活动作为推进本校三全育人工作的有效组成部分，将劳动月主题教育与学生日常思想政治教育、常规管理、学风建设、专业见习、创新创业训练等紧密结合，积极挖掘育人资源，做好劳动实践项目策划，为学生提供劳动锻炼平台，加强劳动实践指导，积极发挥协同育人作用，统筹安排，精心指导，注重实效。

（3）广泛发动，营造氛围。各责任部门和学院要广泛发动师生积极参与，提供政策和经费支持。积极营造能劳动、会劳动、爱劳动的校园文化氛围。要加大宣传力度，大力宣传学校劳动教育月的经验和成效。

（4）及时总结，上报材料。各责任部门和各学院要安排专人负责活动的组织开展，主动收集整理活动图片、新闻报道等资料，遴选典型案例（5～10项），并于6月10日前报送至学校劳动教育工作领导小组办公室进行评选。各责任部门和各学院要认真总结经验，凝练特色，查找不足，提出改进措施，形成本校大学生劳动教育的长效机制，工作总结于6月17日报送至学校劳动教育工作领导小组办公室。

二、长江师范学院财经学院 2022 年劳动月主题教育方案及主要活动

（一）活动方案

为进一步贯彻落实《中共中央　国务院关于全面加强新时代大中小学劳动教育的意见》《重庆市教育委员会关于进一步加强普通本科高校劳动教育的通知》等文件精神，大力弘扬劳模精神、劳动精神、工匠精神，教育引导广大师生崇尚劳动、尊重劳动、学会劳动，在学校进一步掀起劳动教育热潮，结合本院实际，特制定本方案。

1. 指导思想

自党的十八大以来，习近平总书记高度重视劳动教育在立德树人中的重要作用。以习近平新时代中国特色社会主义思想为指导，全面贯彻党的教育方针，落实全国教育大会精神，坚持立德树人，坚持培育和践行社会主义核心价值观，把劳动教育纳入人才培养全过程，紧密结合经济社会发展变化和大学生生活实际，探索教育模式，创新体制机制，注重教育实效，实现知行合一，以劳树德、以劳启智、以劳强体、以劳育美，促进大学生形成正确的世界观、人生观、价值观，培养德智体美劳全面发展的社会主义建设者和接班人，特此举办以"以劳之汗溉花，以勤之态育人"为主题的劳动月系列活动。

2. 活动时间

每年 4~5 月。

3. 活动对象

长江师范学院财经学院全体在校学生。

4. 活动内容

加强辛勤、诚实、创造性劳动教育，培养大学生奋斗精神、诚信品质和创造能力。"天行健，君子以自强不息。"自强不息是中华民族的优良传统，是改善民生、创造人民幸福生活的重要保证。正如习近平总书记指出的，"人世间的一切幸福都需要靠辛勤的劳动来创造"。从一定意义说，大学生德行的养成、奋斗精神的培养始于辛勤劳动教育。引导大学生在成长过程中辛勤劳动，并以此为荣，树立劳动最光荣、劳动最崇高、劳动最伟大、劳动最美丽的信念，这是教育的重点与方向。为了让理论联系实际，让同学切身体会劳动、走进劳动，财经学院采用实践和宣讲两种形式开展"以劳之汗溉花，以勤之态育人"劳动月系列活动，让大学生理解辛勤劳动对丰富和发展自我的重要性，激发大学生在未来学

习生活中努力奋进、自主追求与实现梦想的勇气。

（二）主要活动

1.“以劳之汗溉花，以勤之态育人”财经学院劳动月主题教育实践类活动

活动一：“劳动教育进课堂”——“五一”国际劳动节特色支教实践活动

（1）承办部门：财经学院团委学生会实践部。

（2）活动目的：为迎接五一劳动节，进一步实现劳动知识普及，提高大学生的综合素质，将劳动教育引入课堂，激发大学生的劳动热情，让同学积极主动投身于劳动中，并从中领悟劳动的魅力，形成劳动的良好习惯。

（3）活动时间：5月1日。

（4）活动对象：长江师范学院财经学院在校学生。

（5）活动要求：听从组织安排，授课老师需提前准备有关劳动的教案，采取生动有趣的方式向学生讲解。

活动二：“延雷锋精神，承劳动美德”——线上打卡志愿活动

（1）承办部门：财经学院团委学生会实践部、宣传部。

（2）活动目的：在志愿打卡的过程中，本院学子能够积极践行社会主义核心价值观，传播正能量，继承和弘扬雷锋精神，感受劳动带来的乐趣，体会劳动创造美好生活的理念，有助于提升自身的劳动主动性和自觉性，形成良好的劳动习惯，养成身体力行、踏实奋进的劳动品质，树立正确的世界观、人生观、价值观，激发永远奋斗的品质。

（3）活动时间：4月30日至5月7日。

（4）活动对象：长江师范学院财经学院在校学生。

（5）活动要求：参赛人员在4月29日至5月5日期间，发布自己的志愿活动类型、照片及心得体会等内容到QQ空间，并于22：30前上传志愿活动照片和打卡截图至以自己姓名命名的群相册，打卡形式为#劳动最美#+心得体会（100字以上）+志愿活动照片（包括所有公益活动，不限于助人为乐、植树造林）。

活动三：“倡劳之风，建谐之园”——寝室及校园打扫活动

（1）承办部门：财经学院团委学生会组织部、社区生活服务部。

（2）活动目的：充分发挥党员、团员的先锋模范作用，引领更多新时代大学生承担社会责任与使命担当，深刻理解参与劳动的意义和价值，在劳动中展现财经学子的良好精神面貌，在劳动中修正价值取向，在劳动中提高技能水平，在劳动中奉献、创造，体会平凡劳动的伟大，铸牢实现中华民族伟大复兴梦的

基石。

（3）活动时间：4月10~15日。

（4）活动对象：财经学院各学生党支部、团支部部分成员。

（5）活动要求：参与人员在活动期间需携带好清洁工具，准时在相应地点集合，并领取志愿者服；各小组清点人数后分别前往鉴湖、寝室进行卫生打扫。

2. "以劳之汗溉花，以勤之态育人"劳动月主题教育宣讲类活动

活动一："诚实劳动创造美好生活，甘于奉献建设幸福灵石"——主题班会活动

（1）承办部门：财经学院团委学生会纪检部。

（2）活动目的：增强学生团队协作能力和学生间的感情交流与沟通，培养乐于奉献的品质。培养德智体美劳全面发展的社会主义建设者和接班人，培养担当民族复兴大任的时代新人，促进新时代大学生的个人成长和全面发展。

（3）活动时间：5月15日。

（4）活动对象：长江师范学院财经学院全体学生。

（5）活动要求：在班会基本流程上，各班级可自行创新添加与班会主题相关的活动流程，创新流程将会纳入班会形式考核范围；各年级班会均需开满40分钟，安全宣讲时长为10分钟；此次班会需各班级在4月24日（班会结束后）22：00之前把相关班会材料汇总打包后发送至纪检部邮箱。

活动二："弘扬劳模精神，唱响时代旋律"——纪录片观影活动

（1）承办部门：财经学院团委学生会办公室、心理发展部。

（2）活动目的：结合劳动节大力营造劳动氛围，通过活动大力弘扬广大劳动人民爱劳动、爱学习的高尚品质；通过多种文化手段和生动活泼的活动形式，唱响时代主旋律，展示当代劳模奋发有为、昂扬向上、与时俱进、开拓创新的时代风貌；进一步增强大学生的劳动意识，知道劳动的艰辛，懂得尊重，爱惜劳动成果；通过活动使大学生养成爱劳动的良好习惯，能较主动地投入到劳动队伍中，体验劳动的快乐，分享自己的劳动成果。

（3）活动时间：5月10日。

（4）活动对象：2020级、2021级各班5名观众，为落实疫情防控相关要求，每人需佩戴口罩参与活动。

（5）活动要求：观看中国近年来劳模视频，如《红色背篓》，进一步学习劳模的先进事迹，传承劳模品质。

活动三："劳动创造幸福，创新成就伟业"——创新创业类比赛答辩现场观摩活动

（1）承办部门：财经学院团委学生会创新发展与就业服务部。

（2）活动目的：以劳创新，由我践行。动员本院学子走进创新创业比赛现场，感受优秀学子的创新创业风采，增进本院学生对创新创业比赛的认识，从而更好地增强财经学子的创新意识，激发创新创业动力，积极参与各类创新创业实践活动。以劳创新，培养创新创业主力军；以劳促教，探索创新创业新途径；以劳促创，搭建相互学习新平台。增强诚实劳动意识，积累职业经验，培育和提升创业就业能力，树立正确择业观。

（3）活动时间：2022 年 5 月 13 日 14：20、5 月 22 日 19：00。

（4）活动对象：长江师范学院财经学院 2021 级学生。

（5）活动要求：组织学生观摩本院于 5 月 13 日开展的校级"大创"项目现场答辩，共 25 个名额；组织学生观摩本院于 5 月 22 日开展的财经学院第八届"互联网+"创新创业大赛，共 14 个名额。

活动四："劳动创造财富，竞赛迸发激情"——劳动知识竞赛

（1）承办部门：财经学院团委学生会社区生活服务部。

（2）活动目的：劳动是每个人应尽的义务。有些大学生不愿意劳动，是因为对劳动缺乏真正了解。大学生要明白劳动是人类维持自我生存和自我发展的重要手段，体力劳动与脑力劳动虽然有差别，但随着社会的进步，差别会越来越小。大学生重脑力、轻体力的观念需要改正，这种误解是由对劳动的理解片面、模糊造成的。此次活动旨在通过有关劳动的知识竞赛来改变大学生对劳动的片面认识，使大学生正确看待劳动，转变劳动认识，领会劳动意义，树立正确的人生观、劳动观、价值观。

（3）活动时间：5 月 20~25 日。

（4）活动对象：长江师范学院财经学院全体学生。

（5）活动要求：知识竞赛采取线上、线下相结合的方式，所有问题均在手机上作答，参赛人员不得弄虚作假，禁止抄袭他人答案，严禁以开小窗等方式作弊，系统检测出三次离开考试界面即定为作弊，取消参赛资格。

活动五："以诗词誉劳之美，以书画表敬之情"——劳动月诗画比赛

（1）承办部门：财经学院团委学生会学风建设部。

（2）活动目的：诗词、书画是古代文人用以表达情感的两大方式，文字和图画并非冷冰冰，它们都是有温度的。中国文化源远流长，诗词、书画历史悠久，学院特举办此次活动，旨在让大学生在诗词、书画中领略劳动之美，抒发其对劳动人民的赞誉等情感。

（3）活动时间：5月15~20日。

（4）活动对象：长江师范学院财经学院全体学生。

（5）活动要求：参赛人员所有参赛作品需保证原创性，禁止抄袭，一经发现，直接取消参赛资格；参赛作品表达内容需与主题契合，内容积极向上。

第三节　长江师范学院劳动月活动方案与活动展示

一、开展"以劳树德"活动，撰写一篇心得体会

长江师范学院各二级学院的各基层团支部开展"中国梦·劳动美"主题班团会。本次团会各基层团支部紧紧围绕"劳动教育"主题，带领学生观看劳动模范的视频，让同学感受"劳动最光荣"的内涵，体会"劳动最崇高"的价值，领悟"劳动最伟大"的道理。同时，各基层团支部对劳动精神是什么，以及在新时代怎样弘扬劳动精神等问题展开热烈讨论，使同学对劳动精神产生深层次的感悟，加深对劳动教育的认识，培养同学热爱劳动的习惯，使学生在劳动中受教育、长才干、作贡献。鼓励大学生增强劳动观念和意识，追求真理，勇于实践，乐于创造，积极投身于劳动实践中去，服务社会和人民。部分二级学院还组织观看了劳模视频，并要求撰写观影心得。

（一）活动策划方案

以长江师范学院财经学院"扬劳模之精神，创时代之先锋"观影活动为例。

（1）活动背景。2015年，在以习近平同志为核心的党中央坚强领导下，全党全国各族人民围绕统筹推进"五位一体"总体布局、协调推进"四个全面"战略布局，坚定不移贯彻新发展理念，团结一心、攻克艰难，决胜全面建成小康社会取得决定性成就，脱贫攻坚成果举世瞩目。在这一伟大实践中，各行各业涌现出一大批爱岗敬业、锐意创新、勇于担当、无私奉献的先进模范人物，他们以自身的模范行动和崇高品质生动诠释了中国人民具有的伟大创新精神、伟大奋斗

精神、伟大团结精神、伟大梦想精神，充分彰显了以爱国主义为核心的民族精神和以改革创新为核心的时代精神。大学生是国家未来发展的中坚力量，青年群体的思想面貌代表着国家的精神风貌，青年强则国家强。因此，为进一步贯彻落实习近平总书记关于劳模精神、劳动精神、工匠精神的重要指示，激励大学生投身经济社会发展中去，本院特此开展以"扬劳模之精神、创时代之先锋"为主题的观影活动。

（2）活动目的。一是深入贯彻落实习近平总书记关于劳模精神、劳动精神、工匠精神的重要指示，唤醒青年意识，实现自身的价值，培养自身的道德素质，更好地践行社会主义核心价值观；二是此次观影活动以直观的方式让同学了解各先进模范人物的故事，使劳模精神、工匠精神深入青年群体，引导本院大学生树立以全国劳动模范和先进工作者为榜样的意识，进一步弘扬劳模精神；三是通过对劳模精神的宣传，使大学生对时代精神有更深层次的认识，积极建立新时代大学生劳动教育体系，使之符合社会发展的新要求。

（3）活动主题：扬劳模之精神，创时代之先锋。

（4）活动对象：财经学院全体在校学生。

（5）活动时间：2022 年 5 月 8 日。

（6）活动地点：财经学院 2215 会议室且线上同时进行。

（7）活动内容。由各班心理委员将活动通知传达至各班班级群，团委学生会各部门及各班级派一名代表前往财经学院 2215 会议室集中观看，并撰写一篇心得体会。其余同学自行在腾讯会议上观看。各部门、各班将线下名单于 5 月 6 日 22：00 前发送至心理发展部。

（8）工作安排。活动前期：撰写活动策划并进行经费预算；编辑并发放活动通知。活动期间：申请活动场地；制作并打印观众签到表、座位表；调试现场设备及腾讯会议；现场活动拍照；姓名牌、矿泉水、签字笔等物资的准备；会议主持与撰写主持稿；联系老师与领导。活动后期：活动总结及资料存档；撰写活动新闻；撰写活动推送；心得体会的收集；物资的整理及归还。

（9）未尽事宜，另行通知。

团委心理发展部

（二）学生心得体会

弘扬劳模精神，当最美奋斗者

光荣属于劳动者，幸福属于奋斗者。习近平总书记始终关心爱护劳动者，强调要大力弘扬劳模精神、劳动精神、工匠精神，无论时代条件如何变化，我们始终都要崇尚劳动、尊重劳动者。

每个人都有自己需要完成的使命。这些使命是挥汗如雨后城市焕发的容光，是人们走在街道上的欢声笑语；是保证每一位公交乘客的安全，是每一次至真至诚的服务；是用心维护社会治安的稳定，是全力保障人民生命财产安全的信念；是课堂上开发每一个学生的潜能，点燃每一个学生的希望，……他们岗位不同，但初心一致，那是责任，是坚守，是挚爱，是荣耀，是奋战，是普通劳动者的底色。

步入新时代，作为年青一代的我们更要主动学习，深刻践行劳模精神，在自己的岗位上贡献青春力量。

自觉学习，内化于心。一个崇尚劳动并且尊重劳动者的社会一定是一个富有生机、蓬勃发展的社会，我国是人民当家作主的社会主义国家，工人阶级和劳动群众是国家的主人，是建设中国特色社会主义的主力军。积极倡导向劳模学习，自觉学习劳模精神，树立"劳动最光荣"的价值导向，在全社会大力弘扬真抓实干、埋头苦干的良好风尚，形成全社会学习劳模、争做劳模的良好氛围，让劳模精神内化于心，自觉做到爱岗敬业，争先创优。

贯彻实践，外化于行。要用劳模精神指导生活与学习，以劳模精神内涵作为工作中的自我要求。先要做到爱岗敬业，热爱自己的岗位，对工作任务应有钻研和探索精神，面对新的要求与挑战，以积极的心态应对。在工作中要真抓实干，积极当先锋、做表率，要以"实"为核心，提出实策、鼓足实劲、办好实事，真正弯下腰杆、俯下身子、沉下心来，在真抓实干中服务人民、造福人民。

争做表率，艰苦奋斗。作为年青一代的我们，是在世代先辈用劳动打造的美好生活中成长起来的，不能忘记感恩，更不能忘记传承，我们要向辛苦付出的先辈与劳模学习，树立革命者的义利观、苦乐观和人生观，以奉献为荣、视奋斗为乐，不断追求卓越，精益求精，永怀热情、永葆干劲。在学习中埋头苦干，在困难面前不退缩，在危急时刻顶上去，带好头、做表率，在新时代艰苦奋斗、砥砺奋进。

新时代赋予新使命，新征程呼唤新担当。实现中华民族伟大复兴的中国梦，不仅仅是国家的梦，更是属于我们每一个人的梦，要自觉像劳模那样，把个人理想与实现中国梦紧密结合起来，辛劳耕耘终不悔，矢志不渝践初心，在奋斗中成就人生价值，为夺取新时代中国特色社会主义伟大胜利贡献自身力量。

二、开展"以劳养成"活动：完成一项居家或在校劳动任务

为督促本校学子在宿舍建立良好的宿舍风貌，建立宿舍管理长效制度，同时为推进劳动教育，提升大学生劳动技能，形成劳动精神。长江师范学院各二级学院开展文明寝室创建活动和毕业生宿舍卫生打扫活动。本校学子积极参与本次活动，在向评选标准靠近的同时，也在向创建一个学风优良、爱好整洁的宿舍群体靠拢。与此同时，毕业生认真整理了桌面及床上物品，清理了寝室内的废弃杂物，并将寝室垃圾分类打包，放至指定地点，以便阿姨回收清理。除此之外，宿舍管理员还对所有毕业生寝室进行了防疫消毒，全力营造安全、卫生、干净的宿舍环境，为下一届新生的到来作好了充分准备。

（一）活动策划方案

以长江师范学院财经学院"以劳养成"毕业生寝室打扫活动为例。

（1）活动背景。为落实立德树人根本任务，着力推进三全育人，进一步夯实人文养育平台，丰富学院改革发展中的文体活动，营造良好的毕业氛围和积极健康的校园文化氛围。组织毕业生在离校前整理打扫宿舍，将整洁如初的宿舍交还母校，用实际行动文明离校，展现新时代大学生的精神风貌、文明素养。本院特此举办"以劳养成"财经学院毕业大扫除活动。

（2）活动目的。全面贯彻落实本校学工部通知，丰富学院文体活动，营造良好的毕业氛围和积极健康的校园文化氛围；动员并组织毕业生用实际行动文明离校，留存整洁如初的宿舍，为学校作出力所能及的贡献，展现新时代大学生的精神风貌、文明素养，传播校园正能量。

（3）活动主题："以劳养成"。

（4）主办单位：长江师范学院财经学院。

（5）承办单位：财经学院学生会社区生活服务部。

（6）活动对象：财经学院全体毕业生。

（7）活动时间：2022 年 6 月 4~10 日。

（8）活动地点：毕业生寝室。

（9）活动流程。及时发布通知，联系各班班委转发活动消息到各班班群，提高各班同学对活动的关注度，号召同学积极参与其中，督促全体毕业生作好准备。寝室全体成员分工合作，于规定时间内将寝室打扫干净，整理出自己不需要但是还可以继续利用的物品，做到寝室干净整洁，不留下任何垃圾，整理好自己的所有物品，尽量保证整洁如初。

（10）活动流程安排。活动前期：拟定活动策划书；通过线上、线下方式对此次比赛进行宣传，保证活动按照正常流程进行；联系宣传部进行活动拍摄记录。活动后期：收集整理毕业生打扫活动心得；整理相关照片及资料；撰写活动新闻。

（11）活动要求：加强宣传，通过线上传达的方式做好活动宣传动员工作，调动同学的积极性；参与活动的寝室需寝室成员共同参与，寝室成员团结同心，分工明确。

（12）未尽事宜，另行通知。

财经学院学生会社区生活服务部
2021 年 6 月 3 日

（二）学生心得体会

毕业生宿舍卫生打扫活动心得

格桑花开，又是一年毕业季，为推动毕业生离校工作的开展，我参加了此次"以劳养成"毕业生宿舍打扫活动。

学校把志愿服务作为我们实践的场所，让我们能在参与志愿劳动的过程中有所收获。通过这次毕业生宿舍打扫活动，我寻找到了能使我们受到教育、有所感悟的亮点，更加了解志愿服务，感受到了志愿服务的深层意义。在宿舍打扫中，同学毫不嫌脏，分工明确，密切配合，耐心、仔细地清理寝室中的垃圾，将宿舍打扫得干干净净，桌椅摆放整齐，在大家的共同努力下，寝室变得焕然一新。虽然我们满头大汗，但是我们很高兴，因为我们心里都有一股自豪感，而这种自豪感不是在平常学习和生活中能够体会到的。这次毕业生寝室打扫活动不仅为即将到来的学弟、学妹创造了舒适、优雅的学习环境，还展现出了我们财经学院学生良好的精神风貌，同时加强了同学的团结合作意识，对学院的建设起到了积极推动作用，而且我们的文明行为为学弟、学妹树立了良好的榜样。人过留名，雁过留声，我相信这样的传统会一届一届传下去。

正值毕业季，学校各项毕业工作烦琐，宿管阿姨的工作量也有所增加，宿管阿姨这段时间特别累，因此学院就组织了这个活动，让同学自愿报名参加毕业生宿舍打扫活动，共同维护好毕业生宿舍环境。劳动结束后的我们发现劳动有更大的意义，参加这项活动不仅仅是为了综测成绩，还从志愿劳动中体会到了劳动的不容易，之后我会更加尊重劳动。通过这次志愿打扫活动，我也彻底地感受到了我们大学生的拼搏及坚持不懈。在打扫卫生的过程当中，我们会互相帮助，为了共同的目标，为了我们更好的学生社区环境而共同的努力，我很喜欢这样的氛围，希望以后还能继续参加这样的活动，充实自己的校园生活。

我们参加劳动其实也有不少的好处，首先劳动可以锻炼我们的体魄，让我们变得更加健壮；然后劳动可以培养我们吃苦耐劳的品质，让我们以后进入社会能够表现得更好。另外勤劳是一种好的品德，所以我们当代大学生，应该多去参加劳动，如做一些兼职、参加实践活动等，既能够增加自己的见识，还可以培养自己的能力。

自愿劳动是不计报酬、不谋私利、不斤斤计较的，是忘我的劳动，是培养我们实践热情的活动，能够增强我们参加志愿劳动的光荣感，净化我们的心灵。勤劳是中华民族的传统美德，我们身为当代大学生，更加应该秉承"劳动光荣"的信念，继承好、发扬好这一美德，积极参加类似的志愿劳动，只有多劳动才能够创造出更加美好的未来。勤劳的人或许不会创造出多么大的经济财富，但是在同等条件下，勤劳的人绝对会生活得更好，也绝对会创造出更大的精神财富。

三、开展"以劳育美"活动：参与一项志愿服务活动，发起一次"劳动最美"主题分享

长江师范学院各二级学院根据自身情况开展不同志愿服务活动。例如，大数据与智能工程学院为了美化校园环境，引导学生积极参与劳动，营造良好的劳动育人氛围，组织志愿者对校园公共区域展开了大扫除。学生有序分工，清扫校园内的枯枝落叶、杂草杂物、树枝上悬挂的坠物等，校园面貌焕然一新。他们积极宣传，呼吁同学爱护环境，切勿乱丢垃圾，美好的环境需要付诸行动去保护。本次活动充分展现了同学阳光向上、精神饱满的良好状态。同时，同学打扫校园卫生，为大家创造了舒适、优雅的环境，加强了同学的团结合作意识，对学校的建设起到了积极推动作用。

（一）活动策划方案

以长江师范学院财经学院"财子省悟劳动美，青年勇担时代责"活动为例。

（1）活动背景。人民创造历史，劳动创造未来，新时代是干出来的。习近平总书记指出，必须牢固树立劳动最光荣、劳动最崇高、劳动最伟大、劳动最美丽的观念。社会主义的大学培养的是社会主义建设者和接班人，大学生不仅要在德智体美上成为优秀的时代新人和未来实现中华民族伟大复兴中国梦的主力军，还要在劳动中体验生活的本质，了解社会责任，明确奋斗方向，在劳动中增阅历、长才干、坚意志、熟技能、知荣辱、懂感恩，为美好的未来做好思想、信念、人格、品质上的准备。本院特开展此次主题为"财子省悟劳动美，青年勇担时代责"的"以劳育美"活动，旨在培养大学生树立马克思主义劳动观，引导大学生树立辛勤劳动、诚实劳动的理念，让劳动光荣、创造伟大成为铿锵的时代强音。

（2）活动目的。①落实立德树人根本任务，提升育人实效性，弘扬勤俭、奋斗、创新、奉献的劳动品质，教育引导大学生崇尚劳动、尊重劳动、热爱劳动，让学生亲历劳动过程，实现其德智体美劳全面发展，培养出为人民大众劳动、为党为国奉献的新青年；②发挥党员、团员的先锋模范作用，引领新时代大学生强化社会责任与使命担当，深刻理解参与社会主义劳动的意义和价值，在劳动中展现精神面貌，在劳动中修正价值取向，在劳动中提高技能水平，在劳动中奉献、创造，筑牢实现中国梦的基石；③在劳动成果分享的过程中，我院学子积极践行社会主义核心价值观，传播正能量，感受劳动带来的乐趣，坚定劳动创造美好生活的理念，提升自身的劳动主动性和自觉性，形成良好的劳动习惯，养成身体力行、踏实奋进的劳动品质，树立正确的价值观，激发永远奋斗的品质。

（3）活动主题：财子省悟劳动美，青年勇担时代责。

（4）活动时间及地点安排：（略）。

（5）活动内容。

活动一：树劳动新风，筑美丽校园

1）前期准备。

①策划、撰写及修改；②与崇礼楼管理人员取得联系并说明情况，征求同意；③动员各学生党支部、团支部成员；④统计参与活动人员，并根据具体活动地点分组，制作分组表；⑤物资准备：扫帚、拖把、毛巾等清洁工具（自带），志愿者服，"彩虹之家"团旗，党旗；⑥联系宣传部进行后期宣传工作。

2）活动流程。

①活动当天准时在规定地点集合；②分发志愿者服后，由各小组组长带队分别前往清洁地点进行打扫；③活动结束后全体人员拍照留念。

3）活动后期。

①收拾场地、清点物资；②配合宣传部负责新闻撰写、推送，实时更新网络平台；③物资及时归还；④收集活动照片和整理活动资料，撰写活动总结。

活动二：劳动云打卡，青年颂美德

1）前期准备。

①创建活动交流群并发布通知；②统计参赛人员每天打卡情况；③收集报名表、参赛视频并进行汇总；④联系宣传部进行后期宣传工作。

2）活动内容。

①活动报名：参赛人员在各班组织委员处报名，由各班组织委员整理报名表，报名表以"年级+专业+班级"命名，于4月30日18：00前发送至团委实践部邮箱。②活动形式。打卡：自行在活动交流群里建一个以自己名字命名的相册，然后每天在QQ空间里面发布自己当天的劳动过程、劳动成果及心得体会（100字以上），并于当天22：30前在活动群里面上传自己的劳动照片和打卡截图（打卡形式为#劳动最美#+心得体会+劳动照片）。Vlog：在完成每天打卡的基础上，将劳动节放假期间自己积累的所有劳动素材制作成一个Vlog（3~5分钟），以"年级+专业+班级+姓名+作品名称"命名，于5月7日18：00前发送至以上邮箱。③活动要求：必须每天在群里面打卡，届时会有部门工作人员进行统计；Vlog必须在完成五天打卡的基础上进行，需包含五天的劳动素材，要求画面清晰，制作精美，内容丰富，设置中文字幕；打卡内容必须是本人劳动的成果（不局限于家务劳动，尽量形式多样）；以个人形式参赛。④奖项设置：根据参赛晋级人数而定。

3）活动后期。

①收拾场地、清点物资；②配合宣传部完成新闻撰写、推送，实时更新网络平台；③物资及时归还；④收集活动照片和整理活动资料，撰写活动总结。

（6）活动注意事项。

①确保物资齐全，物资需认真清点并及时归还；②与相关老师协商活动开展所需物资及应该注意的问题；③维持现场秩序，保持教学楼道安静，不可打扰到其他同学；④活动过程中文明细语，行为举止大方得体；⑤确保小组成员熟悉活

动流程，进一步落实具体的人员安排，确保活动井然有序；⑥活动开始和结束时逐一清点人数。

（7）未尽事宜，另行通知。

主办单位：长江师范学院财经学院

承办单位：财经学院团委实践部

财经学院团委组织部

2022 年 4 月 28 日

（二）学生心得体会

心得体会

众所周知，热爱劳动是中华民族传统美德，国之富强，始于劳动。从古至今，中国人民用双手，用劳动创造出一个个奇迹，描绘出一幅幅画卷。为进一步将大学生劳育充分融入美丽校园建设中，营造一个干净舒适的校园环境，学院特开展了主题为"财子省悟劳动美，青年勇担时代责"的"以劳育美"活动。

4 月 28 日 12：15，我们准时在崇礼楼大厅集合，组织部工作人员分发志愿服并讲明注意事项，我们有序进入到所需打扫的教室后，大家热情高涨，打扫时毫不马虎，干劲十足，不放过任何一个角落。将桌面擦干净，把东西放置整齐……一切都很自然，大家的动作也很轻巧，分工协作，积极主动，热心投入，努力为教学楼的环境清洁奉献出了自己的一份力量。从照片中我们感受到参与打扫的同学对待工作的认真与热忱，体会到了这份看似简单的工作中包含的责任与意义，因为人数比较充足，大家互相协作，很快把需要打扫的教室打扫得焕然一新，整洁明亮。

活动虽然只有短短的半个小时，但是对于参与其中的每位同学而言都是一次充满意义的实践活动，不仅增强了大家的环保意识，提升了自身的素质，还锻炼了劳动能力。虽然我们做不了时代的劳动楷模，但是在竞争如此激烈的今天，身处校园的我们如何适应社会是当前面临的重要问题，越早接触这个日新月异的社会，就意味着我们越能尽快适应它，我们应该做我们力所能及的事情，靠双手来创造生活，靠技能来创造明天，具备吃苦耐劳的品质。

"察势者智，驭势者赢。"我们要懂得劳动是成长的必修课，也是一道现实考题。许多人在认识上存在偏差，社会上存在一定程度"重书本教育、轻劳动教育"的倾向，甚至认为读好书、当白领就是为了"告别劳动"。我们应树立正确的劳动观，劳动于个人而言是实现自我的手段，劳动于民族而言是传承创新的基石，劳动于国家而言是促进发展的动力。我们在劳动中生存、生活、成长，从劳动中获取永不枯竭的力量。

新时代大学生应大力弘扬劳动精神，培养劳动情怀和劳动品格，向劳动者致敬，向劳动精神靠近。逐劳动之光，扬时代之帆，热爱劳动，从你我做起。我们青年要坚信，当今时代，奋斗就是坚定的信念，劳动就是深刻的奋斗。让我们以劳动之光，闪耀青春之路；以时代之情，重燃劳动盛焰。

四、开展"以劳创新"活动：参与一项创新创业实践活动

长江师范学院各二级学院为了对学院大学生创新创业计划项目进行全面指导与评审，引导大学生培养问题意识，提高发现问题、解决问题的能力，开展了各种创新创业实践活动。例如，土木建筑工学院开展中国国际"互联网+"大学生创新创业大赛（院赛），此次比赛的顺利开展不仅提升了大学生创新创业能力，将理论研究和实证调查完美结合，还激发了同学敢于创新、独立创业、奋发图强的主动性和积极性，为本校营造了创新、创业的良好氛围，同时也推进了创新创业教育，促进了高素质、高质量复合型人才的培养。

（一）活动策划方案

以长江师范学院财经学院"创造新的人生"专业实习分享会为例。

（1）活动背景。2022年11月，教育部印发《关于做好2023届全国普通高校毕业生就业创业工作的通知》（以下简称《通知》），要求各地各高校深入学习贯彻党的二十大精神，实施2023届全国普通高校毕业生就业创业促进行动，千方百计促进高校毕业生多渠道就业创业。

《通知》指出，更大力度开拓市场化社会化就业渠道。深入开展全国高校书记校长访企拓岗促就业专项行动，组织开展"校园招聘月""就业促进周"等岗位开拓和供需对接系列活动。实施"万企进校园计划"，高校要创造条件主动邀请用人单位进校招聘。全面推广国家大学生就业服务平台，鼓励地方和高校依托平台联合举办区域性、行业性专场招聘活动。充分发挥中小企业吸纳就业作用，举办"民企高校携手促就业"等活动，引导更多高校毕业生到中小企业就业。支持自主创业和灵活就业，财经学院特举办"创造新的人生"专业实习分享会

（2）活动目的。为响应国家号召，让财经学子能够充分了解国家关于就业方面的政策，引导本院学子以积极的态度和正确的方式对待就业实习，在实习过

程中将自己的理论知识同社会实践相结合，为自己积攒经验。

（3）活动主题。"创造新的人生"专业实习分享会。

（4）主办单位：长江师范学院财经学院。

（5）承办单位：财经学院创新发展与就业服务部。

（6）活动流程。前期准备：利用微博、微信、QQ等方式向各班进行宣传，提高各位同学对活动的关注度，号召同学们积极参与活动；联系活动相关的人员；撰写策划；选定主持人；邀请嘉宾；申请物资，申请场地。活动开展：主持人开讲，并对现场嘉宾作介绍；请主讲人介绍实习相关问题；互动环节；引导学生离开会场。活动后期：撰写活动总结和新闻，做好宣传微信推送。

（7）未尽事宜，另行通知。

财经学院创新发展与就业服务部

2022 年 10 月 1 日

（二）学生心得体会

心得体会

实习是每个大学生必须面对和经历的过程，只有积极参加实习，才能不断完善自身知识结构，锻炼适应能力和社交能力，从而积累社会阅历和工作经验。

专业实习一晃而过，让我不禁感叹时间的飞逝。在实习过程中，我学到了很多专业知识，也体会到了很多不为人知的辛苦。但是，我很快乐，每一天都过得很充实。

在实习过程中，我始终把学习作为获得新知识、掌握方法、提高能力、解决问题的一条重要途径和方法，做到用理论武装头脑、指导实践、推动工作。思想上积极进取，积极地把自己现有的知识用于社会实践，在实践中能检验知识的有用性。这两个月的实习给我最大的感触就是，我们在学校学到了很多的理论知识，但很少用于社会实践，这导致理论和实践脱节，以至于在以后的学习和生活中找不到方向，无法学以致用。在工作中不断学习也是弥补自己不足的有效方式。信息时代，瞬息万变，社会在变化，人也在变化，一天不学习，你就会落伍。通过这两个月的实习，结合专业岗位的实际工作情况，认真学习专业岗位各项政策制度、管理制度和工作条例，使自己掌握解决工作困难的有力武器。这些工作条例的学习使我加深了对各项工作的理解，可以求真务实地开展各项工作。

在岗位工作中，我本着认真负责的态度对待每项工作。虽然开始由于经验不足和认识不够，觉得在工作中找不到事情做，不能达到锻炼的目的，但是我迅速从自身出发寻找原因，和同事交流，认识到自己的不足，迅速地转变自己的角色和工作定位。为使自己尽快熟悉工作，进入角色，我一方面抓紧时间查看相关资料，熟悉自己的工作职责；另一方面我虚心向领导、同事请教，使自己对专业岗位的工作情况有了比较系统、全面的认知和了解。根据专业岗位的实际情况，结合自身的优势，把握工作的重点和难点，尽心尽力完成专业岗位上的任务。

从大学校门跨入专业岗位，一开始我难以适应角色的转变，不能发现问题、解决问题，认为没有多少事情可以做，有一点失望，热情有点消退，完全找不到方向。但我，还是尽量保持当初的那份热情，不断地做好一些杂事，同时协助同事做好各项工作，找到自己的角色。明白自己该干什么，这就是一个重要的问题，我始终保持极大的热情，相信自己一定会得到认可。转变自己的角色，从一名学生到一位工作人员，这不仅仅是角色的变化，更是思想观念的转变。

在得到领导的充分信任，并按时完成上级分配给我的各项工作的同时，我还能积极主动帮助其他同事处理一些工作。个人的能力只有融入团队，才能实现最大价值。实习期的工作让我充分认识到团队精神的重要性。

团队就是共同进步。没有共同进退、相互合作，团队如同一盘散沙。相互合作，团队就会齐心协力，成为一个强有力的集体。很多人经常把团队和工作团体混为一谈，其实两者之间存在本质上的区别。优秀的工作团体与团队一样，能够一起分享信息、观点，能够一起创新，共同帮助每个成员更好地完成工作，同时强化个人的工作特点。

五、开展"以劳增智"活动：参加一次劳模、行业标兵专题讲座

为进一步弘扬劳模精神，培养大学生正确的劳动观、人生观、价值观，长江师范学院各二级学院根据自身具体情况开展劳模专题讲座。通过本次专题讲座，劳模用亲身实践告诉我们，生活因劳动而美好，实现中华民族的伟大复兴需要无数劳动者付出辛勤努力。同学听完讲座后，深深被他们艰苦奋斗、无私奉献、迎难而上的品质打动。

（一）活动策划方案

以长江师范学院财经学院"胸怀大我勇担当，奋斗实干书写辉煌"劳模、行业标兵专题讲座为例。

（1）活动背景。高尔基说："劳动使人建立对自己理智力量的信心。"忆往

昔，无数文人墨客曾在文章中夸赞劳动；看今朝，充实的劳动让个人的生活更加丰富，情绪更加饱满。认识劳动的重要性、投入劳动活动能锻炼同学深入钻研、勇于创新、敢为人先的品质，培育同学崇尚劳动、热爱劳动、辛勤劳动、诚实劳动的品德，发扬以爱国主义为核心的民族精神和以改革创新为核心的时代精神。

（2）活动目的。"民生在勤，勤则不匮。"为了增强本院学子的劳动意识，学习行业标兵的优良事迹，同时加深对劳动重要性的认识，让学生养成自己动手丰衣足食的优良习惯，让劳动成为他们幸福的源泉，本院特开展此次劳模、行业标兵讲座，激励同学勤学苦练，用双手改写命运，创造财富。

（3）活动主题：胸怀大我勇担当，奋斗实干谱写辉煌。

（4）主讲人：青年劳模、行业标兵。

（5）活动对象、活动时间和地点：（略）。

（6）活动形式：座谈会、现场互动、经验交流。

（7）前期准备：邀请主讲人；主持人提前准备好主持稿等，做好充分的准备工作；提前申请3D实训中心；通知相应班级负责人，宣传到位，让大家积极参加；提前准备所需物品，工作人员提前布置好场地，做好准备工作，各司其职。

（8）注意事项。提前准备场地，备好所需物资，做好预算；工作人员要注意佩戴工作牌，注意礼仪礼貌；工作人员要有序安排人员入场，保持现场秩序井然；迟到人员要安静入场，在场学生要保持安静，不得交头接耳，工作人员要注意提醒，维护现场秩序；活动前将物品准备好；活动所涉及的各种材料备份；活动结束后要及时清理会场。

（9）未尽事宜，另行通知。

主办单位：长江师范学院财经学院

承办单位：财经学院学风建设部

2022年11月10日

（二）学生心得体会

心得体会

劳动创造了人类的物质基础与精神基础，提供给我们所需的一切生活来源，我们要感谢从事一切劳动的人们。正因为他们的辛苦努力，我们的生活才如此幸福美满、快乐和谐。

为了让我们更好地走近劳模，感受那份劳动的力量，学院特开展"胸怀大我勇担当，奋斗实干书写辉煌"劳模、行业标兵专题讲座。众所周知，"五一"国际劳动节是全世界劳动人民共同拥有的节日。1889年7月，恩格斯领导的第二国际宣布将每年的5月1日定为国际劳动节。中华人民共和国成立后，国务院作出决定，将每年的5月1日定为劳动节，以此来鼓励劳动人民为自己的生活创造价值。劳动是人类文明进步的源泉，人类文明的进步依靠劳动的积累，依靠知识生产劳动的催化，依靠各种类型和各种层次人才的贡献，依靠创造性劳动的推动。正因如此，所以我们要在全社会大力培育和弘扬劳动光荣、知识崇高、创造伟大的时代新风。作为大学生的我们，在未来会成为一名劳动者，因此我们在学校学习，传承这种劳模精神是很有必要的，要让自己以劳动为荣，弘扬劳模精神。

在此之前，我们应该认识到劳动价值有大小，劳动分工无贵贱。不论是什么行业，哪个阶层，我们都应践行各自的职业操守，维护自己的劳动尊严。不论是体力劳动还是脑力劳动，劳动者都会把劳动的内涵发挥得淋漓尽致。不论是简单劳动还是复杂劳动，劳动者都会把劳动的潜能开发到近乎极致。校园里就有许许多多的劳动者，食堂打饭的师傅、打扫教室的阿姨、宿舍管理员等都是劳动者。他们在我们的生活中扮演着重要的角色，保障着我们生活的正常秩序。我们方便舒适的生活离不开他们，他们是一个个普通的劳动者。与劳模比起来，他们也许平凡，做的事情并不伟大，但确实值得我们尊敬。

同时，辛勤的园丁也是校园劳动者的重要一员。人生观、价值观的提升都与老师的劳动分不开。教师陪伴学生成长，见证学生成功，他们传授知识，教导学生如何做人。可以说，老师是人类灵魂的工程师。如果用劳动的基本原理来分析，教书育人不仅是教师的根本职责和任务，还是教师劳动最鲜明、最本质的特征。教师作为生产劳动者，其劳动手段和生产工具主要是自身的品德、知识、能力，以及一定的教学设备和教具。教师向劳动对象传授知识，培养他们的能力，塑造他们的心理。他们以燃烧自己照亮别人的奉献精神来对待自己的工作，尽心尽力地引领、教导着每一位学生。也许他们不会获得表彰自己劳动的奖章，但学生的成就就是对他们劳动的肯定与回报。

在众多辛勤的劳动者中，有一部分人为国家和社会作出了巨大的贡献，为表彰这些杰出的劳动者，国务院基本上每五年表彰一次全国劳动模范和先进工作者。全国劳动模范是中国劳动者的荣誉称号，全国先进生产者是全国先进工作者的称号。他们的事迹被社会广为传颂。例如，全国劳动模范铁人王进喜，他为我国石油工业发展拼命工作。他曾经冒着刺骨的寒冷，带头跳进冰冷的泥浆池里，最终打出了大庆第一口油田。他的精神不仅感染了钻井队的队员，还传遍了全国，为中国劳动人民树立了不怕吃苦、艰苦奋斗的榜样。还有很多不知名的劳动者也在各自的岗位上艰苦卓绝地工作，用自己的双手创造出了不俗的业绩，以自身的劳动来感染身边的每一个人。他们身上体现的品质，正是我们需要的劳模精神。

【思考题】

1. 劳动月的内涵是什么？劳动月由哪些活动构成？

2. 开展劳动月活动的意义是什么？如何开展劳动月活动？

3. 大学生通过哪些途径参与劳动月活动，如何提升自身的劳动能力？

【拓展与实践】

每位学生参加劳动月活动 1 项，结束后需提交心得体会 1 篇。

【参考文献】

［1］向德荣．劳模精神职工读本［M］．北京：中国工人出版社，2016.

［2］李文峰．劳动实践活动课程的开放与运行［M］．广州：暨南大学出版社，2017.

［3］王维平，陈响国．劳动的力量［M］．北京：中国社会科学出版社，2016.

［4］刘向兵，等．新时代高校劳动教育论纲［M］．北京：社会科学文献出版社，2019.

［5］徐趁丽，石林，佘林芳．新时代大学生劳动教育教程［M］．北京：中国书籍出版社，2020.

［6］李效东．大学生劳动教育概论［M］．北京：清华大学出版社，2021.

第十章　劳动教育保障机制与组织实施

【核心内容】

☑高校劳动教育保障机制的构成要素

☑高校劳动教育的组织实施

☑高校劳动安全风险防范与安全保障

【学习目标】

通过本章学习，了解高校劳动教育保障机制的构成要素及高校劳动教育的组织实施，熟悉劳动教育实施和保障过程，掌握安全风险防范与安全保障知识、注意事项。

第一节　高校劳动教育保障机制

一、健全经费投入机制

经费是开展劳动教育的基础保障。为此，高校应加大对劳动教育的资金投入，将劳动教育相关活动列入每年的经费预算当中，设立专门的教学科研经费和专项经费，确保劳动教育有效开展。同时，应积极拓宽教育资金的筹措渠道，如联合政府、企业、校友会等，吸引企业、社会团体捐赠，建立持续投入和经费单列的运行机制，为劳动教学设施设备的日常更新保养和维护提供保障。

二、完善实践空间保障机制

在信息化背景下，多功能、信息化教室开始出现，学生学习的场所不再局限于课堂，教学的空间已经从教室内延伸到教室外、从实体空间延伸到虚拟空间。具体到劳动教育上，其空间保障主要包括学习和办公场所保障、实践教学平台与学习基地建设、网络平台的延伸、交流空间的拓展。首先，在校内建立劳动教育研究基地，为专题调研、历史研究、开展研讨提供保障。其次，鼓励劳动教育走出校园，大力推动学校与行业部门、企业、社会共建育人基地，为教师提供实践教学平台、实验教学中心，为学生提供实习基地、实训基地。再次，劳动教育是一门抽象化的学科，将教学空间延伸至网络空间，有助于教师通过情景模拟的方式吸引学生的关注度，进而激发学生的学习兴趣。最后，拓宽交流空间，为教师、学生的发展从物质空间和精神空间上提高层次，实现产学研合作教育和嵌入式协同育人。

三、建设一支高水平劳动教育师资队伍

教师队伍的素质直接决定着大学办学能力和水平，要建设政治素质过硬、业务能力精湛、育人水平高超的高素质教师队伍。

（1）培养专业师资队伍。劳动教育作为一门课程，需要配备专业从事劳动教育的教师，为劳动教育专业化奠定基础，形成"劳动学科建设—劳动人才培养—劳动教育专业师资队伍建设"的良性循环。

（2）打造复合型师资队伍。劳动教育可以与高校专业课、思政课等德育、智育、体育、美育课程有机结合，充分拓展劳育对其他教育的促进作用。为此，高校要在培养劳动教育复合型教师上下功夫，鼓励教师积极参加基层实践，使理论知识与生产实践紧密结合，及时总结心得和经验，将劳动的元素融入各类教材，将劳动的精髓融入各类人才培养方案，潜移默化强化劳动教育对教育教学各个环节的影响，着力守好一段渠、种好责任田，营造各类课程都讲劳动教育的浓厚氛围。比如，讲授法学课程的教师可以给学生讲述怎样克服困难"送法下乡"，服务村民；讲授市场营销学课程的教师可以给学生讲述怎样深入一线调研，获得客户消费偏好等信息。

（3）打造一支双师型师资队伍。与传统高校教师不同，双师型教师不仅具有一般教师的特质，能够传道授业解惑，还具备对学生进行实践技能培养的能

力。双师型教师在传授大学生专业技能的同时，还需强化对具体劳动实践的指导，通过理论与实践的结合，增强学生对劳动的责任感、使命感和荣誉感，切身感悟劳动带来的尊严感、崇高感和幸福感，为引导其树立正确的劳动观奠定基础。高校可以通过挂职、进修等方式鼓励教师参加与其专业研究领域相关的基层社会实践，提升实践技能，不断壮大双师型教师队伍。

（4）打造一支社会型师资队伍。高校可以充分利用社会资源，聘请优秀社会人士，如科学家、劳动模范、大国工匠等作为劳动教育的传道者。他们讲述创新故事、劳模故事，展示精湛匠艺，分享工匠情怀，让劳模精神、劳动精神、工匠精神深入人心，切实增强劳动教育的感染力。高校还可以利用家长对大学生劳动教育的影响，强化正确的家庭劳动教育对大学生劳动习惯的影响。

四、完善家校社协同机制

劳动教育协同化、社会化的落地措施就是打造全社会共同关心、支持劳动教育的新格局。正如习近平总书记所指出的，办好教育事业，家庭、学校、政府、社会都有责任。首先要明确共同点和一致性，就是要加强对高校大学生的劳动教育，使他们成为合格的社会主义建设者和接班人；其次就是要着力协同性，社会各方面都要发挥各自的优势，心往一处想，劲往一处使，互相协调、取长补短，通过有效机制的联系与整合，达到最好的劳动教育效果。

（一）重视和实施好家庭劳动教育

习近平总书记指出，家庭是人生的第一所学校，家长是孩子的第一任老师，要给孩子讲好"人生第一课"，帮助扣好人生第一粒扣子。重视家庭劳动教育，家长要承担第一责任。家长的思想和言行对良好劳动家风的形成及子女劳动意识、劳动观念、劳动行为的塑造至关重要。当前，大学生中出现了不想劳动、不会劳动、不珍惜劳动成果、不尊重体力劳动者的"四不"现象，究其原因，除社会影响外，很大程度上与家长望子成龙、望女成凤轻视劳动教育和对独生子女溺爱有很大关系。要鼓励家庭、家长积极开展家庭劳动教育，引导孩子主动担起责任，学习和改进教育孩子的方法，自觉纠正各种错误思想和做法，努力使尊重劳动、热爱劳动成为"好家风""好门风"，彻底摒弃"拼爹""啃老"的不良社会风气，对劳动教育效果显著的家庭、家长要给予表彰。

（二）争取企事业单位的广泛参与

实施劳动教育，企事业单位要积极承担起社会责任。企事业单位中许多企业和科研院所是直接生产或科研的单位，是劳动的第一现场，也是青年学生校外的最好实践基地。企业和科研院所要利用自身优势和条件，积极开展产学研结合，创新创业结合，实习实训和职业生涯教育结合。要发挥资金优势，为劳动教育提供力所能及的资金支持；要发挥人才优势，充分利用科技人才、大国工匠、劳动模范、先进人物及老工人、老干部，搞好对青年学生的传帮带；要发挥项目优势，通过一系列的生产、科研和工程项目优势，使大学生学到本领、受到锻炼、找到正确的职业方向，树立起远大理想；要发挥企事业单位文化优势，使大学生通过进企事业单位参与科研和生产劳动，深刻感受到企事业单位浓厚的劳动文化氛围，通过劳动文化的熏陶，增强对劳动的热爱和对劳动人民的感情。总之，企事业单位要通过协同学校，为青年大学生提供丰富生动的现场劳动教育，使他们通过劳动现场的切身感受理解劳动和劳动者的伟大，树立起正确的劳动观和幸福生活靠奋斗的思想，为以后走向社会、成为合格乃至优秀的劳动者奠定坚实基础。

📚【延伸阅读】

多举措助推普通高校劳动教育有效落地

第一，高校要明确劳动教育的责任主体。高校需要安排有关部门专门负责组织、管理与实施劳动教育，对学校劳动教育进行规划设计、组织协调、过程管理、总结评价等，以保障劳动教育有序开展。

第二，高校要制定校级层面劳动教育实施方案和指导手册。加强劳动教育顶层设计，厘清理论学习和实践锻炼、劳动教育与其他教育活动的关系，注重高校劳动教育的学段特性，加强劳动教育与专业之间的联系；注重劳动教育的学年特性，尽快制定劳动教育实施方案，以确保劳动教育设置与实施的科学性与规范性。

第三，高校要充分开发校内外劳动教育资源。一方面，整合校内后勤资源、院系学科资源，为全校学生提供丰富的劳动实践机会。另一方面，充分开发校外劳动教育资源，为学生实习实训、专业服务等搭建平台。

第四，高校要建立全员、全过程、全方位劳动教育推进机制。在劳动教育课程实施过程中，高校需要打破课内课外、校内校外的壁垒，打破学科边界，鼓励全体师生积极参与到劳动教育中来。通过专业学习、实践探索、文化熏陶等多元方式加强对学生劳动观、劳动能力的培养。

第五，探索建立劳动教育督导评估机制。把劳动教育纳入教育督导体系，教育管理部门加强对各高校劳动教育实施方案的审查，对高校劳动教育课程开设情况、学生劳动实践落实情况等方面进行督查。（节选自 2022 年 8 月 31 日《光明日报》）

第二节　高校劳动教育的组织实施

一、健全组织保障

党对劳动教育工作的领导是支持学校、协同各方开展劳动教育的根本保障。各级党委都要提高政治站位，把劳动教育作为大事来抓，高度重视、关心和支持劳动教育工作，把劳动教育纳入教育改革发展的重要内容。党政主要负责同志要熟悉劳动教育、关心劳动教育、研究劳动教育，切实为搞好劳动教育办实事、解难事。要积极推动家庭、学校、社会三大劳动教育系统的融合，建立健全联系和运作机制，搭建交流互动协作平台。运用现代传媒手段，大力宣传劳模精神、劳动精神、工匠精神，树立先进典型，使劳动最光荣、劳动最伟大、劳动最崇高、劳动最美丽在全社会蔚然成风，形成良好、强劲的有利于劳动教育开展的社会氛围和鲜明的劳动导向。要重视劳动教育立法和政策制定工作，使之有法有规可依，保障劳动教育行进在法治轨道。要在劳动就业、收入分配、职工福利、社会保障、人才培养等方面坚持公平原则，保障劳动者利益，提升劳动者的社会地位，使全社会特别是大学生看到做劳动者的自豪。

各高校制定符合校情的中长期发展规划，确立短期、中长期发展目标及具体实施步骤，把劳动教育列入年度工作计划。成立专门的学科建设、管理小组，把劳动教育的建设和发展摆到整个学院发展的突出位置，结合学科建设、专业建设和现有人员的具体情况，建立符合劳动教育发展的学科、科研机构、师资队伍，并组织重点实施。

二、发挥好工会、共青团、妇联等组织在劳动教育中的独特作用

工会是群众组织，它和劳动、劳动者联系最紧密，在协同实施劳动教育方面有着丰富资源和独特优势。工会必须从全局高度，抓住契机，在推动全社会劳动教育上发挥积极作用。工会要在教育领域中发挥强化劳动教育的积极作用。要充分利用工会自身优势，积极推进劳模、大国工匠和先进人物进校园，弘扬劳模精神、劳动精神、工匠精神，力求对学校教职工和学生产生虹吸效应，形成强大氛围。要利用工会联系企业、社会广泛的优势，积极为学校教师、学生参加生产实践打造适合的基地。要配合学校抓好教师队伍建设，实现教人者先受教。工会要在社会领域强化劳动教育中发挥积极作用。要按照习近平总书记关于"全社会都应该尊敬劳动模范、弘扬劳模精神，让诚实劳动、勤勉工作蔚然成风"的要求，积极推进全社会的劳动教育工作，其主要内容是积极参与国家有关立法和政策制定活动，提出有关劳动和劳动教育的建议，使劳动和劳动教育的法律依据更加完善；利用新媒体等多种现代传播平台和手段，在全社会大力宣传劳模精神、劳动精神和工匠精神及有关典型事迹，积极塑造先进劳动文化；敢于对社会上鄙视、轻视劳动和普通劳动者的错误倾向发出抵制和纠正之声；引导职工搞好家庭劳动教育，形成爱劳动的良好家风，并以此为基础形成社区、社会热爱劳动的良好风气；积极创造、开辟社会公益劳动的新途径。

共青团是中国共产党领导的先进青年的群众组织，是党的后备军。共青团具有和青年联系的天然优势，组织资源、阵地资源、活动资源丰富，教育青年既是责任更是传统。新时代，共青团要充分利用这些优势，协同学校、家庭和有关方面，大力开展青年学生劳动教育，把它列入社会主义核心价值观教育的重要内容，积极开展适合青年特点的、多种形式的劳动教育；把它列入学校教育教学的内容，积极配合学校开展劳动教育、组织社会实践；主动联系学生家庭，积极协助开展好家庭劳动教育；组织学生开展有益于社会的各种公益活动。

妇联是妇女群众组织，在联系广大妇女方面优势独特。妇女在家庭和社会中都起着"半边天"的重要作用，在家庭教育和学生教育方面更起到关键作用。妇女既要参加工作、服务社会，又要承担经营家庭、教育孩子的重任，十分辛苦。各级妇联要积极主动关心女职工、帮助女职工。在劳动教育方面，要通过多种方式对女职工家长进行培训，使她们提升劳动教育意识，增加劳动教育知识，掌握劳动教育方法，以形成良好劳动家风为重点，做好对家庭成员特别是孩子的

劳动教育，夯实学校和社会劳动教育的基础。

三、加强对学校劳动教育实施情况的督查

把劳动教育纳入教育督导体系，完善督导办法。对地方各级人民政府和有关部门保障劳动教育的情况进行督导。对学校劳动教育开课率、学生劳动实践组织的有序性、教学指导的针对性、保障措施的有效性等进行督查和指导。督导结果要向社会公开，作为衡量区域教育质量和水平的重要指标，作为考核被督导部门和学校及其主要负责人的依据。开展劳动教育质量监测，强化反馈和指导。

四、加强宣传

根据党中央的要求、新时代社会变化的特点和青年学生的需求，进一步加大劳动宣传力度，在传播内容上，以弘扬新时代的劳模精神、劳动精神和工匠精神为核心，广泛传播劳动科学和劳动技能，培育广大青年的劳动观念，增长劳动才干；在传播方式上，把传统宣传手段和现代传媒技术紧密结合起来，充分运用媒体的优势和传播快、传播广、传播形式新颖的特点，以生动活泼、接地气的方式，讲好劳动、劳动者、劳模和工匠故事，以营造尊重劳动的良好社会氛围，深刻影响下一代；在传播体制机制上，形成社会各有关方面协同配合共同参与的劳动教育社会传播体制机制，把对劳动的宣传常态化、持久化。

📚【延伸阅读】

构建新时代高校劳动教育实施体系

中共中央、国务院发布的《关于全面加强新时代大中小学劳动教育的意见》就加强劳动教育进行了顶层设计和部署安排，这对新时代大学生劳动教育提出了明确要求，高校应主动作为，把劳动教育作为立德树人的重要途径，构建高质量的劳动教育实施体系，促进学生全面发展。

一、推进课程建设，强化劳动教育主阵地建设

课程是教育教学的主渠道与重要载体，高校应以课程为主阵地，推动大学生劳动教育的落地实施，通过设置课程目标、精选课程内容、创设丰富体验情景，推进开放共融式劳动教育课程建设。

根据国家对劳动教育的相关要求及大学生成长发展规律，分年级设置课程目

标。低年级学生通过参与生活性、服务性劳动实践，明确劳动动机、端正劳动态度、习得劳动技能；高年级学生通过参加生产性、创新性劳动，培养劳动精神及公共服务精神。以五育并举为目的，分阶段选编课程内容。凝练大国工匠和大国英模的先进事迹，以其崇高精神引领学生成长发展，引导学生把小我发展融入大我建设中去，以劳育德；组织学生参与校内外劳动实践与公益志愿服务活动，培养良好劳动习惯，以劳健体。结合实习需求，深化学生专业实践，在创新创业、专业技能实践中强化专业学习，体验创造美好、收获成果的能力，以劳增智育美。

组织开展体验式、情境化教学实践。设置专项活动，组织低年级学生开展校园保洁、学习家政园艺，在身体力行的体验中，增长劳动知识，树立热爱劳动的意识。以实习实训、创新创业、专业竞赛等项目化方式组织高年级学生开展"专业技能提升"活动，强化学生解决实际问题能力与劳动实践能力。把劳动教育与职业生涯规划教育相融合，以主题班会、学习研讨、体验分享等方式，培养学生职业精神与公共服务精神。

二、丰富育人载体，建设家校社协同育人共同体

家校社协同育人，符合人的全面发展要求和教育教学规律。高校应推动家校社劳动实践育人基地的建设，挖掘校内外实践育人资源，丰富育人载体，构建以学校教育为主导、家庭教育为基础、社会教育为延伸的协同育人模式。

联动教务处、学工处、校团委、后勤等部门，充分挖掘校内实践育人资源。在学校开辟劳动实践体验区域，发挥校园文化景观及自然景观的隐性育人功能，让校园的草坪花带、绿植景观成为学生劳动体验、志愿服务的育人场地。设置劳动教育体验周，划定班级负责区域，激发学生校园主人翁精神，使其主动持续地参与到校园的环境建设中来。

拓宽劳动教育场域，积极推进与行业企业、科研机构、基层社区的共建合作。紧跟时代发展，结合新业态、新产业、新模式，建立高新企业、农林场所、文化场馆等校外劳动教育实践基地，组织学生开展研学活动，体验现代科技发展。充分发挥家庭的基础教育功能，引导学生在寒暑假期间帮助父母分担家务、下农田参与耕种劳作、到社区开展志愿服务活动，在广阔的社会大舞台体验锻炼，思考感悟，收获成长。结合专业培养特点与劳动新业态的发展，把劳动教育的体验实践与专业教育、技能培训相结合，拓展与深化专业实习基地的育人功能，引导学生在实践中习得专业技能，深化对劳动的认同感。

三、注重多元评价，形成劳动素养评价标准

评价对教育教学起着导向、激励和调节的作用，是促进学生全面发展与提升之本，高校应建立科学客观的评价标准对学生劳动能力、劳动素养进行多元综合的评价。

充分发挥评价的积极作用，坚持结果评价与过程评价相结合，综合学生参与劳动课程实践及日常劳动表现进行课程评价，根据学生参与劳动实践、完成劳动作业、志愿服务与创新创业等方面情况，全过程评价学生劳动课业表现。采用表现性评价，通过举办劳动操作展示、成果展示、劳动技能竞赛等方式让学生展示劳动体验中的所感所获，对其劳动能力、劳动素养进行全方位、多角度评价，激发与调动学生主动参与的积极性。

把学生劳动价值观、劳动知识、劳动能力、劳动习惯外化为可操作性评价指标，明确学年内劳动实践类型、次数、时长等考核要求，把劳动教育纳入学生综合素质测评体系，全面评价学生劳动素养。推进第二课堂成绩单制度建设，以信息化方式全面记录学生劳动教育实践和具体成果，为全面评价学生综合素质提供数据支持。（选自 2022 年 8 月 16 日光明网）

第三节　高校劳动安全风险防范与安全保障

中共中央、国务院印发《关于全面加强新时代大中小学劳动教育的意见》要求着力提升劳动教育支撑保障能力，多方面强化安全保障，各地区要建立政府负责、社会协同、有关部门共同参与的安全管控机制。建立政府、学校、家庭、社会共同参与的劳动教育风险分散机制，鼓励购买劳动教育相关保险，保障劳动教育正常开展。各学校要加强对师生的劳动安全教育，强化劳动风险意识，建立健全安全教育与管理并重的劳动安全保障体系。安全保障是开展劳动教育的前提，有助于学生树立科学的劳动观念，形成"生命至上，安全第一"的认识，牢固树立职业安全意识。

一、防范劳动教育中的安全风险

劳动教育作为职业劳动过程，存在诸多劳动安全风险，涉及组织管理、人员

素质、交通和环境条件等方面。

（一）组织管理风险

（1）规章制度风险。一是没有预先制定劳动教育活动方案、实施手册或规范。二是规章制度缺失，没有针对劳动教育活动制定规章制度，缺乏可行性。三是没有建立完善的协调机制和责任机制。

（2）应急预案风险。在开展活动及遇到突发情况时缺少应急机制，组织者责任意识不到位，缺乏应急预案，安全保障机制不完善。应急预案流于形式，没有开展专项安全教育和应急演练，组织者和学生缺乏应对危机的相关培训。

（3）应急救援能力风险。由于缺乏事前的准备与培训、缺少事故救援物资、专业救援力量配备不够，导致事故救援能力不足，难以处置突发事件。

（二）人员素质风险

（1）学员风险。参加劳动实践活动时，容易发生学生擅自单独活动、学生之间发生纠纷、劳动实践过程中违规危险作业等不安全行为。在教学工作中，学生会突发生理疾病或意外伤亡，给劳动教育活动带来了风险。

（2）教管人员风险。一是教管人员自身出现疾病导致无法履行安全管理职责。二是缺乏职业素养，思想认识不够，安全意识不强，没有依照安全规章制度行事，对学员疏于管理。三是缺乏应急能力，事前未做充分的风险评估和突发事件应急预案及演练，安全防范措施不到位，没有能力应对突发事件。

（3）社会人员风险。劳动教育基地往往是开放的社会场所，存在许多安全隐患，如学生容易成为反社会分子袭击的目标。

（三）交通风险

（1）交通工具风险。交通工具应优先选择航空或铁路。选择公路交通时，应提前进行安全检查，排查车辆故障。

（2）交通路线风险。交通路线选择不当，遭遇道路维修、封路、路面崎岖不平等情况，会增加交通安全风险。

（3）司机素质风险。挑选身心健康的司机，防范司机出现疲劳驾驶、酒后驾驶和违规驾驶等行为。

（四）环境条件风险

环境条件风险主要包括三种：一是生活环境风险。避免出现卫生不达标、饮食不卫生现象，采取措施防范传染病。二是人文环境风险。要防范治安风险，防止偷盗抢劫等事件的发生，避免发生群体性事件。尊重地方风俗习惯，避免文化冲突。三是自然环境风险。当实践基地处于水域、沙漠、山地和高原等特殊环境时，学员应配置相关防护措施，避免出现意外。留意当地天气变化，防止意外发生。

二、建立劳动教育安全保障机制

劳动教育安全保障体系是指充分调动各种要素，对劳动教育活动中可能出现的安全问题采取预防和处置措施，对安全事故具备预防、监管和处理能力。科学规范的劳动教育安全保障机制是劳动教育安全保障体系的重要基础。

（一）建立劳动教育安全管控机制

建立劳动教育安全管控机制是保证劳动教育活动安全、有序开展的重要手段。政府要建立健全劳动教育安全保障制度，特别是针对突发性安全事件，要制定详细的预案，包括安全责任、事故处理流程等内容。学校教育侧重于安全教育，学生和老师的安全意识需要通过系统教育进一步提升。在劳动实践的过程中，组织者要提前评估劳动教育活动的安全风险，强化劳动管理，明确各方责任，防患于未然。劳动教育不是单纯的学生活动，而是多部门协同教育的结果，以教育部门为主，交通、公安、财政等部门都对学生的劳动教育有着重要的影响，劳动教育过程需要各个部门之间通力合作，建立跨部门协调与合作机制。

（二）建立劳动教育风险分散机制

建立劳动教育风险分散机制是保障劳动教育开展的长效之策，政府应完善学生劳动教育意外伤害保险制度。2002 年 6 月，教育部颁布的《学生伤害事故处理办法》规定："学校有条件的，应当依据保险法的有关规定，参加学校责任保险。"2007 年，中共中央、国务院下发《关于加强青少年体育增强青少年体质的意见》，提出"建立和完善青少年意外伤害保险制度，推行由政府购买意外伤害校方责任险的办法，具体实施细则由财政部、保监会、教育部研究制定"。学校和家庭为参加劳动教育的学生购买相关保险，建立完善的学生劳动教育意外伤害保险制度，保障劳动教育正常开展。

学校、家庭和各部门共同承担劳动教育风险：一是学校应建立健全劳动安全保障体系。学校在教学的过程中加强安全教育，学校要科学评估劳动安全风险，排除劳动实践中的各种安全隐患，做到防患于未然。二是鼓励家庭投保学生意外伤害险。家长或监护人要对孩子进行安全教育，减少劳动意外伤害，有条件的家庭应投保学生意外伤害险。三是各部门承担责任。劳动教育涉及部门较多，每个部门都有自己的社会责任。

（三）建立劳动教育应急与事故处理机制

学校应提前制定劳动教育活动应急预案，建立完善劳动教育应急与事故处理机制，制定可行的劳动教育活动方案。劳动教育活动应严格遵照课程设计原则，根据校情、生情和课程延伸需要，执行合理的实践计划，设计科学的路线。

（1）提前制定劳动教育应急预案。在劳动教育活动前，学校提前到目的地进行现场安全性调查，判定是否符合活动条件，制定有针对性的应急预案。

（2）切实进行安全应急演练。在劳动教育实践开展之前，学校应组织师生进行安全专题教育及演练培训。

（3）规范、科学处置突发情况。实践活动中如果发生突发情况，学校应及时启动应急预案，规范、科学地应对险情。

（4）提供活动现场应急保障条件。根据活动的内容，确定活动现场应急保障的水平。一般来讲，组织者要清楚活动附近是否有医疗机构，能否及时接诊，同时需要组织者随身配备日常所需药物。

【本章习题】

一、简答题

1. 劳动教育的组织实施包括哪些内容？
2. 劳动教育保障机制的构成要素有哪些？

二、论述题

1. 如何加强高校劳动教育师资队伍多元化建设？
2. 如何加强劳动教育评价体系建设？
3. 如何加强劳动教育技术保障？

【参考文献】

［1］刘向兵，等．新时代高校劳动教育论纲［M］．北京：社会科学文献出版社，2019.

［2］徐趁丽，石林，佘林芳．新时代大学生劳动教育教程［M］．北京：中国书籍出版社，2020.

［3］李效东．大学生劳动教育概论［M］．北京：清华大学出版社，2021.

第十一章 劳动法规与劳动政策

【核心问题】

☑大学生的劳动者身份

☑劳动合同法

☑大学劳动实践中的权益、义务与责任

【学习目标】

通过本章学习，了解大学生劳动者身份的内涵，掌握劳动关系认定的条件，熟悉劳动者与用人单位签订劳动合同的基本内容、形式、类型、约定条款、解除条件；理解签订劳动合同的必要性；结合所学知识，能根据个人将来可能从事的职业，拟定一份个人与单位的劳动合同；具有法治观念，自觉守法用法。

【延伸阅读】

典型案例

一、案例介绍

赵某是某事业单位的一名职工，1996 年与该单位签订了聘用合同，工作期间认真负责，工作能力较强。赵某于 2011 年 8 月向该单位人事处提交书面辞职申请，在离开单位时辞职手续还没来得及办完。2015 年，赵某的家人带着药费单据找到该单位，告知赵某已在 2012 年 6 月因病进入医院治疗，要求该单位为赵某办理医疗费用报销手续，并支付赵某 2012 年 6 月以后的病假工资。但是，该单位以赵某已经于 2011 年 8 月提出了辞职，双方早已解除了聘用关系为由，拒绝了赵某家人的要求。

2015 年 8 月，赵某的家人向该市劳动人事争议仲裁委员会提请仲裁，要求确认赵某与该单位的聘用合同尚未解除，支付赵某病假工资 9 万余元，并报销医疗费用。

2015 年 8 月，经调解无效，该劳动人事争议仲裁委员会裁决：由于该单位未提供充分证据证明已按照《中华人民共和国劳动合同法》规定，为赵某出具解除聘用合同证明，并办理相关的档案、社会保险转移手续，裁定该单位解除聘用关系的处理无效。

该单位不服，向该市人民法院提起诉讼，出具了带有人事处长签字批准的赵某的书面辞职申请作为证据，要求法院确认单位与赵某的聘用关系已于 2011 年 8 月解除，无须支付病假工资，无须办理医疗费报销手续。

2015 年 9 月，该市人民法院一审判决：该单位自判决生效后 7 日内，按该市最低工资标准支付赵某自 2011 年 8 月 25 日住院以后的病假工资；为赵某办理医疗费报销手续；由于单位未履行法定解除程序，与赵某双方的聘用关系并未解除。

二、本案件适用的相关法律条款

《中华人民共和国劳动合同法》第五十条规定：用人单位应当在解除或者终止劳动合同时出具解除或者终止劳动合同的证明，并在十五日内为劳动者办理档案和社会保险关系转移手续。

三、案例点评

（1）事业单位实行聘用制也要受《中华人民共和国劳动合同法》调整。

事业单位是指国家为了社会公益目的，由国家机关举办或者其他组织利用国有资产举办的，从事教育、科技、文化、卫生等活动的社会服务组织。根据《中华人民共和国劳动合同法》第九十六条规定，事业单位与实行聘用制的工作人员订立、履行、变更、解除或者终止劳动合同，法律、行政法规或者国务院另有规定的，依照其规定；未作规定的，依照本法有关规定执行。

该单位作为事业单位，聘用赵某到单位任职，与实行聘用制的赵某于1996 年签订聘用合同，在法律、行政法规或者国务院对解除或者终止合同程序无具体规定的情况下，应当依照《中华人民共和国劳动合同法》有关规定执行。

（2）赵某的辞职信，不能证明双方关系已解除。

在本案的调查和审理过程中，赵某的辞职信能否证明双方关系已解除的问题也是双方争议的焦点。在本案庭审时，该事业单位拿出了带有人事处长签字批准的赵某的书面辞职申请作为证据，要求法院确认双方的聘用关系已于 2011 年 8 月解除。赵某家人则认为人事处长不能代表单位的意见，要求法院不予支持。

人事处长的签字批准能否代表单位的批准，应当通过该单位的有关规章制度、工作程序、部门职责和权限来判定。该单位能否提供证据说明人事部门就是代表单位处理人事事件的职能机构，是决定赵某的辞职能否证明关系解除的关键。所以，本案当中，该单位只提供带有人事处长签字批准的辞职申请，是不能够充分证明双方关系已经解除的。

（3）解除劳动关系，履行法定程序是必需的。

通过以上分析可见，显然该单位并未按照《中华人民共和国劳动合同法》第五十条规定：用人单位应当在解除或者终止劳动合同时出具解除或者终止劳动合同的证明，并在十五日内为劳动者办理档案和社会保险关系转移手续。因此，该单位属于违反法定解除程序，双方聘用关系尚未办结，聘用关系仍然存续。

既然聘用关系存续，该单位就应当依法承担相应的劳动法律义务，所以应当按该市最低工资标准支付赵某 2011 年 8 月后的病假工资，并为其办理医疗费报销手续。

即使是劳动者主动提出解除或者终止劳动合同，用人单位也绝不能掉以轻心。用人单位是否做到严格履行法定解除程序，直接决定着双方关系是否办结，它是用人单位对离职劳动者结束履行劳动法律义务的关键。劳动者提出解除或者终止劳动合同有两种主要形式：口头辞职和书面辞职，用人单位要注意区别对待和处理。同时，用人单位还应当注意完善自身关于劳动关系解除的管理制度及工作程序，明确各部门的职责和权限，学会使用《中华人民共和国劳动合同法》维护用人单位的合法权益。同时，用人单位在管理过程中，还应加强对员工工作、生活情况的关怀，及时了解员工的身体、精神状况，以便采取适当的管理措施，降低劳动争议风险。（选自《劳动纠纷 10 大经典案例及法规剖析》）

第一节　大学生的劳动者身份

大学生是不是劳动者，这个问题非常关键，因为它直接影响相应的劳动法和社会保障法是否能够适用。在过去的 20 多年中，学术圈及实务界对此一直都有争议。2007 年 3 月，《新快报》调查发现广州麦当劳、肯德基这些快餐店的部分餐厅服务员每小时工资只有 4 元多，而当时广州最低工资标准是每小时 7.5 元，也就是说，在这个问题上快餐店涉嫌违法用工，当地的劳动行政部门介入之后，调查结果显示快餐店的行为并没有违反法律规定①。

为什么会有这样的结论呢？因为相关的餐厅服务员都是兼职的在校大学生，没有劳动者的资格，所以不适用最低工资的规定。其法律依据是《关于贯彻执行〈中华人民共和国劳动法〉若干问题的意见》（以下简称《若干意见》）第十二条"在校生利用业余时间勤工助学，不视为就业，未建立劳动关系，可以不签订劳动合同"。因此，麦当劳、肯德基当时跟这些服务员签的是劳务协议。

一、劳动关系的认定条件

现行的《中华人民共和国劳动法》（以下简称《劳动法》）和《中华人民共和国劳动合同法》（以下简称《劳动合同法》）等法律对劳动关系都没有定义，也没有包含劳动者的概念。在实务中认定劳动关系适用的是 2005 年 5 月 25 日发布的《关于确立劳动关系有关事项的通知》（劳社部发〔2005〕12 号）。这个文件提到，要同时符合以下三个方面的条件，才可以认定劳动关系。

首先，用人单位和劳动者都要符合法律法规规定的主体资格，也就是所谓的主体资格；其次，用人单位和劳动者之间有管理和被管理的关系，劳动者从事的是用人单位安排的有报酬的劳动，具体的体现可能是劳动者需要遵守用人单位制定的各项规章制度；最后，劳动者提供的劳动是用人单位业务的组成部分。

在这个语境下需要关注第一点，即主体资格的问题。主体资格有哪些要求呢？我们的法律其实没有明确规定，只有一些零散的法规提到哪些人不是劳动者，如公务员、比照实行公务员制度的事业组织和社会团体的工作人员、现役军人、家庭保姆等。

之所以认为在校大学生不是劳动者，是因为 1995 年《若干意见》第十二条的规定。这个规定虽然是一个很早的规定，但一直没有被废止，所以在很长一段时间，劳动仲裁和法院大多采取一刀切的做法，也就是说，只要大学生没有拿到

---

① 记者卧底麦当劳肯德基　拿非法用工证据［EB/OL］.［2022-06-17］. http：//news. sohu. com/20070404/n249199588. shtml.

毕业证，无论是勤工俭学还是实习，都属于在校生，不具备劳动者的资格。

二、案例

这种一刀切的做法直到 2010 年才有较大改变，当时的《中华人民共和国最高人民法院公报》上刊登了一个案件，即郭懿诉江苏益丰大药房连锁有限公司劳动争议案，《中华人民共和国最高人民法院公报》裁判摘要为："即将毕业的大专院校在校学生以就业为目的与用人单位签订劳动合同，且接受用人单位管理，按合同约定付出劳动；用人单位在明知求职者系在校学生的情况下，仍与之订立劳动合同并向其发放劳动报酬的，该劳动合同合法有效，应当认定双方之间形成劳动合同关系。"

实际上，该案的案情比较简单。郭某是江苏广播电视大学药学专业的学生，本应该在 2008 年 7 月毕业，但是他在 2007 年 10 月到益丰大药房求职，经其人力资源部和总经理审核同意后试用，2007 年 10 月底双方签订了一个为期三年的劳动合同，劳动合同里面对工作岗位、工资标准、试用期都作了约定。但是，合同履行了一段时间以后，在 2008 年 7 月，也就是郭某即将毕业的时候，不知出于什么原因，益丰大药房向南京市白下区的劳动争议仲裁委员会提出了劳动仲裁，要求仲裁委员会确认他们之间的劳动关系不成立。仲裁委员会按照《若干意见》的第十二条，以郭某是在校学生，不符合就业条件，不具有建立劳动关系的主体资格，双方争议不属于劳动争议处理范围为由，终结了仲裁。之后，郭某不服诉至南京市白下区法院，一审法院的态度与劳动争议仲裁委员会不一样。法院认为，要判断双方之间的劳动合同是否有效，要看郭某是否具备主体资格。郭某在签订劳动合同的时候已经年满 19 岁，符合《劳动法》规定的就业年龄，具备建立劳动关系的行为能力和责任能力。学生的身份并不当然限制他作为一个普通的劳动者加入劳动力的群体。一审法院又提到，《若干意见》的第十二条只适用于在校生勤工助学行为，即不以就业为目的地打工补贴学费、生活费的情况，并不能因此而否定在校生的劳动权利。本案中郭某不属于勤工俭学，他在登记求职时已经完成了全部学习任务，明确表达了求职意愿，益丰大药房也知晓郭某尚未毕业的情况，双方也自愿签订了劳动合同书，所以双方之间劳动合同是有效的。该案二审在南京市中级人民法院维持了原判。

此处需要强调一点，我国并不是一个判例法国家，所以这个案例登在了最高人民法院公报上，这并不意味着其他的下级法院都必须按照这样判案，但它仍然具有相当的权威性。

2010 年以后，可以陆续看到有一些法院作出了类似的判决，这个判决本身有一定的进步性，但它也有一定的局限性。因为这个案情比较特殊，郭某已经完成了相应的学分，即将毕业，而且他跟益丰大药房已经签了书面的劳动合同，只不过后面益丰大药房以他没有拿到毕业证为由，想要推翻已经签订并且履行了一段时间的劳动合同。

但是，这样的判决不能够解决麦当劳、肯德基低薪事件，因为该事件里的在校学生在快餐店打工属于勤工助学。

从学术的角度出发，笔者认为问题的实际根源在于《若干意见》的第十二条规定已经过时。因为 1995 年出台这项规定的时候，我国处于社会主义市场经济体制初步建立阶段，当时的大学生是国家干部，包分配工作且不用交学费，学校和学生之间的管理和被管理关系相当严格，勤工助学的现象不是那么普遍，而且它的渠道也比较有限。现在社会高速发展，将有特殊时代背景的规定完全套用在当今社会，其实不合时宜。另外，实际上大学生在勤工俭学时需要遵守用人单位的规章制度，类似前述快餐店打工的大学生，他们一样要服从快餐店的管理，如在餐厅规定的时间上下班、工作时穿统一制服、说同样的礼貌用语等，其提供的点餐送餐服务也是快餐业务的组成部分，和其他不是在校学生的劳动者并没有本质差别①。

总之，直到现在学术界和实务界对于大学生是不是劳动者依旧存在争议，只不过已经放弃了一刀切的做法，而是根据具体的情况具体判断。

第二节　劳动合同法

《中华人民共和国劳动合同法》是规范劳动关系的重要法律。制定本法目的在于完善劳动合同制度，以改善劳动关系。同时，使建立和发展劳动关系的过程和谐稳定，以明确劳动合同双方的权利和义务，达到保护劳动者合法权益的目的。此法于 2007 年 6 月 29 日通过，自 2008 年 1 月 1 日起施行。《全国人民代表

---

① 王倩. 非全日制用工规定的缺陷及其完善——以麦当劳低薪事件为例 [J] 法学，2007（7）：52-58.

大会常务委员会关于修改〈中华人民共和国劳动合同法〉的决定》已由中华人民共和国第十一届全国人民代表大会常务委员会第三十次会议于 2012 年 12 月 28 日通过，自 2013 年 7 月 1 日起施行。

一、劳动合同概述

劳动合同是调整劳动关系的基本法律形式，约定用人单位和劳动者双方在劳动关系存续期间甚至终结之后的权利与义务，涉及双方的直接权益。《劳动合同法》是我国劳动法律体系的重要组成部分，此法可以调整和规范劳动合同订立、变更、终止和修订等一系列操作。《劳动合同法》的制定和颁布标志着我国劳动合同制度的不断完善，对规范劳动力市场秩序和企业用工形式，协调、平衡用人单位和劳动者双方的利益关系，发展和谐劳动关系具有重大意义。

（一）劳动合同的定义

劳动合同俗称劳动契约、劳动协议，根据《劳动法》第十六条规定：劳动合同是劳动者与用人单位确立劳动关系、明确双方权利和义务的协议。建立劳动关系应当订立劳动合同。理解劳动合同，应该准确认识以下几点：

（1）劳动合同是劳动者与用人单位之间签订的协议。劳动者和用人单位是劳动合同的主体方。劳动者是指达到法定年龄，具有劳动能力，并在用人单位管理下实际参加劳动，以自己的劳动获得劳动报酬的自然人。用人单位是指依法招用和管理劳动者，并向劳动者支付劳动报酬的组织和个人。

（2）劳动合同是明确双方权利、义务的协议。用人单位应及时安排被录用劳动者的工作，按照劳动合同的约定提供必要的劳动条件，保证劳动者享有劳动保护、社会保险、福利等待遇。劳动者依据劳动合同成为用人单位的一员，有义务按照合同约定的岗位、工种或者职务提供劳动，完成劳动任务，提高职业技能，执行劳动安全卫生规程，并遵守用人单位依法制定的规章制度和职业道德。同时，劳动者享有平等就业权和自主择业权，享有获得劳动报酬、接受职业技能培训、休息休假、获得劳动安全卫生保护、享受社会保险和福利的权利，享有提请劳动争议处理的权利等。

（3）劳动合同是双方在平等自愿基础上达成的协议。劳动合同是双方"合意"形成的法律文件，对双方都具有约束力，也是维护双方合法权益的法律。

（二）劳动合同立法的基本原则

我们国家劳动合同制度发展至今，已有 100 多年的历史。劳动人事部于

1983 年 2 月发出《关于积极试行劳动合同制的通知》，要求无论是全民所有制单位还是县、区以上集体所有制单位，在招收普通工种或技术工种的工人时，用人单位与被招用人员都要订立劳动合同规定双方权利和义务。1986 年 7 月，国务院发布《国营企业实行劳动合同制暂行规定》，该规定从 1986 年 10 月 1 日起实施。2005 年 10 月，国务院常务会议讨论通过《中华人民共和国劳动合同法（草案）》，并提请全国人民代表大会常务委员会审议。2007 年 6 月 29 日，第十届全国人民代表大会常务委员会第二十八次会议通过了《中华人民共和国劳动合同法》。依据《劳动合同法》第三条，订立劳动合同，应当遵循合法、公平、平等自愿、协商一致、诚实信用的原则。

（1）合法原则。合法原则是指用人单位与劳动者所签订的劳动合同在形式与内容上必须符合法律规定。劳动合同必须以书面形式订立，且劳动合同的形式与内容必须与法律规定相一致，用人单位需要承担书面合同的法律效应。口头合同不具备法律效应，若双方发生争议，用人单位不需要承担法律后果。

（2）公平原则。公平原则是指用人单位和劳动者订立劳动合同时遵循公平原则确定双方的权利和义务。公平原则实际上体现了一种社会道德观念，体现了人们对事物判断的正义、无偏私。劳动合同在订立时要对用人单位和劳动者作出同等的规范，在规定双方的权利和义务时，要确保公平性和合理性。公平是法律的价值选择之一，也是社会公德的体现。

（3）平等自愿原则。在订立劳动合同时，劳动者和用人单位具有平等的法律地位，不存在命令、管理和被管理的关系，订立劳动合同时不分高低、上下级，双方能够自由表达真实的意愿，有平等要求利益的权利。任何一方不得将自己的意志强加于对方，保证当事人能够根据自己的真实意愿作出决定，采用暴力、威胁等手段订立的劳动合同无效。

（4）协商一致原则。劳动合同的订立必须协商一致。合同是双方意思表示一致的结果，劳动合同是合同的一种类型，也受自由意志协商一致的制约。经过双方当事人对合同条款的充分讨论、磋商，最后在达成一致意见的基础上订立劳动合同。合同签订坚持协商一致原则，合同才能真正体现双方意愿，使当事人自觉履行劳动合同。

（5）诚实信用原则。诚实信用原则就是订立劳动合同要诚实，讲信用，具有重大的理论与实践指导意义。《劳动合同法》第八条规定：用人单位招用劳动者时，应当如实告知劳动者工作内容、工作条件、工作地点、职业危害、安全生产状况、劳动报酬，以及劳动者要求了解的其他情况；用人单位有权了解劳动者与劳动合同直接相关的基本情况，劳动者应当如实说明。

（三）劳动合同的法律特征

劳动合同的法律特征包含以下几方面：①劳动合同是劳动者与用人单位以合同形式确立双方权利和义务的法律形式。②劳动合同是一种民事法律行为。合同当事人都要接受合同的约束。劳动合同当事人的权利和义务是统一的，劳动者有权享受法律法规及劳动合同规定的劳动保险和生活福利，用人单位有义务提供劳动法律法规及劳动合同规定的劳动保护条件。③合同是一种双方或多方或共同的民事法律行为。④合同双方应当遵守法律、行政法规。合同的主体、形式、内容、程序等必须合法，合同必须依法成立，具有法律约束力。⑤劳动合同的订阅、变更、终止和解除，要按照国家劳动法的规定。

二、劳动合同的内容和期限

（一）劳动合同的内容

1. 劳动合同必备条款

参照《劳动法》第十九条规定，劳动合同应当以书面形式订立，并具备以下条款：

（1）劳动合同期限。劳动合同的期限分为固定期限、无固定期限和以完成一定工作任务为期限三种。固定期限劳动合同是指用人单位与劳动者约定合同终止时间的劳动合同，如一年期限、三年期限等；无固定期限劳动合同，是指用人单位与劳动者约定无确定终止时间的劳动合同；以完成一定工作任务为期限的劳动合同是指用人单位与劳动者约定以某项工作的完成为合同期限的劳动合同。

（2）工作内容。用人单位与劳动者在工作内容的基本规定中，可以约定好劳动者的工作岗位、工作数量、工作任务等内容。这一条款是建立劳动关系的重要因素，也是劳动合同的核心条款。如果劳动合同中工作内容约定不明确，随意调整工作岗位，进而变动劳动内容，造成劳动关系不稳定，或者工作岗位约定过死，都有可能产生合同纠纷。

（3）劳动保护和劳动条件。劳动保护依照劳动法规定包含劳动安全保护和劳动卫生保护两个基本内容。劳动保护含劳动安全卫生、女职工和未成年工特殊保护的规定和制度，有关劳动卫生方面的法律法规。劳动条件一般指劳动者在劳动过程中所必需的物资设备条件。

（4）劳动报酬。该条款可规定标准工资、加班工资、奖金、津贴、补贴金额、支付时间和方式等。

（5）劳动纪律。作为使劳动过程保持秩序的一种手段，应当将用人单位的内部规章制度约定进来，并印制成册，以合同附件的形式加以简要约定。

（6）劳动合同终止的条件。有下列情形之一的，劳动合同终止：劳动合同期满的；劳动者开始依法享受基本养老保险待遇的；劳动者死亡，或者被人民法院宣告死亡或者宣告失踪的；用人单位被依法宣告破产的；用人单位被吊销营业执照、责令关闭、撤销或者用人单位决定提前解散的；法律、行政法规规定的其他情形。

（7）违反劳动合同的责任。违反劳动合同的责任是一种违约责任，指合同订立以后，劳动合同当事人因自己的过错造成劳动合同没有履行或没有完全履行，依照法律规定或当事人约定所承担的法律责任。用人单位和劳动者如有违反劳动合同的情况，依据《劳动合同法》第八十条至第九十五条承担相应责任。

对比《劳动法》《劳动合同法》中的必备条款，可以发现，《劳动合同法》的规定更为详细、更加具体。参照《劳动合同法》第十七条规定，劳动合同应当具备以下条款：用人单位的名称、住所和法定代表人或者主要负责人；劳动者的姓名、住址和居民身份证或者其他有效身份证件号码；劳动合同期限；工作内容和工作地点；工作时间和休息休假；劳动报酬；社会保险；劳动保护、劳动条件和职业危害防护；法律、法规规定应当纳入劳动合同的其他事项。劳动合同除前款规定的必备条款外，用人单位与劳动者可以约定试用期、培训、保守秘密、补充保险和福利待遇等其他事项。

劳动合同是一种特殊类型的合同，双方自签署之时起就具有法律效力，受到法律的保护。双方可以自由约定劳动关系存续的时间、各方需要承担的责任等，合法自愿约定的行为一般都是合法的，在发生纠纷时，也可以将合同作为判决依据。

2. 劳动合同补充条款

根据法律规定，除上述七项必备条款外，用人单位与劳动者订立的劳动合同还可以就其他内容进行协商约定，一般称为协商条款或约定条款。在国家法律法规不明确或者尚无法规定的情况下，劳动合同双方可以根据双方实际情况协商约定其他条款。劳动行政部门印制的劳动合同样本，其必备条款一般情况下写得都很具体，同时还会留出一定版面由双方随机约定一些条款，如试用期、商业秘密、福利待遇、房屋分配或购置等内容。

（二）劳动合同的期限

劳动合同期限一般分为三类：有确定终止时间的固定期限劳动合同、没有确定终止时间的无固定期限劳动合同和以完成一定工作任务为期限的劳动合同。

1. 固定期限劳动合同

依据《劳动合同法》第十三条规定：固定期限劳动合同，是指用人单位与劳动者约定合同终止时间的劳动合同。具体而言，劳动合同双方将合同生效的起止日期在劳动合同中作明确规定，到达终止日期后，劳动关系终止。如需延长劳动期限，双方协商一致，可以续订劳动合同。根据《劳动合同法》的规定，双方协商确定固定期限劳动合同的期限。一般来说，固定期限劳动合同是一年、三年或五年。

固定期限劳动合同制度的主要作用是建立和谐、稳定的劳动关系，这不仅是对劳动者权益的一种保护，还是对用人单位长期利益的一种保护。企业与劳动者签订固定期限劳动合同能够留住人才，增强企业与员工之间的互信，增强员工的忠诚度，有利于建立和谐、稳定的劳动关系。

2. 无固定期限劳动合同

据《劳动合同去》第十四条规定：无固定期限劳动合同，是指用人单位与劳动者约定无确定终止时间的劳动合同。用人单位与劳动者协商一致，可以订立无固定期限劳动合同。有下列情形之一，劳动者提出或者同意续订、订立劳动合同的，除劳动者提出订立固定期限劳动合同外，应当订立无固定期限劳动合同。

（1）劳动者在该用人单位连续工作满十年的。

（2）用人单位初次实行劳动合同制度或者国有企业改制重新订立劳动合同时，劳动者在该用人单位连续工作满十年且距法定退休年龄不足十年的。

（3）连续订立二次固定期限劳动合同，且劳动者没有本法第三十九条和第四十条第一项、第二项规定的情形，续订劳动合同的。用人单位自用工之日起满一年不与劳动者订立书面劳动合同的，视为用人单位与劳动者已订立无固定期限劳动合同。

无固定期限劳动合同没有约定具体终止时间，只约定终止合同的条件。与有固定期限劳动合同相比，无固定期限劳动合同对劳动者更有利。有固定期限劳动合同到期后，用人单位可以拒绝与劳动者重新订立劳动合同。无固定期限劳动合同不存在到期的问题，除非出现法定原因或双方合意才可以解除。一旦出现了法律规定的情形，无固定期限劳动合同同样能够解除。只要没有出现法律规定的条件或者双方约定的条件，双方应继续履行劳动合同规定的义务。如无特殊情况，无固定期限合同有效期至劳动者达到退休年龄。无固定期限的劳动合同也是劳动合同的一种，在履行过程中，任何一方因某种原因想要或已经提议终止劳动合同，双方意见达成一致后，就可以依据《劳动合同法》第三十六条的规定解除劳动合同。当法律规定的可以解除劳动合同的条件出现，或当事人在合同中约定的可以解除劳动合同的条件出现时，无固定期限的劳动合同可以依照法定条件或约定条件解除。例如，劳动者有《劳动合同法》第三十九条规定的情形之一时，用人单位可以解除劳动合同。用人单位有《劳动合同法》第三十八条规定的情形之一时，劳动者可以解除劳动合同。

3. 以完成一定工作任务为期限的劳动合同

以完成一定工作任务为期限的劳动合同是指用人单位与劳动者约定以完成某项工作为合同终止条件的劳动合同。用人单位与劳动者协商一致，可以以完成一定工作任务为期限订立劳动合同。

三、劳动合同的订立、变更、解除

（一）劳动合同的订立

劳动合同订立是指劳动者和用人单位经过相互选择和平等协商，就劳动合同条款达成协议，从而确立劳动关系和明确相互权利、义务的法律行为。

1. 劳动合同订立的原则

《劳动法》第十七条规定："订立和变更劳动合同，应当遵循平等自愿、协商一致的原则，不得违反法律、行政法规的规定。"《劳动合同法》第三条规定，订立劳动合同，应当遵循合法、公平、平等自愿、协商一致、诚实信用的原则。综上所述，劳动者与用人单位签订劳动合同必须遵循以下三项基本原则：

（1）平等自愿原则。平等指双方当事人法律地位平等，都有权选择对方，并就合同内容表达各自独立的意志。自愿指劳动者与用人单位自由表达各自意志，主张自己的权益和意愿，任何一方都不得强迫对方接受其意志。凡采取欺诈、胁迫等手段，把自己的意愿强加给对方的，均不符合自愿原则。对于双方来讲，平等是自愿的基础，自愿是平等的表现，两者相辅相成、密不可分。平等自愿原则是劳动合同订立的基础和基本条件。

（2）协商一致原则。在订立合同过程中，劳动者与用人单位应当就劳动合同的期限、内容等条款进行充分协商，以达成双方对劳动权利和义务的约定。只有协商一致，合同才能成立。

（3）合法原则。合法原则指遵守国家法律、行政法规的原则。劳动者和用人单位订立劳动合同，不得违反国家法律、行政法规，这是劳动合同生效和受法律保护的前提，任何包括不合法内容的劳动合同均为无效合同，不受法律的承认和保护。依法订立劳动合同，以下要求必须符合：第一，目的必须合法。当事人签订劳动合同的企图正当，不得以订立劳动合同的合法形式掩盖非法意图和违法行为。第二，主体必须合法。双方当事人必须具备法定的主体资格。第三，劳动工作内容必须合法。双方必须在符合国家法律、法规和有关政策的前提下，设定合同的权利、义务等条款。第四，程序必须合法。有的地方性法规对劳动合同签订程序有法律要求，除了要求当事人签订书面合同并签字盖章外，还需要劳动行政主管部门的劳动合同管理机构进行鉴证方能生效。

（4）诚实信用原则。诚实信用原则是一项社会基本道德原则，用人单位和劳动者在订立劳动合同时要诚实、讲信用、不得欺诈对方。

2. 劳动合同订立的意义

（1）明确劳动合同双方的权利、义务及责任。通过订立劳动合同，明确双方当事人享有的权利和应该履行的义务。一方面把法律所赋予劳动合同当事人的抽象的、法律上的权利具体化；另一方面需要依据当事人双方的平等协商，创设一些法律未予明确但将给予承认和保护的权利。从这一意义来说，劳动合同的签订是劳动合同成立的前提。

（2）保障劳动合同双方各自的权益。当事人双方应严格按照合同的规定履行，任何一方未经合同另一方的同意，不得擅自变更或解除劳动合同，但法律赋予一方当事人在特定情况下享有单方解除权的除外。劳动合同的效力体现为受法律保障的强制执行力，法律通过要求当事人严格履行合同，并对违反合同的当事人处法律责任的方式，维护劳动合同的严肃性。

（3）作为处理劳动合同争议的依据。劳动合同当事人在履行合同过程中，基于对劳动合同条款的不同认识，或者因为其他原因，难免发生争议。在处理这些劳动争议时，争议处理机关应当在查明事实真相的情况下，依照合同和法律的规定，判断是非曲直，明确当事人的责任。

3. 劳动合同订立的条件

（1）用人单位。用人单位订立劳动合同的条件需要符合法定条件的两个方面：一个是用人权利能力；另一个是用人行为能力。对于用人单位来讲，必须具备依法承担用人义务和享有用人权利的资格。

（2）劳动者。劳动者订立劳动合同的条件也包含两个方面：一是劳动行为能力；二是劳动权利能力。

4. 劳动合同订立的一般程序和步骤

劳动合同的订立可以概括为以下两个阶段：

第一阶段由用人单位提出要约邀请，寻找并确定劳动者，这一阶段包括以下四个步骤：①公布就业要求或招工简章。招工条件、录用后的权利和义务是公布的两方面内容。②志愿报名。劳动者结合自身的爱好，根据招工条件，自愿报名。③全面考核。用人单位根据生产或工作的性质和需要，对报名的应招人员可以进行德、智、体全面考核。④择优录用。用人单位严格按照公开、公正、公平的原则进行评判，对应招人员进行全面考核，不得徇私舞弊。

第二阶段即完成要约和承诺的全过程。经过上一阶段，受要约人确定后，由用人单位提供劳动合同的草案，劳动者如果完全同意，即视为承诺，劳动合同即告成立。如果劳动者对劳动合同草案提出修改意见或要求增加新的内容，应视为对要约的拒绝。双方继续经过新的要约—再要约，反复协商，直至最终达成一致的协议。

劳动合同书应由用人单位的法定代表人或其书面委托代理人与劳动者签字（盖章），并注明签订日期。经双方当事人签字（盖章）的劳动合同书一式两份，用人单位和劳动者各持一份。

5. 劳动合同订立的效力

《劳动法》第十七条第二款规定：劳动合同依法订立即具有法律约束力，当事人必须履行劳动合同规定的义务。根据本条规定，劳动合同依法订立即具有法律效力，用人单位与劳动者应当履行劳动合同规定的义务。劳动合同依法订立，就受法律保护。非依法律规定或者征得对方同意，任何一方不得擅自变更或者解除，否则就要承担法律责任。具体劳动合同的生效时间，当事人可以在劳动合同中约定，没有约定的，应当自双方签字之日起生效。

（二）劳动合同的变更

劳动合同的变更，指劳动合同依法订立后，在履行过程中，由于约定条件或者法定原因发生变化，经双方协商同意，对已生效的劳动合同条款进行修改、补充或删改的法律行为。劳动合同变更是双方现有劳动权利、义务的发展。《劳动合同法》第三十五条规定：用人单位与劳动者协商一致，可以变更劳动合同约定的内容。变更劳动合同，应当采用书面形式。变更后的劳动合同文本由用人单位和劳动者各执一份。

1. 劳动合同变更的特征

劳动合同变更要在原合同的基础上，达成变更协议之前不能变更合同。合同内容的变更意味着合同的部分变更，而不是全部内容变更。合同变更后，原合同变更部分依变更要求履行，原合同未变更部分仍然有效，即合同变更只是部分变更原合同，并不消除原合同关系。

2. 劳动合同变更的情形

第一，一般情况下，劳动合同的内容经过双方协商一致，可以进行变更。一方当事人未经另一方当事人同意擅自改变合同内容的，变更的内容对另一方不具约束力，任意变更合同属于违约行为。第二，劳动合同订立的客观条件发生重大变化，导致无法履行劳动合同，需要变更劳动合同内容，用人单位与劳动者经过协商未达成一致协议的，用人单位在支付劳动者一个月的工资或书面通知劳动者三十日后，可以解除劳动合同。

"劳动合同订立时所依据的客观情况发生重大变化"，即发生不可抗力或出现致使劳动合同全部或者部分条款无法履行的其他情况，主要是指，所依据的法律、法规已经修改或者废止；企业迁移、资产转移、企业改制、部门撤并等；劳动者的身体健康状况发生变化、部分劳动能力丧失、其职业技能与所在岗位不相适应、职业技能提高了一定等级等，致使不能履行原劳动合同或者如果继续履行原合同规定的义务对劳动者不公平。

3. 劳动合同变更的程序

劳动合同变更的程序具体包括以下几点：首先，双方根据劳动合同变更细节进行商议，如果一方要求变更劳动合同相关内容的，应以书面形式向另一方发送变更请求，向对方提出变更合同的要求和理由，并约定答复期限，在规定的期限内对方给予答复：同意、不同意或提议再协商；其次，签订协议，在达成一致意见的基础上，书面记载变更的内容，即劳动合同变更内容的书面文件需经用人单位和劳动者双方签字或者盖章，才能发生法律效力；最后，劳动双方各执一份，为保证用人单位和劳动者全面履行劳动合同，避免劳动合同纠纷，同时也为了在发生劳动争议时有据可查，劳动合同的变更应当采用书面形式，变更后的劳动合同用人单位和劳动者各执一份，这对于确认和证明劳动合同法律关系已发生变更的事实具有重要意义。

（三）劳动合同的解除

劳动合同的解除是指双方提前终止劳动合同的履行，终止双方的劳动权利和义务。大多数国家对企业解除劳动合同都有自己的规定，并有自己严格的限制和程序。用人单位与劳动者协商一致，可以解除劳动合同。通过协商解除劳动合同没有具体限制，只要双方达成协议，且内容、形式和程序不违反法律禁止性和强制性规定。用人单位提出解除劳动合同的，应当向劳动者支付解除劳动合同的补偿。

1. 用人单位单方解除劳动合同

（1）用人单位单方解除劳动合同的条件。

根据《劳动合同法》第三十六条规定：用人单位与劳动者协商一致，可以解除劳动合同。根据《劳动合同法》第三十九条规定，劳动者有下列情形之一的，用人单位可以解除劳动合同：在试用期间被证明不符合录用条件的；严重违反用人单位的规章制度的；严重失职，营私舞弊，给用人单位造成重大损害的；劳动者同时与其他用人单位建立劳动关系，对完成本单位的工作任务造成严重影响，或者经用人单位提出，拒不改正的；以欺诈、胁迫的手段或者乘人之危，使对方在违背真实意思的情况下订立或者变更劳动合同的；被依法追究刑事责任的。

根据《劳动合同法》第四十条规定，有下列情形之一的，用人单位提前三十日以书面形式通知劳动者本人或者额外支付劳动者一个月工资后，可以解除劳动合同：劳动者患病或者非因工负伤，在规定的医疗期满后不能从事原工作，也不能从事由用人单位另行安排的工作的；劳动者不能胜任工作，经过培训或者调整工作岗位，仍不能胜任工作的；劳动合同订立时所依据的客观情况发生重大变化，致使劳动合同无法履行，经用人单位与劳动者协商，未能就变更劳动合同内容达成协议的。

根据《劳动合同法》第四十一条规定，有下列情形之一，需要裁减人员二十人以上或者裁减不足二十人但占企业职工总数百分之十以上的，用人单位提前三十日向工会或者全体职工说明情况，听取工会或者职工的意见后，裁减人员方案经向劳动行政部门报告，可以裁减人员：依照企业破产法规定进行重整的；生产经营发生严重困难的；企业转产、重大技术革新或者经营方式调整，经变更劳动合同后，仍需裁减人员的；其他因劳动合同订立时所依据的客观经济情况发生重大变化，致使劳动合同无法履行的。

裁减人员时，应当优先留用下列人员：与本单位订立较长期限的固定期限劳动合同的；与本单位订立无固定期限劳动合同的；家庭无其他就业人员，有需要扶养的老人或者未成年人的。

用人单位依照本条第一款规定裁减人员，在六个月内重新招用人员的，应当通知被裁减的人员，并在同等条件下优先招用被裁减的人员。

（2）用人单位单方解除劳动合同的限制。为了防止用人单位滥用单方解除权，《劳动法》《劳动合同法》等法律对用人单位行使单方解除权进行了限制，为了充分保障劳动者的合法权益，根据《劳动合同法》第四十二条规定，劳动者有下列情形之一的，用人单位不得依照本法第四十条、第四十一条的规定解除劳动合同：从事接触职业病危害作业的劳动者未进行离岗前职业健康检查，或者疑似职业病病人在诊断或者医学观察期间的；在本单位患职业病或者因工负伤并被确认丧失或者部分丧失劳动能力的；患病或者非因工负伤，在规定的医疗期内的；女职工在孕期、产期、哺乳期的；在本单位连续工作满十五年，且距法定退休年龄不足五年的；法律、行政法规规定的其他情形。

《劳动法》同样对用人单位单方解除劳动合同作出限制。《劳动法》第二十九条规定，劳动者有下列情形之一的，用人单位不得依据本法第二十六条、第二十七条的规定解除劳动合同：患职业病或者因工负伤并被确认丧失或者部分丧失劳动能力的；患病或者负伤，在规定的医疗期内的；女职工在孕期、产假、哺乳期内的；法律、行政法规规定的其他情形。

在程序上，《劳动合同法》第四十三条和《中华人民共和国工会法》第二十二条都作了相应规定，用人单位单方解除劳动合同，应当事先将理由通知工会。用人单位违反法律、法规和劳动合同约定的，工会有权要求用人单位纠正。用人单位应当研究工会的意见，并将处理结果书面通知工会。用人单位不履行通知工会的程序性规定，其解除劳动合同的行为会因存在程序上瑕疵而无效。

（3）用人单位违法解除劳动合同的后果。用人单位违反法律规定解除劳动合同的，应当赔偿劳动者的工资收入损失，按照应当支付给劳动者的工资收入向劳动者支付赔偿，并就应当支付的工资收入支付额外的补偿费用。用人单位造成劳动者失去劳动保护待遇的，应当按照国家规定补充劳动者的劳动保护津贴和用品；造成工伤、医疗待遇损失的，应当给予工伤补偿，除按国家规定为工人提供工伤和医疗待遇外，还应支付相当于医疗费用25%的赔偿；劳动合同约定的其他赔偿。

2. 劳动者单方解除劳动合同

根据《中华人民共和国劳动合同法实施条例》第十八条规定，有下列情形之一的，依照劳动合同法规定的条件、程序，劳动者可以与用人单位解除固定期限劳动合同、无固定期限劳动合同或者以完成一定工作任务为期限的劳动合同：劳动者与用人单位协商一致的；劳动者提前 30 日以书面形式通知用人单位的；劳动者在试用期内提前 3 日通知用人单位的；用人单位未按照劳动合同约定提供劳动保护或者劳动条件的；用人单位未及时足额支付劳动报酬的；用人单位未依法为劳动者缴纳社会保险费的；用人单位的规章制度违反法律、法规的规定，损害劳动者权益的；用人单位以欺诈、胁迫的手段或者乘人之危，使劳动者在违背真实意思的情况下订立或者变更劳动合同的；用人单位在劳动合同中免除自己的法定责任、排除劳动者权利的；用人单位违反法律、行政法规强制性规定的；用人单位以暴力、威胁或者非法限制人身自由的手段强迫劳动者劳动的；用人单位违章指挥、强令冒险作业危及劳动者人身安全的；法律、行政法规规定劳动者可以解除劳动合同的其他情形。

根据《劳动法》第三十二条规定，有下列情形之一的，劳动者可以随时通知用人单位解除劳动合同：在试用期内的；用人单位以暴力、威胁或者非法限制人身自由的手段强迫劳动的；用人单位未按照劳动合同约定支付劳动报酬或者提供劳动条件的。

劳动者行使辞职权时应当注意两点：一是如果劳动合同中对违约金进行了约定，或用人单位支付了培训费等，劳动者应当在解除劳动合同时按照约定承担赔偿责任；二是提前通知的日期要符合法律规定，否则用人单位可不同意解除劳动合同。

第三节　大学劳动实践中的权益、义务与责任

大学生劳动实践中的权益、义务与责任首先应当适用《中华人民共和国民法典》等法律、行政法规的规定；其次还应当适用教育主管部门颁布的行政规章、规范性文件；最后应适用各个高等学校基于大学章程等颁布的自治规范性文件。

2017 年 2 月 4 日，教育部公布修订后的《普通高等学校学生管理规定》（以下简称《规定》），自 2017 年 9 月 1 日起施行。《规定》适用于普通高等学校、承担研究生教育任务的科学研究机构（以下称学校）对接受普通高等学历教育的研究生和本科、专科（高职）学生（以下称学生）的管理。

《规定》的立法目的是规范普通高等学校学生管理行为，维护普通高等学校正常的教育教学秩序和生活秩序，保障学生合法权益，培养德、智、体、美等方面全面发展的社会主义建设者和接班人。《规定》要求，学校要坚持社会主义办学方向，坚持马克思主义的指导地位，全面贯彻国家教育方针；要坚持以立德树人为根本，以理想信念教育为核心，培育和践行社会主义核心价值观，弘扬中华优秀传统文化和革命文化、社会主义先进文化，培养学生的社会责任感、创新精神和实践能力；要坚持依法治校，科学管理，健全和完善管理制度，规范管理行为，将管理与育人相结合，不断提高管理和服务水平。

《规定》要求，学生应当拥护中国共产党领导，努力学习马克思列宁主义、毛泽东思想、中国特色社会主义理论体系，深入学习习近平总书记系列重要讲话精神和治国理政新理念新思想新战略，坚定中国特色社会主义道路自信、理论自信、制度自信、文化自信，树立中国特色社会主义共同理想；应当树立爱国主义思想，具有团结统一、爱好和平、勤劳勇敢、自强不息的精神；应当增强法治观念，遵守宪法、法律、法规，遵守公民道德规范，遵守学校管理制度，具有良好的道德品质和行为习惯；应当刻苦学习，勇于探索，积极实践，努力掌握现代科学文化知识和专业技能；应当积极锻炼身体，增进身心健康，提高个人修养，培养审美情趣。

《规定》规定，学生在校期间依法享有权利和义务。学生依法享有的权利包括：①参加学校教育教学计划安排的各项活动，使用学校提供的教育教学资源；②参加社会实践、志愿服务、勤工助学、文娱体育及科技文化创新等活动，获得就业创业指导和服务等。

学生依法履行的义务包括：①遵守宪法和法律、法规；②遵守学校章程和规章制度；③恪守学术道德，完成规定学业；④遵守学生行为规范，尊敬师长，养成良好的思想品德和行为习惯；⑤法律、法规及学校章程规定的其他义务。

一、实习中的权益、义务与责任

（一）实习过程中实习生与实习单位之间的民事法律关系

实践中，高等学校学生的实习通常分为两种情形：一种是纳入高等学校培养方案，由高等学校统一安排的实习，在这种情况下，学校通常会和实习单位签订实习协议。有些实习单位要求签订学校、实习单位和实习生三方协议，明确三方的权利和义务。另一种是学生自行联系，未取得学校同意、许可的实习。有些实习单位用人管理比较规范，当事人双方法律意识比较强，会与实习学生签订书面实习协议，如绝大多数上海的律师事务所会与法学院的实习生签订两方实习协议。因此，实习过程中大学生的权益、义务与责任要具体分析是哪一种实习方式。

由于我国现行法律尚无学生实习相关的内容，司法实践往往存在下列争议：①实习生与实习单位究竟属于何种法律关系。②在实习中发生实习生往返实习单位、实习现场时的意外事故，实习单位和学校是否应对实习生承担民事赔偿责任，尤其是实习单位是否应承担民事赔偿责任。③在签订三方协议或者学校与实习单位签订有实习协议情况下，实习生导致实习单位受到损害或者导致第三人受到损害时，实习生是否应当向实习单位赔偿或者向第三人赔偿，学校是否也要向实习单位或者第三人承担民事赔偿责任。如果学校向实习单位或者第三人承担民事赔偿责任，学校是否有权向学生进行追偿。④如果学生自行与实习单位建立实习关系，学校对学生导致实习单位受到损害或者导致第三人受到损害是否要承担民事赔偿责任。

第一个问题，实习生与实习单位究竟属于何种法律关系要具体情况具体分析。2014 年，《北京市高级人民法院、北京市劳动争议仲裁委员会关于劳动争议案件法律适用问题研讨会会议纪要（二）》规定："在校学生在用人单位进行实习，应当根据具体事实进行判断，对完成学校的社会实习安排或自行从事社会实践活动的实习，不认定劳动关系。但用人单位和在校学生之间名为实习、实为劳动关系的除外。"

以就业为目的的实习（就业型实习），应该受到《劳动法》《劳动合同法》等法律的保护，可以认定为双方存在劳动关系（见典型案例）。劳动关系本质上仍属于民事法律关系，是民事法律关系的特殊形式，用人单位对劳动者有管理的权利。劳动法律没有规定的内容可以适用《中华人民共和国民法典》的规定。学校统一安排的实习，学生自行联系、未取得学校同意和许可的实习，以及仅以增加技能、经历，而不以就业为目的的实习（教学型实习），都应该受《中华人民共和国民法典》的保护，属于民事雇佣合同关系（归属于劳务合同）或者承揽合同关系（仅以完成特定任务为目的的实习），属于平等主体之间的民事法律关系。实践中，学生自行联系、未取得学校同意和许可的实习协议不会写明是就业型实习和教学型实习。由学校、实习单位签署的实习协议即使有关于就业的约定，通常也没有法律约束力，属于教学型实习。

劳动合同与雇佣合同的区别在于：第一，劳动关系是从属关系，属于内部关系，劳动者基于劳动合同受用人单位合法的规章制度约束，劳动者受用人单位管理、考核；雇佣关系双方当事人是平等关系，属于外部关系，雇佣者可以是单位，也可以是自然人，双方一般只对劳动任务完成的时间、数量、质量和价款等作约定，但是雇佣者并不管理受雇人。

第二，劳动关系中的劳动报酬以工资薪金的方式按月足额发放给劳动者；雇佣关系中的报酬以劳务费、承揽费等方式，按照雇佣合同约定的支付条款付给受雇人。

第三，劳动关系中用人单位必须依法给劳动者缴纳社会保险，如果劳动者出现工伤情况，用人单位必须向社会保险行政部门申请工伤认定，由社会保险行政部门向劳动者进行赔付。如果用人单位没有给劳动者缴纳社会保险，当劳动者出现工伤、重病、工亡等情况时，由用人单位承担赔付责任。雇佣关系中雇佣者不用给受雇人缴纳社会保险，意外伤害、保险等责任由双方在雇佣合同中约定。

第四，当发生纠纷时，如果属于劳动关系，先由劳动行政部门进行仲裁，对仲裁结果不服的，再起诉至人民法院。雇佣关系发生纠纷时，可直接起诉至人民法院。

第二个问题，在实习过程中当实习生在往返实习单位、实习现场时发生意外事故，如果实习生与用人单位构成劳动关系，则应当按照工伤处理，由社会保险行政部门向实习生进行赔付。如果不足以赔偿的，实习单位要承担民事赔偿责任，学校如果有过错，应当承担补充民事赔偿责任。如果实习生与用人单位不构成劳动关系，则不适用《劳动法》《劳动合同法》的规定，需要按照普通的民事雇佣关系处理。

第三个问题，在签订三方协议或者学校与实习单位签订有实习协议的情况下，当实习生导致实习单位受到损害时，学生应当自行向实习单位赔偿；当实习生导致第三人受到损害时，应由实习单位赔偿，实习单位赔偿后有权要求实习生赔偿。在这两种情形下，学校不应对实习单位或者第三人承担民事赔偿责任，除非学生受有学校指示。如果学校对实习单位或者第三人承担民事赔偿责任，学校有权向学生进行追偿。

第四个问题，如果学生自行与实习单位建立实习关系，学校对学生导致实习单位受到损害或者第三人受有损害的，不予承担民事赔偿责任。但是，学校疏于对学生管理，可能承担其他法律责任。

（二）教育部对实习管理的意见

2019 年 7 月，教育部颁布的《关于加强和规范普通本科高校实习管理工作的意见》（以下简称《意见》）是关于高校实习的基本法律文件。《意见》是从教育主管部门的角度，对高校实习管理工作提出意见，不构成实习学生与实习单位之间民事法律关系的规范，构成学校和学生自律管理范畴。

《意见》明确指出，加强大学生实践能力、创新精神和社会责任感的培养，是提高高等教育人才培养质量的重要内容。实习是高校实践教学的重要环节之一。为进一步提高实习质量，切实维护学生、学校和实习单位的合法权益，《意见》就加强和规范普通本科高校实习管理工作提出以下意见。

《意见》明确指出充分认识实习的意义和要求：一是充分认识实习的意义。实习是人才培养的重要组成部分，是深化课堂教学的重要环节，是学生了解社会、接触生产实际，获取、掌握生产现场相关知识的重要途径，在培养学生实践能力、创新精神，树立事业心、责任感等方面有着重要作用。二是准确把握新时代实习的要求。当前，新一轮科技革命和产业革命奔腾而至，正在迅速改变着生产模式和生活模式。以数字化、网络化、智能化、绿色化为代表的新型生产方式，对产业运营、人力资源组织管理提出了新的要求。高校必须坚持以本为本、落实四个回归（回归常识、回归本分、回归初心、回归梦想），积极应变、主动求变，把实习摆在更加重要的位置，加强实习教学改革与研究，健全实习教学体系、规范实习安排、加强条件保障和组织管理，切实加强和规范实习工作，确保人才培养质量不断提升。

《意见》明确要求规范实习教学安排：一是加强实习教学体系建设。高校要根据《普通高等学校本科专业类教学质量国家标准》和相关政策对实践教学的基本要求，结合专业特点和人才培养目标，系统设计实习教学体系，制订实习大纲，健全实习质量标准，科学安排实习内容。鼓励根据实习单位实际工作需求凝练实习项目，开展研究性实习，推动多专业知识能力交叉融合。二是合理安排实习组织形式。高校要根据专业特点和实习内容，确定实习的组织形式。各类实习原则上由学校统一组织，开展集中实习。根据专业特点，毕业实习、顶岗实习可以允许学生自行选择单位分散实习。对分散实习的学生，要严格实习基地条件、实习内容的审核，加强实习过程指导和管理，确保实习质量。三是科学制订实习方案。高校要根据实习内容，按照就地就近、相对稳定、节省经费的原则，选择专业对口、设施完备、技术先进、管理规范、符合安全生产等法律法规要求的单位进行实习。要打破理论教学固化安排，根据单位生产实际和接收能力，错峰灵活安排实习时间，合理确定实习流程。四是选好配强实习指导教师。高校和实习单位应当分别选派经验丰富、业务素质好、责任心强、安全防范意识高的教师和技术人员全程管理、指导学生实习。对自行选择单位分散实习的学生，也要安排校内教师跟踪指导。高校要根据实习教学指导和管理需要，合理确定校内指导教师与实习学生的比例。

《意见》明确要求加强实习组织管理：一是抓好实习的组织实施。高校应当会同实习单位共同制订实习计划，明确实习目标、任务、考核标准等，共同组织实施学生实习。实习指导教师要做好实习学生的培训，现场跟踪指导学生实习工作，检查学生实习情况，及时处理实习中出现的问题，做好实习考核。严禁委托中介机构或者个人代为组织和管理学生实习工作。二是明晰各方的权利义务。高校在确定实习单位前须进行实地考察评估，确定满足实习条件后，应与实习单位签订合作协议，明确双方的权利、义务以及管理责任。未按规定签订合作协议的，不得安排学生实习。三是加强学生教育管理。高校要做好学生的安全和纪律教育及日常管理。实习单位要做好学生的安全生产、职业道德教育。学生应当尊重实习指导教师和现场技术人员，遵守学校和实习单位的规章制度和劳动纪律，保守实习单位秘密，服从现场教育管理。四是做好学生权益保障。高校和实习企业要为学生提供必要的条件及安全健康的环境，不得安排学生到娱乐性场所实习，不得违规向学生收取费用，不得扣押学生财物和证件。实习前，高校应当为学生购买实习责任险或人身伤害意外险。五是加强跟岗、顶岗实习管理。跟岗、顶岗实习是培养应用型人才必不可少的实践环节，各高校要科学组织，依法实施。严格学校、实习单位、学生三方实习协议的签订，明确各自的权利义务和责任。严格遵守工作时间和休息休假的规定，除临床医学等相关专业及实习岗位有特殊要求外，每天工作时间不得超过 8 小时、每周工作时间不得超过 44 小时，不得安排加班和夜班。要保障顶岗实习学生获得合理报酬的权益，劳动报酬原则上不低于相同岗位试用期工资标准的 80%。要保障未成年人的合法权益，不得安排未满 16 周岁的学生顶岗实习。

《意见》明确要求强化实习组织保障：一是健全工作责任体系。高校是实习管理的主体，学校党政主要负责人是第一责任人，要负责建立实习运行保障体系。教务部门是实习管理的责任部门，要组织开展实习教学改革与研究，建立健全实习管理制度，明确相关部门工作职责和工作流程，做好实习工作的检查督导。各教学单位要会同实习单位落实管理责任，加强实习组织管理，做好安全及其他突发事件的风险处置。二是加强实习基地建设。高校要不断深化产教融合，大力推动实习基地建设，鼓励建设满足多专业实习需求的综合性、开放共享型实习基地。要加强实习基地质量建设，充分发挥国家级工程实践教育中心等高水平实习基地的示范引领作用，以国家级、省级一流专业建设带动一流实习基地建设。要结合实习基地条件和实习效果，对实习基地进行动态调整。三是推进实习信息化建设。支持有条件的省级教育行政部门和高校加强实习信息化建设，建立实习信息化管理平台，实现校企双方的实习需求信息对接，加强实习全过程管理。支持高校加强现代信息技术、虚拟仿真技术在实习中的应用，鼓励开发相应的虚拟仿真项目替代因生产技术、工艺流程等因素限制无法开展的现场实习。四是加大实习经费投入。高校要加大实习经费投入，确保实习基本需求。要积极争取实习单位支持，降低实习成本，确保实习质量。五是加强实习工作监管。省级教育行政部门要加强对高校实习工作的监管，重点监督高校本科生培养方案中实习环节设置是否科学合理、实习组织管理是否规范、学生安全和正当权益是否得到保障、实习经费是否充足、实习效果是否达到预定目标等。对实习工作扎实、实习教学改革与研究成效显著的高校予以表彰。对实习过程中存在的违规行为及时查处，对监管不力、问题频发、社会反响强烈的学校和地方，要约谈相关负责人，督促其落实主体责任，并在一定范围内进行通报批评。

（三）典型案例

案例一：南京市某在校学生郭某与江苏益丰大药房连锁有限公司劳动争议案

郭某系南京市某学校 2008 届毕业生。2007 年 10 月，郭某到江苏益丰大药房进行求职，经该公司人力资源部和总经理审核，同意试用。10 月 30 日，双方签订劳动合同，为期三年零两个月。2008 年 7 月，益丰大药房向南京市白下区劳动争议仲裁委员会提起仲裁申请，请求确认益丰大药房与郭某之间的劳动关系不成立。

郭某认为，自己已与益丰大药房签订了劳动合同，双方应属于劳动关系。益丰大药房认为，郭某与公司签订劳动合同时的身份为在校学生，根据《关于贯彻执行〈中华人民共和国劳动法〉若干问题的意见》（第十二条规定）"在校生利用业余时间勤工助学，不视为就业，未建立劳动关系，可以不签订劳动合同"的规定，在校学生不具备劳动关系的主体资格。2004 年 1 月施行的《工伤保险条例》也没有将在校学生纳入参保范围，亦充分说明在校学生不属于劳动者的范畴。同时，郭某也不具备劳动合同约定的录用资格，益丰大药房在招聘简章及与郭某签订的劳动合同中约定的录用条件是具备中专以上学历，而郭某于2008年7月才毕业，其签约时并不满足录用条件。因此，双方之间的合同名为劳动合同，实为实习合同，双方之间所建立的不是劳动关系，不属于劳动合同法调整的劳动法律关系。

案件经过劳动争议仲裁委员会裁决和人民法院一审和二审。劳动争议仲裁委员会认为，郭某系在校学生，不符合就业条件，不具有建立劳动关系的主体资格，双方之间的争议不属于劳动争议处理范围，决定终结仲裁活动，双方可以另行寻求解决争议方法。

仲裁未果后，郭某向法院提起了诉讼，经过一审、二审，法院支持了郭某的诉讼请求。一审和二审法院认为：首先，郭某与益丰公司签订劳动合同时已经年满19周岁，符合《中华人民共和国劳动法》规定的就业年龄，具备与用工单位建立劳动关系的行为能力和责任能力。其次，《若干意见》第四条仅规定了公务员和比照实行公务员制度的事业组织和社会团体的工作人员，以及农村劳动者、现役军人和家庭保姆不适用《劳动法》，并未将在校学生排除在外，学生身份并不当然限制郭某作为普通劳动者加入劳动力群体。最后，《若干意见》第十二条规定"在校生利用业余时间勤工助学，不视为就业，未建立劳动关系，可以不签订劳动合同"，该规定仅适用于在校学生勤工助学的行为，并不能由此否定在校生的劳动权利，进而推定出在校生不具备劳动关系的主体资格。

综上所述，法律并无明文规定在校生不具备劳动关系的主体资格，故郭某能成为劳动关系的主体。

笔者支持一审和二审法院的观点，第一，《若干意见》第十二条"在校生利用业余时间勤工助学，不视为就业，未建立劳动关系，可以不签订劳动合同"的本意应该是"在校生利用业余时间勤工助学，不视为就业，未建立劳动关系"，但是，本案中郭某的目的是就业，即就业型实习，用人单位对此明知。第二，《若干意见》并没有将在校学生完全排除在《中华人民共和国劳动法》《中华人民共和国劳动合同法》之外。因此，笔者认为，在一定条件下，在校学生可以成为劳动法律关系的主体。

案例二：吴江市润泰商业有限公司与苏州市人力资源和社会保障局劳动、社会保障行政确认纠纷上诉案

上诉人吴江市润泰商业有限公司（以下简称"润泰商业公司"）上诉称：

①一审判决认定事实错误。本案事故发生时，第三人董某是河南郑州理工职业学院大学一年级学生。2013年6月21日至8月25日，董某在上诉人处勤工助学，为了区别于劳动关系，双方签订了"非全日制用工协议"。工伤待遇针对的是建立劳动关系的用人单位和劳动者，而在校大学生是以学习为主，不是以实习获取劳动报酬为主，因而董某不具备《劳动法》规定的独立劳动者身份。董某每天工作不足4小时，符合勤工助学每天不超过4小时的时间要求，"非全日制用工协议"的内容实际是勤工助学的内容。一审判决仅以"非全日制用工协议"认定董某为上诉人员工，缺少事实依据。②一审判决适用法律、法规错误。根据《关于贯彻执行〈中华人民共和国劳动法〉若干问题的意见》第十二条规定，在校生勤工助学的，不视为就业，未建立劳动关系，可以不签订劳动合同。因此，对于在校大学生，工作期间发生伤亡事故，不适用有关工伤的规定。被上诉人未对董某的身份进行严格审查，仅以"非全日制用工协议"抬头认定董某为工伤，属于适用法律错误，应加以纠正。故请求依法撤销一审判决，依法撤销被上诉人于2014年6月5日作出的工伤认定决定书。

被上诉人江苏省苏州市人力资源和社会保障局（以下简称"人社局"）答辩称：被上诉人作出的工伤认定决定事实清楚、证据确凿，适用法律正确，程序合法。上诉人主张与董某不构成劳动关系的理由不能成立。综上所述，请求法院依法维持被上诉人作出的工伤认定决定。

原审第三人董某未发表答辩意见。

法院经审理查明：2013年6月21日，董某与润泰商业公司签订"非全日制用工协议"，双方约定润泰商业公司因工作需要聘用董某，工作期限为2013年6月21日至8月25日，每小时工资11.5元，法定社会保险和福利已经包括在该小时工资内。董某进入润泰商业公司后的具体岗位为收银员。2013年6月28日21时30分许，董某下班途中驾驶两轮电动自行车在江苏省苏州市吴江区盛泽镇滨河路威四方酒店附近与他人驾驶的小型轿车发生交通事故，致董某受伤。江苏盛泽医院于2013年6月28日诊断为头胸腹部外伤。苏州市吴江区交通巡逻警察大队认定，董某在交通事故中不负事故责任。另查明：董某就读于河南郑州理工职业学院，事故发生时系大学一年级学生。董某于2013年9月10日向人社局提出工伤认定申请，人社局审查后于2013年9月24日受理了工伤认定申请，并于同日向润泰商业公司发出《工伤认定限期举证通知书》，并按规定方式进行送达。在规定举证期限内，润泰商业公司向人社局提交了书面说明并附相关材料,提出董某系在校生利用业余时间勤工助学,未建立劳动关系。因润泰商业公司对劳动关系存在异议,人社局于 2013 年 9 月 9 日中止工伤认定程序。2014 年 4 月 15 日,人社局恢复工伤认定程序。经综合审查工伤认定程序双方所举材料及意见,人社局于 2014 年 6 月 5 日作出工伤认定决定,认定董某所受伤害为工伤。润泰商业公司于 2014 年 8 月 14 日向苏州市人力资源和社会保障局提起行政复议,苏州市人力资源和社会保障局于 2014 年 10 月 14 日作出维持工伤认定决定的行政复议决定。润泰商业公司不服,向原审吴江区人民法院提起行政诉讼。

江苏省苏州市吴江区人民法院于 2014 年 12 月 9 日作出(2014)吴江行初字第 0087 号行政判决,责令驳回润泰商业公司要求撤销苏州市人力资源和社会保障局于 2014 年 6 月 5 日作出的工伤认定决定的诉讼请求。宣判后,润泰商业公司提出上诉。苏州市中级人民法院于 2015 年 2 月 25 日作出(2015)苏中行终字第 00012 号行政判决,驳回上诉,维持原判。

法院生效裁判认为:本案中董某具有劳动权利能力和劳动行为能力,润泰商业公司作为依法登记注册的有限责任公司,具有当然的用工主体资格,双方也签订了"非全日制劳动协议",并且在签订该协议之前,董某提供了自己的学生证,润泰商业公司进行了审查,不存在隐瞒和欺诈的情形。故可以认定,董某与润泰商业公司签订的"非全日制劳动协议"系双方真实、准确的意思表示。《工伤保险条例》第十九条第二款明确:"职工或者其直系亲属认为是工伤,用人单位不认为是工伤的,由用人单位承担举证责任。"润泰商业公司主张董某不属于工伤的主要理由是,其与董某之间不构成劳动关系,润泰商业公司仅凭董某的学生证无法证明与董某缔约时双方没有达成劳动关系的意思表示,应当依法承担举证不能的法律后果。另外,涉案"非全日制用工协议"是《劳动合同法》所规定的法定用工协议形式,该协议约定的工作时间、劳动报酬等主要内容不违反法律法规,也不存在显失公正的情形。因此,比照我国劳动法律法规,"协议"依法为有效合同。董某在收银员岗位实际也按照"协议"的内容为润泰商业公司付出劳动,润泰商业公司向其支付报酬,对其进行管理,完全符合劳动关系的本质特征。综上所述,润泰商业公司主张与董某不构成劳动关系的观点缺乏事实和依据,本院不予采纳。被上诉人根据道路交通事故责任认定书、医院材料、路线图等,认定原审第三人董某所受的伤害为工伤,符合《工伤保险条例》第十四条第(六)项的规定,据此作出的工伤认定决定事实清楚、证据充分、程序合法，适用法规正确，依法应予支持。原审判决认定基本事实清楚，适用法律正确，审判程序合法，依法应予维持。据此，依照《中华人民共和国行政诉讼法》第六十一条第（一）项之规定，判决驳回上诉，维持原判。二审案件受理费由上诉人润泰商业公司负担。

本案中法院裁判理由是，在校学生在业余时间打工可以同用工单位达成劳动关系，其在上下班途中遇到非本人主要责任的交通事故，应当认定为工伤。

案例三：王某诉江苏强维橡塑科技有限公司（以下简称"强维科技"）、徐州工业职业技术学院人身损害赔偿纠纷案

原告王某称：原告系被告徐州工业职业技术学院工程系学生，2009年12月1日，原告进入被告强维科技顶岗实习。2009年12月30日下午3时许，原告在给被告公司新厂房门刷漆时受伤，后被告强维科技把原告送往宿迁市中医院救治，又转至句容市中医院救治。原告在被告学院的安排下在强维科技实习，在强维科技工作时受伤，两被告应共同赔偿原告的伤后经济损失。现要求判令两被告赔付原告各项损失，并负担本案全部诉讼费用。

被告强维科技辩称：原告王某因自己的过失受到伤害，其应承担大部分责任。我公司与原告之间没有劳动或雇佣的法律关系，我公司受学院委托进行原告的实习工作，该实习行为是学院教学的延伸，其实习应派驻老师，且一般性工作和持续性工作应由学院指导，我方不应对原告承担赔付责任。原告受伤是在2009年12月30日，原告起诉时已过诉讼时效，对其受伤原告已无法查实。

被告学院辩称：原告王某在2009年12月底在被告强维科技处受伤是事实，我方就赔付事宜多次与强维科技进行协商。原告在事故发生时的身份已经转变，是作为员工在公司工作的，从伤害过程来看，学校是没有过错的，所以不应承担责任。学校和强维科技不是委托、被委托的关系，是原告经过双向选择进入强维科技工作的。综上所述，我方不是适格被告，不应承担赔偿责任。

宿迁市宿豫区人民法院一审审理查明：原告王某系被告学院工程系的学生。2009年12月1日，被告学院按教育部文件统一安排毕业生实习，原告进入被告强维科技顶岗实习，约定第一个月工资1000元，从第二个月开始每月工资1500元。2009年12月30日下午3时许，原告等人在强维科技安排下，给其公司新厂房门刷漆，因新厂房门比较高，原告站在三脚架上刷门，在推动三脚架从一侧向另一侧移动时三脚架倾倒，导致站在三脚架上的原告从2米多高的三脚架上坠落受伤。原告受伤后，被告强维科技把原告送往宿迁市中医院救治，后转至句容市中医院救治，原告因就医治疗支出的医疗费、误工费、护理费、伙食费、营养费、交通费等，被告强维科技已经部分支付了医疗费。诉讼中，经法院委托鉴定，原告伤情构成十级伤残。原告的残疾赔偿金应根据本地城镇居民人均可支配收入计算。

宿迁市宿豫区人民法院一审认为：原告王某系被告学校的在校学生，其基于学校的安排到强维科技进行实习，因此项实习是该学校教学内容的延伸和扩展，所以该学校对原告在实习单位的安全仍负有一定的安全教育和管理义务。作为实习单位的强维科技，在原告实习期间，负有对原告进行安全教育与相关培训的义务，应为原告提供安全的工作场所，以保障原告在实习期间的人身安全。由于原告是基于实习到强维科技进行与其所学知识相关的实际操作，因此其与强维科技之间不存在劳动关系，原告在实习过程中受到的伤害应按照一般民事侵权纠纷处理。本案中，作为实习单位的强维科技虽然对原告进行了实习培训，但其对原告在实习时可能存在的安全隐患仍负有直接的提醒和注意义务，因强维科技未尽到相关义务，对原告受伤的损害结果存在一定的过错，应承担相应的赔偿责任，法院酌定为60%。学院未加强对学生的安全教育和进行必要管理，负有疏于管理的责任，该学校对原告受伤的损害结果也存在一定的过错，应承担相应的赔偿责任，法院酌定为20%。原告作为已成年大学生对其自身安全亦有一定的注意义务，其在三脚架移动过程中没有离开三脚架，对其受伤的损害结果存在一定的过错，应减轻两被告赔偿责任，法院酌定为20%。

一审判决后，职业学院不服一审判决，向宿迁市中级人民法院提起上诉，后经宿迁市中级人民法院主持调解，当事人一致认可一审判决结果并达成协议，宿迁市中级人民法院于2011年10月28日给出民事调解书对上述协议内容予以确认。

本案中一审法院裁判理由是，在学校的组织下，学生到指定单位实习是学校教学内容的延伸和扩展，在此期间，学生与实习单位之间并未建立实质意义上的劳动者与用人单位之间的身份隶属关系，双方之间不存在法律上和事实上的劳动关系，其权利义务关系不受《劳动法》的调整。但是，根据现有的立法和司法资源，在校生在实习过程中受到的伤害可以按照一般民事侵权纠纷处理，适用民法的一般性规定。因此，根据过错责任归责原则，在校学生在学校组织下到指定单位实习期间遭受人身损害的，应由学生、学校和企业分别按各自的过错程度承担相应的民事责任。

案例四：林某某诉广西昊罡机械有限公司、广西理工职业技术学校健康权纠纷案

林某某系广西理工职业技术学校 2010 级机械工程系学生，在校期间，该校已对林某某进行过实训中心安全、汽修车间安全教育等安全教育。2012 年 5 月 21 日，广西理工职业技术学校审批同意林某某到昊罡公司实习。同年 6 月 7 日上午，林某某在昊罡公司的实习车间，由于发生轮胎爆炸，爆炸的轮胎钢圈碎片打在林某某脸部及头部，林某某当场受伤，被送入广西医科大学第一附属医院重症监护病区治疗，并于同年 8 月 16 日出院。后林某某转至广西医科大学第一附属医院中医科一病区继续治疗，并于同年 9 月 15 日出院。同日，林某某至广西壮族自治区江滨医院住院治疗，并于同年 1 月 14 日出院。次日，林某某继续在广西壮族自治区江滨医院住院治疗，同年 2 月 22 日出院。次日，林某某继续在广西壮族自治区江滨医院住院治疗，同年 4 月 16 日出院。对于此次安全事故发生的原因，昊罡公司称是由于林某某违反充气安全操作所致。2014 年 8 月 25 日，南宁市江南区人民法院依法委托广西公仆司法鉴定中心、广西正廉司法鉴定中心对林某某的精神状态、人身损害伤残程度进行鉴定。2015 年 3 月 23 日，广西公仆司法鉴定中心出具鉴定意见：脑外伤所致智能损害（轻度）。同年 5 月 20 日，广西正廉司法鉴定中心出具鉴定意见：林某某因此次事故受伤，评定其影响呼吸功能的伤残等级为 V 级（五级）；其轻度智能缺损，影响日常生活能力的伤残等级为 IX 级（九级）；其外伤性脑脊液鼻漏的伤残等级为 X 级（十级）；其面部 14cm 线条状癫痫的伤残等级为 X 级（十级）；其 6 枚牙齿缺失的伤残等级为 X 级（十级）。林某的各项费用昊罡公司已经部分赔偿林某某，广西理工职业技术学校已经部分赔偿林某某。

南宁市江南区人民法院经审理认为：林某某是基于实习到昊罡公司进行与其所学知识相关的实际操作，其与昊罡公司之间不存在劳动关系，林某某在实习期间受到的伤害应按照一般民事侵权责任纠纷处理。本案中，昊罡公司对林某某在实习时可能存在的安全隐患未尽到直接提醒和注意义务，对林某某受伤的损害结果存在过错，应承担赔偿责任。关于昊罡公司抗辩系林某某有重大过错的问题，仅凭该公司提供的几张照片无法证实其主张，林某某申请调取事发当天的监控或视频，昊罡公司以厂区搬迁等原因为由无法提供现场录像，其应承担举证不利的后果。对于广西理工职业技术学校而言，学校仅以无法为大量学生寻找实习单位为由任由学生自行实习，负有疏于管理的责任，对林某某受伤的损害结果也存在一定的过错，应承担一定的赔偿责任。由于昊罡公司、广西理工职业技术学校不是基于共同故意，没有共同侵权的意思联络，只是由于双方之间的行为共同造成了侵害的发生，双方应承担按份责任。综合考虑昊罡公司、广西理工职业技术学校的过错及其未尽义务的不作为与损害后果的原因力大小，本院酌定由昊罡公司承担90%的责任，广西理工学校承担10%的责任，林某某不承担责任。

本案中法院生效裁判理由是，原告林某某在实习期间与昊罡公司不属于劳动关系，不适用《劳动法》的规定，其受到的伤害应按照一般民事侵权责任纠纷处理。昊罡公司对林某某在实习时可能存在的安全隐患未尽到直接提醒和注意义务，对林某某受伤的损害结果存在过错，应承担赔偿责任。广西理工学校负有疏于管理的责任，对林某某受伤的损害结果也存在一定的过错，应承担一定的赔偿责任。两被告没有共同侵权的意思联络，应承担按份责任。原告林某某不承担责任。

二、公益社会实践活动中的权益、义务与责任

（一）公益社会实践活动的界定

我国现有法律并没有对公益社会活动进行明确界定，只有《中华人民共和国公益事业捐赠法》（以下简称《公益事业捐赠法》）可以借鉴。《公益事业捐赠法》第三条规定："本法所称公益事业是指非营利的下列事项：①救助灾害、救济贫困、扶助残疾人等困难的社会群体和个人的活动；②教育、科学、文化、卫生、体育事业；③环境保护、社会公共设施建设；④促进社会发展和进步的其他社会公共和福利事业。"

非营利性是公益事业的核心，《公益事业捐赠法》采取"列举+兜底条款"方式予以明确。在校学生从事的"公益事业"的范围应当大于《公益事业捐赠法》规定的范围，因该法是从"捐赠"的角度进行立法的。

（二）公益社会实践活动应当遵循的基本法律原则

大学生从事公益社会实践活动应当遵循《中华人民共和国民法典》，大学生从事公益社会实践活动大多属于民事活动，其中有些可能形成民事法律关系，应当遵守《中华人民共和国民法典》的规定。

《中华人民共和国民法典》规定民事活动价值遵循和基本原则。民事活动应当"弘扬社会主义核心价值观"；"民事主体的人身权利、财产权利以及其他合法权益受法律保护，任何组织或者个人不得侵犯"；"民事主体在民事活动中的法律地位一律平等";"民事主体从事民事活动,应当遵循自愿原则,按照自己的意思设立、变更、终止民事法律关系";"民事主体从事民事活动,应当遵循公平原则,合理确定各方的权利和义务";"民事主体从事民事活动,应当遵循诚信原则,秉持诚实,恪守承诺";"民事主体从事民事活动,不得违反法律,不得违背公序良俗";"民事主体从事民事活动,应当有利于节约资源、保护生态环境",等等。

《中华人民共和国民法典》上述规定应当是大学生从事公益社会实践活动的基本遵循。同时,要根据从事公益社会实践活动的具体情况判断其权利、义务和责任。

大学生从事公益社会实践活动应当遵守《普通高等学校学生管理规定》,还应遵守大学各项规章制度。

三、勤工助学活动中的权益、义务与责任

2018年8月,教育部、财政部颁布了《高等学校勤工助学管理办法(2018年修订)》(以下简称《办法》)。

(一)《办法》立法目的

《办法》规定立法目的是,规范管理高等学校学生勤工助学工作,促进勤工助学活动健康、有序开展,保障学生合法权益,帮助学生顺利完成学业,发挥勤工助学育人功能,培养学生自立自强、创新创业精神,增强学生社会实践能力,特制定本办法。

(二)《办法》明确勤工助学活动的含义和意义

《办法》明确界定了勤工助学活动的含义,是指学生在学校的组织下利用课余时间,通过劳动取得合法报酬,用于改善学习和生活条件的实践活动。《办法》明确提出了勤工助学活动的意义。勤工助学是学校学生资助工作的重要组成部分,是提高学生综合素质和资助家庭经济困难学生的有效途径,是实现全程育人、全方位育人的有效平台。勤工助学活动应坚持"立足校园、服务社会"的宗旨,按照学有余力、自愿申请、信息公开、扶困优先、竞争上岗、遵纪守法的原则,由学校在不影响正常教学秩序和学生正常学习的前提下有组织地开展。《办法》明确规定勤工助学活动由学校统一组织和管理。学生私自在校外兼职的行为,不在本办法规定之列。

（三）《办法》明确学校组织开展勤工助学活动的职责

《办法》明确学校组织开展勤工助学活动的职责，一是组织开展勤工助学活动是学校学生工作的重要内容。学校要加强领导，认真组织，积极宣传，校内有关职能部门要充分发挥作用，在工作安排、人员配备、资金落实、办公场地、活动场所及助学岗位设置等方面给予大力支持，为学生勤工助学活动提供指导、服务和保障。二是加强对勤工助学学生的思想教育，培养学生热爱劳动、自强不息、创新创业的奋斗精神，增强学生综合素质，充分发挥勤工助学育人功能。三是对在勤工助学活动中表现突出的学生予以表彰和奖励；对违反勤工助学相关规定的学生，可按照规定停止其勤工助学活动。对在勤工助学活动中违反校纪校规的，按照校纪校规进行教育和处理。四是确定校内勤工助学岗位。引导和组织学生积极参加勤工助学活动，指导和监督学生的勤工助学活动。五是开发校外勤工助学资源。积极收集校外勤工助学信息，开拓校外勤工助学渠道，并纳入学校管理。接受学生参加勤工助学活动的申请，安排学生勤工助学岗位，为学生和用人单位提供及时有效的服务。六是在学校学生资助管理机构的领导下，配合学校财务部门共同管理和使用学校勤工助学专项资金。制定校内勤工助学岗位的报酬标准，并负责酬金的发放和管理工作。七是组织学生开展必要的勤工助学岗前培训和安全教育，维护勤工助学学生的合法权益。八是安排勤工助学岗位，应优先考虑家庭经济困难的学生。对少数民族学生从事勤工助学活动，应尊重其风俗习惯。不得组织学生参加有毒、有害和危险的生产作业以及超过学生身体承受能力、有碍学生身心健康的劳动。

（四）《办法》明确勤工助学两种形式

《办法》明确了校内勤工助学岗位设置和校外勤工助学活动管理两种形式。对于校外勤工助学活动管理，《办法》明确了要求，学校勤工助学管理服务组织统筹管理校外勤工助学活动，并注重与学生学业的有机结合。校外用人单位聘用学生勤工助学，须向学校勤工助学管理服务组织提出申请，提供法人资格证书副本和相关的证明文件。经审核同意，学校勤工助学管理服务组织推荐适合工作要求的学生参加勤工助学活动。

在校内勤工助学，学生与学校形成一般意义上的民事雇佣关系。校外用人单位聘用学生勤工助学，通常不以就业为目的，学生与用人单位形成一般意义上的民事雇佣关系，但特殊情况除外，需要具体情况具体分析。

四、科学实验活动中学生的权益、义务与安全责任

（一）科学实验活动中学生的权益、义务与安全责任的法律基础

大学生在校期间，根据不同学科的要求，可能会参加科学实验活动。如果参加科学实验活动的实验室属于学生所在大学，学生参加科学实验活动中的权益、义务与安全责任应构成一般意义上的学生与学校（因为实验室不具有独立的法人资格）的法律关系。

各高等学校和学生应当遵守国家法律，不同的实验室适用的法律可能不一样。国家法律行政法规包括：①《中华人民共和国安全生产法》《中华人民共和国突发事件应对法》《中华人民共和国消防法》《中华人民共和国放射性污染防治法》《中华人民共和国传染病防治法》《中华人民共和国动物防疫法》《中华人民共和国特种设备安全法》《中华人民共和国职业病防治法》《中华人民共和国环境保护法》《中华人民共和国固体废物污染环境防治法》《中华人民共和国生物安全法》《中华人民共和国保守国家秘密法》等法律；②《危险化学品安全管理条例》《中华人民共和国监控化学品管理条例》《易制毒化学品管理条例》《放射性同位素与射线装置放射防护条例》《民用爆炸物品安全管理条例》《病原微生物实验室生物安全管理条例》《农业转基因生物安全管理条例》《特种设备安全监察条例》《使用有毒物品作业场所劳动保护条例》等条例。

在遵守上述法律和条例的同时，学校和学生还应遵守《高等学校实验室工作规程》。《高等学校实验室工作规程》一共七章，第一章总则、第二章任务、第三章建设、第四章体制、第五章管理、第六章人员、第七章附则。

《高等学校实验室工作规程》第五章管理具体内容包括：

（1）实验室要做好工作环境管理和劳动保护工作。要针对高温、低温、辐射、病菌、毒性、激光、粉尘、超净等对人体有害的环境，切实加强实验室环境的监督和劳动保护工作。凡经技术安全的环境保护部门检查认定不合格的实验室，要停止使用，限期进行技术改造，落实管理工作。待重新通过检查合格后，才能投入使用。

（2）实验室要严格遵守国务院颁发的《化学危险品安全管理条例》等有关安全保密的法规的制度，定期检查防火、防爆、防盗、防事故等方面安全措施的落实情况。要经常对师生开展安全保密教育，切实保障人身和财产安全。

（3）实验室要严格遵守国家环境保护工作的有关规定，不随意排放废气、

废水、废物、不得污染环境。

（二）典型案例

案例一：中国矿业大学化工学院实验室爆炸案

2015年4月5日12时40分许，在中国矿业大学化工学院实验室发生一起爆炸死亡事故，造成1人死亡、4人受伤，直接经济损失约200万元人民币。

根据《中华人民共和国安全生产法》《生产安全事故报告和调查处理条例》等有关法律法规。经徐州市人民政府批准，成立了由市总工会、市公安局等有关部门人员参加的中国矿业大学"4·5"爆炸死亡事故调查组，进行事故调查。

经过调查，事故调查组认为，"4·5"爆炸死亡事故是一起由于违规操作、安全管理不到位、安全规章制度执行不到位造成的责任事故。中国矿业大学及其化工学院对科研实验室疏于监管，存在对易燃易爆气体、压力容器管理不到位，安全教育培训不到位，安全意识淡薄等问题。为吸取事故教训，有效预防和减少类似事故发生，调查组现提出如下防范和整改措施：①事故单位要认真总结这起事故的教训，全面做好本单位的安全生产工作。中国矿业大学要加强科研实验室集中统一管理，科研实验室要远离人员密集场所；要加强实验室人员的安全意识教育和培训，严格执行规章制度和操作规程。②中国矿业大学及其化工学院应进一步重视实验室安全工作，加强督促检查，建立健全隐患排查治理制度，深入开展隐患排查治理，学习并贯彻国家有关法律法规，完善并落实安全责任制度。③学校应加强对有关实验室安全管理，特别是危险性较高的试验项目及试验用设备、仪器或设施的安全管控，对易燃易爆气体要加强统一管理。完善有关分级管理责任，建立健全安全管理制度，并切实落实到位。④学校应加强对实验室人员的安全知识培训和法规教育，增强安全意识。加强操作人员教育培训，提高操作技能。⑤完善学校应急管理，全面提高应急处置水平。根据学校的特点，制定有针对性的专项应急预案和现场处置方案，建立政府与学校沟通协调机制，并定期组织演练。

案例二：北京交通大学市政与环境工程实验室爆炸案

2018年12月26日，北京交通大学市政与环境工程实验室发生爆炸，事故造成3人死亡。按照北京市委、市政府领导指示，依据《中华人民共和国突发事件应对法》等有关法律法规，市政府成立了由市应急管理局、市公安局、市教育委员会、市总工会、市消防总队和海淀区政府等组成的事故调查组，并邀请市纪委市监委同步参与事故调查处理工作。事故调查组按照"科学严谨、依法依规、实事求是、注重实效""四不放过"的原则,组织现场勘验、检测鉴定、调查取证、模拟实验,并委托化工、爆炸、刑侦、火灾调查有关领域专家组成专家组进行深入分析和反复论证,查明了事故发生的经过和原因,认定了事故性质和责任,并提出了对有关责任人员和单位的处理建议及事故防范与整改措施。

经过调查,事故调查组认为,"12·26"爆炸死亡事故是一起责任事故。根据事故原因调查,依据有关法律法规,对事故有关责任人员和责任单位进行事故责任认定,并提出如下处理意见:①建议追究事发科研项目负责人和事发实验室管理人员的刑事责任;②对包括北京交通大学党委书记、党委副书记校长、主管副校长、国资处长、科技处长、保卫处长、实验室所在学院党委书记、院长、主管副院长、实验室主任、副主任、系主任等人员进行问责,并对北京交通大学土木建筑工程学院党委进行问责,责令整改,并在全校范围内通报。

事故调查组提出事故整改和防范措施建议:①北京交通大学必须牢固树立安全红线意识,深刻吸取此次事故教训,全面排查学校各类安全隐患和安全管理薄弱环节,加强实验室、科研项目和危险化学品的监督检查,采取有针对性的整改措施,着力解决当前存在的突出问题。一是全方位加强实验室安全管理。完善实验室管理制度,实现分级分类管理,加大实验室基础建设投入;明确各实验室开展试验的范围、人员及审批权限,严格落实实验室使用登记相关制度;结合实验室安全管理实际,配备具有相应专业能力和工作经验的人员负责实验室安全管理。二是全过程强化科研项目安全管理。健全学校科研项目安全管理各项措施,建立完备的科研项目安全风险评估体系,对科研项目涉及的安全内容进行实质性审核;对科研项目试验所需的危险化学品、仪器器材和试验场地进行备案审查,并采取必要的安全防护措施。三是全覆盖管控危险化学品。建立集中统一的危险化学品全过程管理平台,加强对危险化学品购买、运输、储存、使用的管理;严控校内运输环节,坚决杜绝不具备资质的危险品运输车辆进入校园;设立符合安全条件的危险化学品储存场所,建立危险化学品集中使用制度,严肃查处违规储存危险化学品的行为;开展有针对性的危险化学品安全培训和应急演练。②北京地区各高校要深刻吸取事故教训,认真落实北京普通高校实验室危险化学品安全管理规范,切实履行安全管理主体责任,全面开展实验室安全隐患排查整改,明确实验室安全管理工作规则,进一步健全和完善安全管理工作制度,加强人员培训,明确安全管理责任,严格落实各项安全管理措施,坚决防止此类事故发生。涉及学校实验室危险化学品安全管理的教育及其他有关部门和属地政府,按照工作职责督促学校危险化学品安全管理主体责任的落实，持续开展学校实验室危险化学品安全专项整治，摸清危险化学品底数，加强对学校实验室危险化学品、易致爆危险化学品采购、运输、储存、使用、保管和废弃物处置的监管，将学校实验室危险化学品安全管理纳入平安校园建设。

📖【思考题】

［1］简述劳动关系的特点。

［2］简述劳动法的基本原则。

［3］什么是劳动法律关系？

［4］劳动法律关系与劳动关系有哪些联系和区别？

［5］界定劳动者身份的从属性标准主要包括哪几个方面的内容？

🪐【拓展与实践】

结合所学知识，根据个人将来可能从事的职业，模拟一份个人与单位订立的劳动合同。

【参考文献】

［1］金志浩，李川. 新时代高校劳动教育教程［M］. 北京：中国石化出版社，2022.

［2］顾祥林. 大学劳动教育［M］. 上海：同济大学出版社，2021.

［3］全国八五普法学习读本编写组. 大学生法治教育读本［M］. 北京：法律出版社，2022.

［4］中国劳动社会保障出版社法制图书编辑部. 中华人民共和国劳动合同法［M］. 北京：中国劳动社会保障出版社，2019.